古代歷史文化研究輯刊

二二編

王明蓀 主編

第 20 冊

天津農業研究（1368～1840）

張磊 著

國家圖書館出版品預行編目資料

天津農業研究（1368～1840）／張磊 著 — 初版 — 新北市：
花木蘭文化事業有限公司，2019〔民108〕
目 2+216 面；19×26 公分
（古代歷史文化研究輯刊 二二編；第 20 冊）
ISBN 978-986-485-914-6（精裝）
1. 農業史　2. 天津市
618   108011825

ISBN-978-986-485-914-6

9 789864 859146

古代歷史文化研究輯刊
二二編　第二十冊　　　　　　　ISBN：978-986-485-914-6

天津農業研究（1368～1840）

作　　者　張磊
主　　編　王明蓀
總 編 輯　杜潔祥
副總編輯　楊嘉樂
編　　輯　許郁翎、王筑、張雅淋　美術編輯　陳逸婷
出　　版　花木蘭文化事業有限公司
發 行 人　高小娟
聯絡地址　235 新北市中和區中安街七二號十三樓
　　　　　電話：02-2923-1455／傳眞：02-2923-1452
網　　址　http://www.huamulan.tw 信箱 hml810518@gmail.com
印　　刷　普羅文化出版廣告事業
初　　版　2019 年 9 月
全書字數　204244 字
定　　價　二二編 25 冊（精裝）台幣 63,000 元　　　　版權所有・請勿翻印

天津農業研究（1368～1840）

張磊　著

作者簡介

張磊，男，1982 年出生，河南省羅山縣人，漢族。2012 年畢業於南開大學，獲歷史學博士學位，研究方向爲明清史、區域史。現爲廊坊師範學院社會發展學院歷史系助理研究員。

提　　要

　　明清兩代是天津城市興起和發展的重要歷史時期。天津城市的崛起與其京師門戶、漕運咽喉的獨特地理位置密切相關，也深深受到本地鹽業、農業等產業經濟發展的影響。本書以明清時期天津地區的農業生產活動爲考察對象，聚焦其涉及的生態環境、科學技術、土地開發、田制與經營方式、賦役、農業災害等方面，力圖勾勒出天津農業生產的基本輪廓。

本書爲河北省高等學校人文社會科學研究項目「服務京師與地方發展——明代北直隸水利營田研究」（SQ191100）成果

目

次

緒　論

　　天津自明成祖永樂二年開始設立衛所始有今名。明代天津包括天津衛、天津左衛、天津右衛三個衛所，爲不管轄民政之軍事單位。入清以後，雍正三年設立天津州，九年升爲天津府，實現了由明代非實土衛所向區域性政區的轉變。天津三衛的這一轉變既顯示了政局變動以及清代地方制度改革對天津地方的影響，也反映了天津地方社會經濟發展對當地城市建設所起到的推動和促進作用。天津地方經濟所受影響較大者有漕運、鹽業等方面，而由於處於以農爲本的傳統中國社會，天津地方經濟發展自然也與當地農業生產活動緊密相關。因此，研究明清天津農業活動，對瞭解農業與天津城市發展之關係、加深天津城市史研究具有重要的參考和借鑒意義。

　　農業生產活動自古以來便在天津有所開展，最早可追溯至新石器時代。漢宣帝時（公元前 73～前 49 年）的渤海太守龔遂曾在這一帶使用耕牛、鐵器，提倡種榆，養豬養雞，把農業向前推動了一步。東漢的漁陽太守張堪曾開稻田 8000 多頃，積極發展農業，取得了「桑無附枝，麥穗兩歧」的成績〔註1〕。宋元時期，天津地區的農業在前代基礎上進一步發展，宋代何承矩、元代虞集、脫脫等均有倡議在天津地區開水田之舉。然而，天津地區農業生產飛速發展當屬入明以後。天津三衛的設立以及天津在漕運、鹽業上無可替代的地理位置爲天津農業發展創造了條件，提供了機遇。漕運、鹽業以及軍事戍守等的存在使得人口在天津大量聚集。人口的增加需要更多的糧食供應，對天津農業發展提出了客觀要求。同時，人口的增加也爲農業發展提供了必需的

〔註1〕　天津師範學院地理系編：《天津農業地理》，天津：天津科學技術出版社，1981年，第 29 頁。

人力資源。明清天津農業的發展適應了現實的人口糧食供應需求，客觀上也對當地社會經濟發展提供支撐和保障。農業與城市發展相輔相成，共同推動著天津由無名之地向封建大都會轉變。

近代以來，天津地方農業的相關研究成果數量較多，種類豐富。各個方面的成果對研究明清天津農業史有重要的參考價值。明清時期存留下來的大量地方志、文集以及官修正史、政書等文獻記載了許多天津明清農業生產的相關資料，也爲研究天津農業提供了方便和可能。

第一節　概念界定

本文的時間起始限制在 1368～1840 年這個範圍之內，即從明初建國直至第一次鴉片戰爭。天津古代與近代的歷史分期，學界有 1840 年和 1860 年兩種觀點。持 1860 年觀點者認爲，第一次鴉片戰爭「對天津城市雖有一些影響，然而，其封建城市的性質並未改變」〔註2〕。兩種不同分期各有其側重點。本文研究農業，側重於未受西方文明影響之前作爲斷限，故以 1840 年作爲研究下限。文中「明清」、「明清時期」等詞所指時間範圍，則在 1368～1840 這個時間段內。

其次，本文所研究的天津區域，是以現今天津市行政區劃範圍爲準，包括紅橋、河北、河西、河東、南開、和平市內六區，以及北辰、津南、東麗、西青、武清、寶坻、寧河、靜海、薊州等區和濱海新區等。

此外，「天津」一詞在明清兩代隨著時間的變化，其內涵也有所不同。明初「天津」是衛所的名稱，後來成爲地域名稱。清代建立地方行政區域以後，「天津」轉變爲州、府名稱。爲免混淆，文中「天津」或「天津地區」兩詞均爲現在天津行政區劃之概念。歷史上天津衛、天津府、天津縣等等名稱，均用當時相應的名稱表示，如天津衛、天津左衛、天津右衛、天津州、天津府、天津縣等等。

第二節　研究綜述

明清天津農業相關的研究數量很多，各個方面均有所涉及，但研究呈現

〔註2〕郭蘊靜、涂宗濤：《天津古代城市發展史》，天津：天津古籍出版社，1989 年，第 142 頁。

出不平衡的局面。研究主要集中在對明清天津地區水利營田活動進行研究和以莊田爲代表的官田研究兩個領域，對明清天津農業生產環境、賦役等方面也有所涉及。

　　對明清天津地區水利營田進行研究的論文數量較多。如劉浩然《京津地區歷代水田興廢狀況述略》（《前線》，1962 年第 12 期）對歷代京津水田發展進行論述，認爲歷代統治者興水田往往與國勢吃緊有關，而且開闢水田往往沒有與治河相結合，所依靠的勞動力也並不穩固。鄭克晟、傅同欽《天津的海光寺與「蘭田」》（《天津師院學報》，1980 年第 3 期）對清代康熙時期藍理在海光寺附近營田過程加以敘述和分析，對海光寺和藍田之間的關係也進行了論述，是研究明清天津農業史較早的論文之一。鄭克晟《袁黃與明代的寶坻水田》（《天津社會科學》，1982 年第 5 期）一文對明代寶坻知縣袁黃在當地開發水田的背景進行了論述，高度評價了袁黃在寶坻開發水田活動，指出袁黃開水田失敗的原因之一便是由於中貴的反對。陳家麟《明徐貞明對發展河北農田水利的貢獻》（《河北學刊》，1985 年第 5 期）認爲徐貞明發展水利營田之舉是扭轉「南糧北濟」之嘗試，其農田水利改變了河北農業生產的面貌。郭蘊靜《明萬曆年間天津屯政的勃興》（《天津社會科學》，1986 年第 5 期）對萬曆時期的幾次屯田事業進行了總結。汪家倫、張芳《明清時期畿輔地區的水利營田》（《古今農業》，1990 年第 1 期）對明清畿輔地區水利營田的背景、清代水利營田興衰之原因進行了剖析，認爲明清在畿輔進行水利營田是合乎規律的產物，但由於人們對當地自然條件和水文特徵缺乏認知，導致營田屢興屢廢。天津地區的營田也包括其中，具有一定參考意義。王永厚《明代京畿地區治水營田的一次實踐——徐貞明及其〈潞水客談〉》（《中國農史》，1993 年第 3 期）對明代萬曆年間在京畿地區治水營田的徐貞明治水思想進行了介紹，並對其影響做了評價。張芳《明清時期海河流域的農田水利》（《中國歷史地理論叢》，1995 年第 4 期）一文對天津海河流域明清時期的營田進行了論述和總結，敘述範圍不僅僅包括天津地區，認爲明清天津海河流域營田水利具有以治水爲重點、治水與營田相結合；因地制宜採取多種水利工程形式；擴展稻田種植面積等等特點。何偉福《〈明實錄〉所見天津及附近地區水利營田探析》（《貴州民族學院學報》（哲學社會科學版），2008 年第 4 期）一文，對明代實錄中所見天津水利營田作了敘述，剖析了中央政府在天津地方水利營田方面所做出的努力。梁維《清代雍正時期直隸地區營田水利研究》（東北

師範大學 2008 年碩士學位論文）對清代雍正年間在直隸地區所開展的營田水利進行了系統研究與論述並分析其效果與影響，天津地區的水利營田屬於其中的一部分。李成燕《清代雍正年間的京東水利營田》（《中國經濟史研究》，2009 年第 2 期）對雍正時期京東營田緣由及各地營田成就進行總結，認為京東營田是雍正年間大規模營田的先鋒。

明代天津地區莊田廣泛存在，尤以武清、寶坻、薊州等地為多。因此，以皇莊為代表的莊田研究成果，對瞭解和研究天津明代莊田均具有一定的參考價值。研究莊田最早的為何健民《明代皇莊論》（《中國經濟》，1934 年第 3 期），該文對明代皇莊的起源進行探討，其中多有涉及天津地區者，並指出明代皇莊對農民壓迫甚重。鞠清遠《皇莊起源論》（《中國經濟》，1934 年第 7 期）剖析了明代皇莊的起源。鄭克晟《關於皇莊的幾個問題》（《文史》，1981 年第十輯）對皇莊的種類及其建立年代、皇莊的土地來源及其分佈情況、皇莊的發展及人民反抗皇莊的鬥爭進行了詳細的論述。明代天津皇莊頗多，該文對研究明代天津皇莊具有重要參考價值。鄭克晟《明代中官及中官莊田》（《社會科學戰線》，1981 年第 2 期）解釋了明代中官莊田發展的原因，對中官獲取莊田的方式以及莊田的土地來源進行分析並指出中官剝削人民的其他方法。鄭克晟《明代公主莊田》（《史學集刊》，1982 年第 2 期）對明代以前公主莊田以及明中葉的公主莊田做了分析，並探討了明代公主莊田的幾個問題，對研究天津公主莊田有一定參考價值。陳東生《試論明代皇莊》（《首都博物館叢刊》，1983 年第 2 輯）對皇莊的起源、擴張及特點進行分析，並詳述了其對社會經濟造成的惡劣影響，文末論述了嘉靖時期皇莊的整頓和各地皇莊數量概況。張海瀛《明代的莊田地主及其對土地買賣的影響》（《晉陽學刊》，1985 年第 4 期）指出明代莊田地主是大地主土地所有制最集中、最典型的代表，對莊田地主的興起及其產生的影響進行了詳細論述。李三謀《明初莊田經濟的性質》（《晉陽學刊》，1988 年第 4 期）對明代官田、官租進行了簡單論述。官美堞《明代皇莊發展探源》（《社會科學研究》，1990 年第 3 期）探討了皇莊建立的原因及其土地來源，認為皇莊的發展是地主私有經濟向縱深發展的產物，也是皇權空前強化以及人們經濟思想、財富觀變化所致，同時客觀上大量可建莊的土地也為皇莊的建立提供了條件。陳建勤《論明代的宦官莊田》（《揚州師院學報》，1991 年第 4 期）對宦官莊田的來源和所有制形式進行了探討，並指出宦官莊田的不斷擴大有和國家爭勞動力、破壞軍士屯田、使馬

政萎縮等等消極作用。林延清《論明代中期京畿地區莊田的膨脹和清理》(《歷史檔案》，2000 年第 3 期) 分析了明中期京畿地區莊田的膨脹所帶來的惡劣影響，對嘉靖時期整頓莊田做了詳細論述。上述論文雖然多爲間接敘述天津地區莊田情況，但文中多對天津莊田有所涉及或可作參考，因此一併論述。

　　此外，明清時期天津地區農田賦役制度也多有論文直接或間接涉及。如余也非《明及清前期的官田地租形態》(《重慶師院學報》，1984 年第 1、2 期) 論述了官莊莊頭制、屯田制、一般官田佃農制等幾種明代官田地租形態，同時論證清代前期地租形態如旗田、銀莊糧莊、一般官田和屯田的地租形態演變，指出官田地租的貨幣化以及純貨幣關係的醞釀這一趨勢。李三謀《明代莊田的經濟性質及其租額問題》(《中國農史》，1989 年第 4 期) 認爲明代莊田在很長時間內屬於領主經濟範疇，只在很短的時間內顯出地主經濟的性質。莊田租額也高低不等，莊田經濟會對國家財政造成損失。程利英《明代北直隸財政研究——以萬曆時期爲中心》(廈門大學 2007 年博士學位論文) 詳細論證明代萬曆時期北直隸財政。程利英《論明代北直隸的地方財源——里甲銀、民壯銀、驛傳銀》(《西北師大學報》(社會科學版)，2009 年第 6 期)、《明代北直隸的差役費用與辦公費用》(《理論與現代化》，2009 年第 4 期)、《明代北直隸的財政支出——上貢物料》(《生產力研究》，2010 年第 6 期) 等幾篇文章對明代北直隸地區役銀相關問題作了各方面的探討，對瞭解天津地區賦役狀況也有一定的參考價值。

　　農業生產與生態環境密切相關。明清時期處於世界歷史上的小冰期氣候期，關於小冰期氣候的各種研究對瞭解天津當時的農業環境、解析當時多災的狀況提供了新的思路和方法。竺可楨《中國近五千年來氣候變遷的初步研究》(《中國科學》，1973 年第 2 期) 開創了氣候變遷對農業影響的研究。近年來大量的小冰期研究文章，爲瞭解當時寒冷的氣候提供了參考。如王紹武《公元 1380 年以來我國華北氣溫序列的重建》(《中國科學》(Ｂ輯)，1990 年第 5 期)，葛全勝等《過去 2000 年中國東部冬半年溫度變化》(《第四紀研究》，2002 年第 2 期)，葛全勝等《過去 2000a 中國東部冬半年溫度變幅與週期》(《氣候變化研究進展》，2006 年第 3 期)，王勁松等《小冰期氣候變化研究新進展》(《氣候變化研究進展》，2006 年第 1 期)，張丕遠、龔高法《十六世紀以來中國氣候變化的若干特徵》(《地理學報》，1979 年第 3 期) 等等。氣候的變化易導致農業災害和糧食的減產，相關研究也很多。如陳家其《近二千年中國重

大氣象災害氣候變化背景初步分析》（《自然災害學報》，1996 年第 2 期）、《明清時期氣候變化對太湖流域農業經濟的影響》（《中國農史》，1991 年第 3 期），信乃詮、程延年《氣候變化與我國作物產量》（《中國農學通報》，1995 年第 1 期），周翔鶴、米紅《明清時期中國的氣候和糧食生產》（《中國社會經濟史研究》，1998 年第 4 期），王業鍵、黃瑩珏《清代中國氣候變遷、自然災害與糧價的初步考察》（《中國經濟史研究》，1999 年第 1 期）等。明清氣候寒冷、自然災害多發，荒政和社會保障的相關研究可以對明清天津荒政狀況有所借鑒。如康麗躍《清代社會保障政策研究》（蘇州大學 2005 年碩士學位論文）對清代社會保障制度系統進行研究。張詳穩《清代乾隆時期自然災害與荒政研究》（南京農業大學 2007 年博士學位論文）詳細研究了乾隆時期荒政情況，對清代天津農業災害和社會保障有一定的參考和借鑒價值。韓嘉穀《海河水系的形成及其影響》（《天津史研究會年會論文選》1982）一文中，作者既肯定了漕運對天津城市發展的積極作用，同時也認為漕運對天津城市的發展具有負面影響，指出封建統治者為了保證漕運暢通，不斷加高運河堤岸，從而使下游水患增加，嚴重影響了天津城市的發展。總之，各種氣候、環境以及自然災害相關文章開拓了天津農業史研究的視野，為天津農業史研究提供了新的參考和思路。

其他對天津農業研究有所涉及者體現在方方面面。如秦佩珩《清代前期圈地問題闡釋》（《中州學刊》，1982 年第 3 期）認為清初圈地帶有很強的農奴成分，造成了一系列的社會問題。郭松義《清朝政府對明軍屯田的處置和屯地的民地化》（《社會科學輯刊》，1986 年第 4 期）對一般屯地和漕運屯地民地化進行了考證和論述，為瞭解明清鼎革時期天津屯地民地化開闢了視野。張芳《清代熱心水利的陳宏謀》（《中國科技史料》，1993 年第 3 期）系統地介紹了雍正乾隆年間陳宏謀治水活動和取得的成就。陳宏謀在天津也進行了水利的修築，可資參考。崔勇《清中葉畿輔旗地買賣的特點》（《河北師範大學學報》，1994 年第 2 期）探討了圈地以後，畿輔旗地買賣情況。王永厚《袁黃及其〈寶坻勸農書〉》（《天津農業科學》，1982 年第 3 期）對袁黃《寶坻勸農書》內容進行了介紹，並作了簡單評價。章宏偉《有關袁了凡生平的幾個問題》（《明清論叢》，2006 年第 7 輯）一文詳細考證了袁了凡的生平，對研究袁黃在寶坻所進行的農業開發有參考價值。郭永剛、劉玉波《淺析清初圈地的原因及其危害》（《滄桑》，2008 年第 5 期）認為清初圈地是將落後生產關係向關內的移

植，激化了與被圈佔地區人民的矛盾，阻礙了社會經濟的發展。展龍《明清以來天津古代史研究回顧與展望》（《城市史研究》，2007 年第 24 輯）則對天津古代史研究各個方面進行了總的回顧。

　　相關論著中，對明清天津農業史進行研究的爲數也不少。直接研究的有張樹明主編《天津土地開發歷史圖說》（天津人民出版社，1998 年）。該書系統研究了史前至近代天津土地開發之過程，論述了天津的環境及土壤概況，兼及漕運、鹽業等方面。書中對明清天津農業活動多所介紹，惜較爲零散。書後附有《寶坻勸農書》等關乎天津農業的直接資料，並有論文集，對氣候波動以及明清天津農業生產多所涉及，是研究天津農業與土地開發重要的參考資料。郭蘊靜等著《天津古代城市發展史》（天津古籍出版社，1989 年）一書中對明清天津屯田等農業活動有所涉及。除此之外，對天津農業環境進行研究和介紹的著述也大量存在。如崔士光主編《濱海城市：天津農業圖鑒》（海洋出版社，2001 年），天津市氣候服務中心編著《天津城市氣候》（氣象出版社，1999 年），天津師範學院地理系編《天津農業地理》（天津科學技術出版社，1981 年），蔣德勤主編《天津土種志》（天津科學技術出版社，1990 年）等均對天津農業氣候或土壤條件進行了論述，間有論及明清天津農業者，爲研究明清天津農業自然環境提供了一定的參考。惜涉及近現代者多，古代者少。其他的研究也多有對明清天津農業論述一二者，如南炳文師《明清史蠡測》（天津教育出版社，1996 年）中《明代兩畿魯豫的民養官馬制度》一文，便對明代天津地區牧馬草場之考察有重要參考價值。李文治、江太新的《清代漕運》（中華書局，1995 年）一書以清代的河運漕糧制度爲研究重點，對河運時期漕糧的賦稅制度、徵收兌運和交倉制度、漕運官制和船制、運丁和屯田制度、運道制度等方面的問題進行了宏觀把握和精細分析，從中可見天津漕運兵丁屯田之一斑。席澤宗、吳德鐸主編《徐光啟研究論文集》（學林出版社，1986 年）對徐光啟農業思想和活動進行了研究，也有直接研究徐光啟在天津農業活動的內容，爲研究徐光啟以私人身份在天津開展農業實驗提供了參考。

　　綜上可以看出，關於明清天津農業研究以水利營田相關研究成果最多，也最爲直接，其次爲田制和賦役制度的相關研究，而側面的研究如天津自然環境、農業災害等也爲數不少。另有大量研究成果涉及明清天津農業的各個方面，這些研究數量不一，且較爲零散。

第三節　史料概況

明清時期天津地區農業生產活動相關的直接史料相對不是很多，呈現出分散且體量不一的局面。在官修正史中可以見到不少相關的零散記載，如《明史》、《清史稿》以及明清兩代歷朝實錄。在這幾種資料中，以實錄記載為多，所記載內容涉及天津農業方方面面。官私所修政書中的制度性規定也是瞭解天津農業活動的重要參考，如（弘治）《明會典》、（萬曆）《大明會典》、（康熙）《大清會典》、（雍正）《大清會典》、（乾隆）《大清會典則例》、（嘉慶）《大清會典》、（嘉慶）《大清會典事例》、（光緒）《大清會典》、（光緒）《大清會典事例》、《萬曆會計錄》、《續文獻通考》、《經世挈要》、《漕運則例纂》、《欽定戶部漕運全書》等等政書中，均可見到這一時期天津農業相關之規定和資料。

對明清天津農業記載最直接的資料為方志資料，包括官修一統志、通志等和天津當地各種志書。明清以來天津地區所修地方志及涵括天津地區之方志數量較多。概而言之，有（雍正）《畿輔通志》、（光緒）《畿輔通志》、（嘉靖）《河間府志》、（萬曆）《河間府志》、（康熙）《河間府志》、（萬曆）《順天府志》、（康熙）《順天府志》、（乾隆）《天津府志》、（乾隆）《河間府志》、（光緒）《重修天津府志》、（光緒）《順天府志》、（康熙）《天津衛志》、（乾隆）《天津縣志》、（同治）《續天津縣志》、（民國）《天津縣新志》、（民國）《天津政俗沿革記》、（乾隆）《武清縣志》、（光緒）《武清縣志》、（乾隆）《寶坻縣志》、（乾隆）《寧河縣志》、（光緒）《寧河縣志》、（康熙）《靜海縣志》、（民國）《靜海縣志》、（康熙）《薊州志》、（道光）《薊州志》、（民國）《重修薊縣志》、（嘉靖）《通州志略》等等。不同時期所修方志中記載有大量天津農業相關資料，為研究天津農業發展的各個方面及其沿革提供重要文獻支撐。除此之外，部分直接記載天津農業活動的書籍為研究明清天津農業史提供了大量珍貴資料，如有《寶坻政書》、《寶坻勸農書》、《天津衛屯墾條款》、《畿輔河道水利叢書》等等。參與明清天津農業生產活動的官員文集、奏疏等，也是研究天津農業重要的資料來源，如《西園聞見錄》、《明經世文編》、《夏桂洲先生文集》、《撫畿奏疏》、《海防奏議》、《石隱園藏稿》、《文水李忠肅先生集》、《度支奏議》、《汪子中詮》、《左忠毅公集》、《餉撫疏草》、《春明夢餘錄》、《袁了凡文集》、《皇都水利書》、《清經世文編》、《渠陽水利書》等均載有大量相關內容。天津農業與明清水利活動緊密相關，相關水利、河道著作也為研究明清時期天津農業生產活動提供了參考，如有《問水集》、《通惠河志》、《治水筌蹄》、《北

河紀》、《河漕通考》、《歷代河渠考》、《兩河清匯》、《北河續紀》、《山東全河備考》、《居濟一得》、《治河奏績書》、《行水金鑒》、《直隸河渠志》、《永定河志》、《畿輔安瀾志》、《河渠紀聞》等等。

　　總體而言，明清天津農業研究相關史料比較豐富，對農業活動所涉及的方方面面也多有記載，爲研究天津農業在明清時期的發展狀況提供了足夠的資料支撐。

第四節　選題依據和主要內容

　　明清天津農業相關研究雖然成果頗豐，涉及面也很廣，但仍然存在研究不夠深入和系統這一缺憾。論文多是就某一方面進行論述，或者在論述中對天津農業有所涉及，少有專門詳述明清以來天津農業發展狀況者。相關論述也表現出多而雜的特點，往往對明清天津農業生產一帶而過。其中偶有對某一事件或專題或人物研究深入的，主要集中在水利營田和田制賦役等方面。現有研究多呈現的是點狀研究，缺乏面的梳理和對天津農業研究系統的整合。即便是點狀的研究，也仍然有很多可以繼續開發和拓展的領域。因此，將明清天津農業作爲一個專題來進行深入系統地研究很有必要，也具有很強的現實意義。一方面，可以補天津農業相關研究之不足，另一方面，從其中觀察天津農業發展現象並思考其之所以如此的原因，對研究天津城市發展以及農業與城市相互關係也具有相當之參考價值。本文擬在內容上作如下安排：

　　第一部分，對明清天津農業生態環境進行考察。生態環境對農業生產起著至關重要的作用，本章考察對農業影響較大的三個主要方面，包括複雜的水文環境、貧瘠的土壤構成、寒冷的小冰期氣候，並進一步闡述生態環境對農業生產活動的影響，分析生態環境給農業生產帶來的種種阻礙以及所提供的機遇。

　　第二部分，考察明清時期農業科學和生產技術、農作物的種植、水利營田活動等方面的發展情況，論述天津農業發展之原因及在上述幾個方面的表現。

　　第三部分，論述天津土地制度和經營方式，對二者在明清時期發展沿革進行考察，以便瞭解明清天津農業生產資料和生產關係情況。

　　第四部分，以賦役徵收爲中心，考察明清天津農業負擔及其變遷。

　　第五部分，分析天津農業災害情況，探討明清時期荒政等社會保障制度在天津的表現及其發展，從而研究其在天津農業生產中所發揮的保駕護航作用。

　　最後將全文進行總結，考察明清天津農業發展演變之概況，分析其發展特點及原因，從而由其中獲得一定的參考和借鑒。

　　本文的創新點：一、首次對明清時期天津農業生產情況進行系統深入地研究，彌補相關研究之不足；二、採用實證的史學方法，並將農業史與生態史、財政史相結合，全方位多角度地去探索明清天津農業發展情況；三、首次對明清天津土地制度和經營方式及其發展變遷進行闡述和總結；四、對明清天津農業發展中的作物引進、農業科學技術以及水利營田等方面均作了長時段的考察，梳理其發展脈絡。

第一章　生態環境及其對農業的影響

　　傳統中國以農爲本，農業生產在很大程度上受到生態環境的影響和制約。不同地區由於所處地理位置不同，農業生態環境也不盡相同。天津在地理上處於北溫帶季風氣候區〔註1〕，屬大陸性氣候，然而又由於靠海，因此兼有海洋性氣候的特點。在這種地理位置條件下，天津的氣候特點爲：氣候相對乾燥，降水量不大且較爲集中。氣候乾燥、降水量不大容易造成旱災，而在降水量較爲集中的時期，卻又容易造成澇災，形成天津農業旱澇災害頻發的特點。除此之外，明清時期天津農業生產活動受到生態環境的影響主要表現在三個方面，分別爲其時當地複雜的水文環境、相對貧瘠的土壤構成以及寒冷的小冰期氣候。水文環境的複雜有利有弊，利在便於灌溉，弊在遇到水多之期，會加劇水災的頻發；土壤貧瘠也給農業生產造成一定的阻礙，天津沃土不多，農業生產受到一定的限制；氣候的寒冷易導致農業災害多發、作物減產。總體而言，明清時期天津農業生態環境不佳，農業生產活動面臨較多困難和挑戰。

第一節　複雜多樣的水文系統

　　天津瀕臨渤海，號稱九河下梢，地表水豐富爲當地一大特徵。如寶坻之得名，便與水有關：「說者謂饒魚鹽蘆葦之利，故曰寶，又水中高者爲坻，溯

〔註1〕天津市氣候服務中心編：《天津城市氣候》，北京：氣象出版社，1999年，第3頁。

寶坻之所由名，正以大川故也。」〔註2〕由於河道的變遷以及人工水利的修築，天津的水文環境在明清時期也不盡相同。其中對農業生產影響最大的是海河水系和薊運河水系，主要包括海河、北運河、南運河、永定河、大清河、子牙河、薊運河等幹流河道。另外，有數量眾多的支流河道散佈天津境內，是天津豐富水系的重要構成部分。除了眾多的河流外，還有大量其他的地表水，如散佈各地的坑塘窪澱、薊州的山泉水等等。眾多河流與地表水使得天津水文環境十分複雜，形成了大河、支流、坑塘窪澱等多種形式的水系統。據現代人在八十年代的統計，海河水系流域面積26.5萬平方公里，幹流全長72公里，全市共有坑、塘、溝、窪等淡水面積50多萬畝，其中南郊區面積最大，其次是薊縣、武清、塘沽區等〔註3〕。豐富的水系為農業生產提供了眾多水源，對農業影響重大。

一、境內主要河流

　　天津境內主要河流是由構成海河水系和薊運河水系的幾條大河組成。明代海河主要由潞河（北運河）、衛河（南運河）、鳳河、盧溝河、會通河等河流彙集而成，是河間府靜海縣與順天府武清縣的界河。由於河道變遷，清代海河變為主要由北運河、南運河、子牙河、大清河、滏陽河、永定河等彙集而成，「此正指今北運河會永定、大清、滏陽、子牙、南運等河而合流為海河也……海河總匯南北各河、澱瀦諸水於天津東北隅之三岔口迤南，流逕天津城東，距城半里許。」〔註4〕清初海河仍舊為武清、靜海分界線，雍正三年天津升為直隸州，繼而在雍正九年改為天津府以後，海河主要位於新設立的天津縣境內。清代海河在天津縣境內流經的主要地域，大致順序依次為：「紫竹林、賀家口閘、陳唐莊、上何圈、下何圈、吳家莊、賈家沽、馮家口、崔家馬頭、楊家場、桃園沽、雙港、白塘口、唐莊、泥窩、陽馬頭、鹹水沽、東西泥沽（一作倪沽）、柴鄭莊、盤沽（一作龐沽）、葛沽、楊惠莊、黃家圈、郝家臺、鄧善沽、新河汛、大小梁莊、塘兒沽、大沽鎮、東沽、燕子窩、石

〔註2〕（清）洪肇楙等纂修：《寶坻縣志》卷二《形勝》，《中國方志叢書·華北地方》第二〇二號，臺北：成文出版社，1969年，第207～208頁。
〔註3〕天津師範學院地理系編：《天津農業地理》，天津科學技術出版社，1981年，第17頁。
〔註4〕（清）沈家本 榮銓等修，徐宗亮 蔡啓盛纂：（光緒）《重修天津府志》卷二十，《續修四庫全書》第690冊，第396頁。

頭縫。」〔註5〕最後至大沽海口入於海。自大沽鎮至海口二十餘里，通長一百二十餘里。

北運河爲海河的主要支流之一，是漕運的重要運道，又稱「白河」、「潞河」，「白河，即北運河也，古沽水，亦曰潞河，一曰自遂河，俗稱爲自在河」〔註6〕。其支流主要有三支，經流受五水，流經武清、天津境內，「北運河者，從其南段而名之也。其上流則分三大支焉：東爲潮河，中爲白河，西爲榆河……東源經流所受凡十二水，中源經流所受凡四十九水，西源經流所受凡十四水。榆河既由延慶州界會入潮、白河，流至通州北界改稱潞河，後則統名爲北運河。北運河經流所受凡五水，曰通惠河、曰涼水河、曰新涼水河、曰牛家務河、曰紙務河，行通州、香河、武清縣境。」〔註7〕清代，北運河在武清流經路線大致爲：「由香河之灰廠村至洪廟入縣境，經河西務、耍兒渡、王家務、蒙村、蔡村、桃園、筐兒港、楊村、朱家莊、老米店（以上八處有淺）、馬家口，至悍溝、新莊出縣境，入天津縣界，赴直沽入海」〔註8〕。到天津縣境內後，流經路線大致爲：「入天津縣界逕悍溝……又東南逕郎家灣至蒲溝，又南流逕馬廠，又東南逕桃花口、黃秦莊，又東南逕北倉、南倉，與丁字沽、直沽、西沽合而爲三沽……又南逕西堤頭，則有永定河合鳳河尾、又合大清河尾自西北來會。」〔註9〕最後北運河南流徑獅子林，至三岔口與南運河合流而爲海河。

南運河俗稱御河，又稱衛河，也是漕運的重要通道：「南運河即衛河，舊合清、沁、淇、蕩、洹、濁漳、清漳、濟、汶、沂、洙泗而合流，以濟運者也。」〔註10〕南運河明清時期均流經靜海縣，在靜海縣境內的水道變化不大。據光緒《重修天津府志》記載，南運河在靳官屯附近入靜海縣，流經劉官屯等地，由靜海城西門六十里嚴家嘴入天津縣界，到楊柳青轉而東四十里天津

〔註5〕（清）沈家本 榮銓等修，徐宗亮 蔡啓盛纂：（光緒）《重修天津府志》卷二十，第396～397頁。
〔註6〕（清）吳翀 曹涵：《武清縣志》卷三《河渠》，國家圖書館藏清乾隆7年刻本。
〔註7〕（清）沈家本 榮銓等修，徐宗亮 蔡啓盛纂：（光緒）《重修天津府志》卷二十，第392～393頁。
〔註8〕（清）吳翀 曹涵：《武清縣志》卷三《河渠》，國家圖書館藏清乾隆7年刻本。
〔註9〕（清）沈家本 榮銓等修，徐宗亮 蔡啓盛纂：（光緒）《重修天津府志》卷二十，第393頁。
〔註10〕（清）沈家本 榮銓等修，徐宗亮 蔡啓盛纂：（光緒）《重修天津府志》卷二十，第395頁。

關口，再東流一里與北運河合。〔註11〕

永定河明代稱爲「盧溝河」，亦稱「渾河」、「桑乾河」，清康熙年間對永定河進行治理，遂改名永定。「永定河，即桑乾河，古㶟水也。本名盧溝河，亦曰渾河」〔註12〕，「俗曰渾河，亦曰盧溝河。永定之名，聖祖仁皇帝之所賜也。」〔註13〕明代流經武清縣境內，由三角澱匯入海河。清代永定河河道向北偏移，流經武清縣、天津縣境內。永定河流經方向爲東南向，至范甕口入武清境，在天津的大致路線爲：入天津縣界雙口南，東南流經安光村，再東南至高家場北、常家堡北，與鳳河合流，向南流至青光，寒鴉樹西，最後至大水窪口與大清河合流。〔註14〕

大清河明代稱會通河，入三角澱後匯入海河，不流經天津境內，清代流經天津縣的一部分。大清河彙集七十二清河而匯入天津西部的東西兩澱，上流總共分爲四支。清代大清河由天津縣西北入境流經地點順序大致爲八里河、楊家莊、青光、韓家樹等地，沿途匯入線河、顓兒河等小河，與鳳河、永定河的合流匯聚，至王家口，出西沽浮橋下與北運河合流。再南流至紅橋，與子牙合流。〔註15〕

子牙河在清代成爲海河的重要支流之一，由靜海縣流經天津縣境內，在天津縣境內的流域爲：「從大城縣曲折東北流百餘里入靜海界，在城西少南二十六里出大瓦子頭橋，受子牙支河，一名牛欄河，亦曰牛欄澱。子牙河又東北二十餘里與黑龍港河合，又四十里入天津縣界，在城西三十里東流二里徑楊柳青，南把總駐此。又十里徑大梢直口北，又十里徑小梢直口北，又五里徑梁家嘴南，又一里徑炮臺北，又六里出天津府城南浮橋，在南運河北一里、清河南三里，又二里與北運河合而達於海。」〔註16〕

薊運河明代流經薊縣、寶坻，清代新設寧河縣以後，則主要流經薊縣、

〔註11〕（清）沈家本 榮銓等修，徐宗亮 蔡啓盛纂：（光緒）《重修天津府志》卷二十，第 396 頁。

〔註12〕（清）蔡壽臻 錢錫寀纂修：（光緒）《武清縣志》卷一《河渠》，《北京師範大學圖書館藏稀見方志叢刊》第 2 冊，北京：北京圖書館出版社，2007 年，第 48 頁。

〔註13〕（清）吳翀 曹涵：《武清縣志》卷三《河渠》，國家圖書館藏清乾隆 7 年刻本。

〔註14〕（清）沈家本 榮銓等修，徐宗亮 蔡啓盛纂：（光緒）《重修天津府志》卷二十，第 393 頁。

〔註15〕（清）沈家本 榮銓等修，徐宗亮 蔡啓盛纂：（光緒）《重修天津府志》卷二十，第 394 頁。

〔註16〕（清）周家楣等修，繆荃孫等纂：（光緒）《順天府志》卷三十九，《續修四庫全書》第 684 冊，第 231 頁。

寶坻、寧河三地。薊運河又稱沽河、漕渠：「沽河，一名薊運河，自縣東四十里三百戶莊東北入境，西流至城南五里橋莊，西南流逕上倉鎮、下倉鎮，西流至嘴頭莊，合洵河南流爲白龍港。於九王莊西南東折逕新安鎮，至大婁莊南出境。南流逕寶坻縣、玉田縣界，又南逕寧河縣界，至北塘入於海。其在境內者紆回曲折、縱橫流灌達二百餘里……又名薊運河者，明時歲運三百餘艘至州南紀家窩，故曰漕渠。」〔註17〕其支流有三，分別爲沽河、洵河、鮑丘水。在江窪口入寶坻縣境內，「薊運河，源出遷安縣三臺營，逕遵化、薊州至寶坻，流入縣境之江窪口。逕縣治北分流環繞，仍合於縣治南。又東南屈曲凡十數折，抵北塘口入海，計長三百三十里。前明以來爲薊運要路，乾隆三十年改支折色，奉文停止，而河之名尚仍其舊。」〔註18〕

二、境內其他河流

除幾大主要河流外，天津境內還有大大小小的眾多其他河流。天津號稱有七十二沽，沽即河也，散處天津各地。清代在天津縣境內的爲二十餘沽，均是海河流經地區，如：「葛沽，在縣東六十里……（大直沽，小直沽，丁字沽，鹹水沽）以上四沽即《縣志》所謂海河也。大直沽以東又有賈家沽、元沽、泥窩、臥河、白塘口、劈地口、三汊沽、四里沽、盤沽、雙港、鄧善沽、郝家沽、東沽、草頭沽、桃園沽、邢家沽、上下小沽，皆海河所經，特因地異名耳。天津有七十二沽之名，今在縣境者，實只二十一沽，皆從西潞河名也。」〔註19〕

靜海縣境內流經的大河爲黑龍港河，「在縣西南，自青縣入境。北流逕灘子頭，又北入子牙河。黑龍港河自青縣入境數里，逕潘兒莊，莊南久涸無水，莊北與老君泊、秀才泊、千金泊、蒲港窪、周家窪匯成一片漫水。」〔註20〕除此之外，靜海縣境內及附近還有堂河、土河、牛郎河等小河，「堂河，西自靜海縣，經南堂窪，北至鹽灘……土河，在縣南二十五里。上流有（應爲「由」）山東德州，逕德平縣西北入境，又東入山東樂陵縣界……寬河，在縣東，又

〔註17〕 （民國）仇錫廷等纂修：《薊縣志》卷一《地理》，《中國方志叢書》華北地方・河北省第180號，臺北：成文出版社，1969年，第67頁。
〔註18〕 （清）關廷牧修，徐以觀纂：《寧河縣志》卷三《建置・河渠》，上海圖書館藏乾隆四十四年刊本，第17～18頁。
〔註19〕 （清）沈家本 榮銓等修，徐宗亮 蔡啓盛纂：（光緒）《重修天津府志》卷二十，第380頁。
〔註20〕 （清）沈家本 榮銓等修，徐宗亮 蔡啓盛纂：（光緒）《重修天津府志》卷二十，第384頁。

遲河、流河在縣東四十里，流入土河……牛郎河，在縣西。」〔註21〕這些小河到清末多淤廢。

武清縣境內的大河爲鳳河，「鳳河，其形似鳳，故名。源自南苑中流出，至三堡入縣境歷埝上村，河漸深廣，迤城之北而東經韓村、桐林、三間房，南出泗村店、商村、南宮柳巷、東州寺兒、上艾甫莊、龐家莊至東蕭家莊入天津界歸澱。」〔註22〕其他小河往往隨著時代的變遷和水利工程的興修而興廢不一，清代興修水利，人工開挖了眾多減河，如王家務減河等，成爲武清地表新的河流。到光緒修志時期，武清境內已經消失的河流有泉州渠，龍河，郭家務減河，坦坡埝減河，東沽港，虖池河枯溝，呂公河，狼城河，易水，鮑邱水、清河，蓮花泊等〔註23〕。其中的龍河早在乾隆年間已經淤廢，「龍河，在縣西南三十五里，由東安至穆家口入縣境，原於六道口民堤涵洞入永定河，今堤南已淤，涵洞亦廢，竟由堤北方坑小河引入鳳河矣。」〔註24〕到光緒修志時期武清境內的河流大致有：「求賢莊減河，自東安巡竟，入鳳河。鳳河，自通州巡竟，至天津，合永定。港溝，自通州巡竟，入鳳河……王家務減河，即青龍灣引河，亦曰上引河，一名東減河，自北運河東出，入香河、寶坻，復巡竟入寧河。筐兒港減河，亦曰下引河，一名西減河，自北運河東出，巡天津，入寧河。」〔註25〕除此之外，武清縣還有劉家河等其他小河，「劉家河，在縣南七十里；又光，在縣南九十里；黃花套，在縣南九十里。」〔註26〕

寶坻、寧河原屬一體，二縣境內的河流主要是與薊運河相通的河流。寶坻縣境內的兩條大河爲潮河和渠河，「潮河：在寶坻東。一名白龍港，發源自梨河、洵河、鮑丘河，至坻境三岔口會流爲潮河。又東南一枝至豐臺，再會便水，名懷襄河。共南流過梁城所蘆臺，抵北塘口入海。」〔註27〕潮河的支

〔註21〕 （清）沈家本 榮銓等修，徐宗亮 蔡啓盛纂：（光緒）《重修天津府志》卷二十，第 385 頁。
〔註22〕 （清）吳翀 曹涵：《武清縣志》卷三《河渠》，國家圖書館藏清乾隆 7 年刻本。
〔註23〕 （清）周家楣等修，繆荃孫等纂：（光緒）《順天府志》卷二十，第 626～627 頁。
〔註24〕 （清）吳翀 曹涵：《武清縣志》卷三《河渠》，國家圖書館藏清乾隆 7 年刻本。
〔註25〕 （清）周家楣等修，繆荃孫等纂：（光緒）《順天府志》卷二十，第 626 頁。
〔註26〕 （清）蔡壽臻、錢錫寀纂修：（光緒）《武清縣志》卷一《河渠》，第 57 頁。
〔註27〕 （康熙）《寶坻縣志》卷一《山川》，天津市地方志編修委員會辦公室等編著：《天津區縣舊志點校 寶坻縣志·寧河縣志》，天津：天津社會科學院出版社，2008 年 6 月，第 2 頁。

流有八門城河等,「至(寶坻)縣界三岔口合流統之,則皆稱薊運河。」〔註28〕
渠河:「一名渠水。自香河縣蒲石河東注,經流城池。由開源水關入城,經武曲橋直注文昌閣下,過文明橋,西抵文廟之泮池。復自階升橋南流,由通津橋出節流水關,蜿蜒百里至八門城,會潮河入海。」〔註29〕寶坻縣境內注入薊運河的有大沽水、南灘沽、大劉莊水、魯沽、長亭水、小靳莊水、鮑邱河、鮑邱新河、還鄉河、王家務減河等。各河有自己的支流,如鮑邱河的支流有鮑邱白家莊支河、窩頭河,褒針河、桔槔窪支河、小支河等,窩頭河支流有扒拉澱、辦子澱、雙港河等。〔註30〕寶坻縣還有七十二沽中的二十九沽:「在寶坻者二十九沽,曰剪子沽、南寨沽、五道沽、小塔沽、又小塔沽、王家沽……」〔註31〕寧河縣原屬寶坻縣,在雍正九年由寶坻析出新設,境內入薊運河的河流有謽口河,王家務減河,筐兒港減河,金鐘河,新河,曲裏海等。〔註32〕此外還有三十六水注入薊運,如「杜家新莊渠,任家泊,任千戶莊東渠,前沙窩莊西渠、北渠,後沙窩莊西渠,大艇莊東渠……」〔註33〕。寧河縣與薊運河相通的河流有:「馬跑泉,齊家沽,南沽,江右沽,大麥沽,幫道沽,捷道沽,麥子沽,東淮沽,中興沽,北澗沽,船沽,南澗沽,句樓沽,漢沽,馬杓沽,李家沽,蟶頭沽,寧車沽,塘兒沽,田家沽。」〔註34〕由薊運河分出的河流有四十八,如潢口莊南渠,落坡亭東渠,幫道沽東渠,青泥莊北渠……」〔註35〕寧河還有七十二沽中的二十二沽:在寧河者二十二沽,曰齊家沽、南沽、江石沽、大麥沽……〔註36〕

薊縣境內的主要河流為泃河、淋河、沙河、藍泉河等,「泃河上游為我縣(薊縣)之黃崖川,凡黃崖關口外數十里內山谷間水之南流者均匯於黃崖關北,自關之水洞中流入,故曰黃崖川,一名廣漢川。」〔註37〕「淋河上游分二支……

〔註28〕 (清)洪肇楙等纂修:《寶坻縣志》卷二《形勝》,第 208 頁。
〔註29〕 (康熙)《寶坻縣志》卷一《山川》,第 2 頁。
〔註30〕 (清)周家楣等修,繆荃孫等纂:(光緒)《順天府志》卷二十,第 627 頁。
〔註31〕 (光緒)《重修天津府志》卷二十,第 380 頁。
〔註32〕 (清)周家楣等修,繆荃孫等纂:(光緒)《順天府志》卷二十,第 627 頁。
〔註33〕 (清)周家楣等修,繆荃孫等纂:(光緒)《順天府志》卷二十,第 627 頁。
〔註34〕 (清)周家楣等修,繆荃孫等纂:(光緒)《順天府志》卷二十,第 627 頁。
〔註35〕 (清)周家楣等修,繆荃孫等纂:(光緒)《順天府志》卷二十,第 627 頁。
〔註36〕 (清)關廷牧修,徐以觀纂:《寧河縣志》卷二《職方·山川》,第 7~8 頁;(光緒)《重修天津府志》卷二十,第 379~380 頁。
〔註37〕 (民國)仇錫廷等纂修:《薊縣志》卷一《地理》,第 69 頁。

至三岔口入沽河，水路五十餘里，多為薊遵兩縣之交界。」〔註38〕「沙河古之灅水，出遵化縣北邊城外，其源凡十……入薊境已成巨川，而東境之淋河、西境之泃河與夫全境泉源及山原之水，又皆為其所容納，顧不大哉！」〔註39〕「藍泉河，發源於玉田縣西北之陀頭山，至黃土坎莊北二里入薊玉交界處，逕黃土坎而南至喬庵子莊，與遼運河故道之水相會，由此南流，謂之遼運河，可謂之藍泉河，亦無不可。至婁莊子出閘口入沽河，玉田縣之榮輝河又於玉屬之楊家板橋入此河，故七區南部之水患實為此三河之集中點也。」〔註40〕

三、境內坑塘窪澱

天津地區除了河流眾多外，還有大面積的坑塘窪澱，與河流一起，構成天津地區面積廣闊的地表水系。面積較大的窪澱有三角澱、七里海等，三角澱跨武清縣、天津縣界，「三角澱，在武清縣南，周二百里，或云即古雍奴水……考《天津縣冊》，縣西北四十里至安光村，村臨三角澱，則澱屬津武二邑分界。」〔註41〕位於天津縣境內的有中堂窪、北堂窪、波水窪、嵩浪泊、高家港、官港等：「中堂窪，在天津縣東南八十里，靜海縣東一百一十里，滄州西北百四十里。境內荒葦叢集，絕無人煙，訪問邊界居民，為蝗蝻發生之地，向屬滄州。雍正九年，戶部議中堂窪內有逆河一道，河西屬靜海，東南屬滄州，東北屬天津，立石分界。」〔註42〕「塌河澱，《畿輔通志》：一名大河澱，即北運河筐兒港藉以蓄泄者也。舊隸武清縣，今改隸天津縣。」〔註43〕志書中關於坑塘窪澱的記載並不十分全面，（光緒）《重修天津府志》對此便記載道：「案郡城外本一望皆水，近雖墊占不少，尚多於陸。大小窪泊不止此數，測繪所漏，莫能悉補，惟錄舊有而已。」〔註44〕

〔註38〕（民國）仇錫廷等纂修：《薊縣志》卷一《地理》，第 70 頁。
〔註39〕（民國）仇錫廷等纂修：《薊縣志》卷一《地理‧河流》，第 68 頁。
〔註40〕（民國）仇錫廷等纂修：《薊縣志》卷一《地理‧河流》，第 77 頁。
〔註41〕（清）沈家本 榮銓等修，徐宗亮 蔡啓盛纂：（光緒）《重修天津府志》卷二十，第 380 頁。
〔註42〕（清）沈家本 榮銓等修，徐宗亮 蔡啓盛纂：（光緒）《重修天津府志》卷二十，第 381 頁。
〔註43〕（清）李梅賓 吳廷華 汪沆：（乾隆）《天津府志》卷十七《河渠志（下）》，來新夏，郭鳳岐主編：《天津通志（舊志點校卷）》（上），南開大學出版社，1999 年，第 286 頁。
〔註44〕（清）沈家本 榮銓等修，徐宗亮 蔡啓盛纂：（光緒）《重修天津府志》卷二十，第 382 頁。

靜海相傳有三臺九口十八沽〔註45〕，境內坑塘窪澱有：古城窪，金叵窪，鳳臺窪，劉家窪，八虎窪，蓮花澱，大波窪，龍溪港，波水窪，萬軍泊，流州泊，臭魚窪，千金泊，秀才泊，老君泊，周家窪，蒲港窪。〔註46〕

武清境內除三角澱外，還有沙家澱、葉家澱、母豬泊等。沙家澱乾隆時期已經漸淤，「沙家澱，在縣南五十里，今漸淤。」〔註47〕至光緒時期完全淤廢，「沙家澱……今已淤廢；朱家澱，在縣南五十餘里，沙家澱之東南，西連沙家澱，東至風河邊，南至九道溝，北至龐家莊。長寬約八里，亦爲容納永定河水之區；葉家澱，在縣南六十里半，入天津界，西北接朱家澱，東南連鳳河，長寬五六里。乾隆十五年永定河改移下口，循南堰入澱，由鳳河達大清河；母豬泊，今稱南宮大窪，在縣南三十里廢遙堰內圍，廣二十里，地勢窪下，爲瀝水匯歸之區。東由瓦口泊入北堰外舊減河，爲永定河達津之道。」〔註48〕

寶坻縣境內窪澱較多，有趙澱、尋思澱、嶷澱、破澱、東油香澱、草頭沽澱、神堂兒澱、小澱、月河澱、塌河澱、地扒拉澱、商王澱、蘇子澱等。〔註49〕寧河從寶坻析出後，「澱之在境者九」〔註50〕，分別是嶷澱、蘇子澱、商王澱、遊香澱、趙澱、地扒拉澱、尋思澱、小澱，境內還有北淮魚澱、南淮魚澱、塔澱（塌澱）、皀澱，號稱寧河四澱。〔註51〕

薊縣境內山地較多，和天津地區的其他地方不同，薊縣地表的坑塘窪澱記載並不太多，更多的記載則是薊縣地表的山泉水。在民國所修《薊縣志》中記載了三十餘處薊縣山泉水，可見當地山泉水之多，有石頭營泉、黃花山泉、豬耳峪泉、隆福寺泉、道谷峪小港泉……〔註52〕誠然，這些地表山泉水表現的是部分民國時期的狀況，如志書修撰者所言：「近調查泉流，昔有而今無者有之，昔大而今小者有之，昔多而今少者有之。至於新鑿之泉、新辟之

〔註45〕　（清）閻甲胤　馬方伸：（康熙）《靜海縣志》卷之一《山川》，《中國地方志集成‧天津府縣志輯》第 5 冊，第 14 頁。
〔註46〕　（清）沈家本　榮銓等修，徐宗亮　蔡啓盛纂：（光緒）《重修天津府志》卷二十，第 385 頁。
〔註47〕　（清）吳翀　曹涵：《武清縣志》卷三《河渠》，國家圖書館藏清乾隆 7 年刻本。
〔註48〕　（清）蔡壽臻、錢錫寀纂修：（光緒）《武清縣志》卷一《河渠》，《北京師範大學圖書館藏稀見方志叢刊》第 2 冊，第 57 頁。
〔註49〕　（康熙）《寶坻縣志》卷一《山川》，第 2 頁。
〔註50〕　（清）洪肇楙等纂修：《寶坻縣志》卷二《形勝》，第 209～210 頁。
〔註51〕　（清）周家楣等修，繆荃孫等纂：（光緒）《順天府志》卷二十，第 627 頁。
〔註52〕　（民國）仇錫廷等纂修：《薊縣志》卷一《地理》，第 70～77 頁。

水田，則無一焉。」〔註53〕即便如此，由民國時期如此多的泉水記載，應當可以推測出明清時期薊縣的地表泉水亦較多。

四、水文環境與農業

天津境內河流眾多、水源豐富，水文環境與農業生產緊密相聯，對農業發展影響甚巨。一方面，豐富的水源既有灌溉之利，又可分消積水，河淤之地往往還可形成沃壤。另一方面，河流窪澱眾多也容易引發水災，對農業造成極大的衝擊和損害。因此，明清天津農業發展的核心之一便是處理好與水文環境的關係，充分利用水源為農業開墾所帶來的便利條件，同時進行大量水利工程的修築，如築堤、開河、疏濬河流等，從而達到趨利避害之目的。

天津境內各水多有灌溉之利，部分河流窪澱等在雨多水漲之際也可分消水勢，降低水災的發生，利用境內水源進行灌溉的記載頗多。境內可資灌溉的有七十二沽，「潮水逆注，民資灌溉」〔註54〕。武清境內的鳳河可引以營田，也可分消瀝水，「雍正四年怡賢親王查修水利，欲加疏濬，以來源微細，不足以為恒流，奏請引涼水河流入焉。而於桐林、牛鎮、三間房等村引水營田。歷年開挖河流亦殊通暢，偶值陰雨，雖不免泛溢之虞，然旋即流通，秋末無妨耕種。武邑之瀝水，實可藉以分消，亦甚有益於民生也。」〔註55〕《寧河縣志》亦稱寧河諸流多可灌溉，「寧固澤國，有水而無山……其大川即海，而潮河則諸流之匯也。為澱為沽，又眾水之瀦以資灌溉者，宜詳志之。」〔註56〕薊運河可以灌溉和消納積水，「薊運河……其間灌溉之利、魚蝦之饒、商賈舟楫之便，莫不賴之。而霖雨積水亦半消納其中，不致遽成汜濫，皆河力也。」〔註57〕薊縣境內的山泉水也多可用於農業灌溉，見於記載的頗多，如龍泉……引泉種秧，不假人力。龍王泉，在城東二十三里豪門山下，灌田頃餘……大屯泉，在城東十五里大屯莊之東南，灌田一二十畝，南流至楊各莊西，入沽河。圍房泉，在城東五里圍房莊東，灌園數十畝，得利甚厚，東南流至于家橋入沽河……綠泉，在城西二里路家莊南，方十數丈，深四五尺，用以灌園，村人賴之……陽泉左挾右帶，

〔註53〕（民國）仇錫廷等纂修：《薊縣志》卷一《地理》，第78頁。
〔註54〕（清）洪肇楙等纂修：《寶坻縣志》卷二《形勝》，第210頁。
〔註55〕（清）吳翀　曹涵：《武清縣志》卷三《河渠》，國家圖書館藏清乾隆7年刻本。
〔註56〕（清）關廷牧修，徐以觀纂：《寧河縣志》卷二《職方·山川》，第6頁。
〔註57〕（清）關廷牧修，徐以觀纂：《寧河縣志》卷三《建置·河渠》，第17頁。

灌田二十餘頃，南過五里橋，逕上閘、下閘、板橋、冀莊、楊家園各莊，又灌田三十餘頃……東水碾泉，在城西北六十里靠山集鎮東，灌田五六十畝，入黃崖川。王莊泉，在城北三十里王莊北，天旱，村人常用以澆地，於莊南入黃崖川。黑棗樹泉，在城北五十里段莊西，曾灌田十餘畝，今淤廢，水入黃崖川。螺山泉，在州東南四十里之螺山下。水出蓄爲池，面積約五六畝，中隔以道，分池爲二，東南流成小渠，兩側均可藉以灌溉，流七八里至玉田縣小南莊村入窪。〔註58〕此外，七里海、三角澱等窪澱也多有泄水之功，如「七里海，在縣西南五十里，水本無源，地勢窪下，行潦歸焉。當雨多水匯，極目無涯，汪洋如海，故以海名。」〔註59〕除了利於灌溉、疏泄積水外，河淤之地亦可變爲沃壤，利於農業開墾，如薊縣「沙河有五……故近山之地多被水沖沙壓，次遠之地多借淤積而成沃壤。」〔註60〕

　　境內水源豐富雖有灌溉和疏泄之利，也容易引發水災，現代人指出：「由於海河上游支流多，遇暴雨，大量的洪水皆彙集於地勢低窪的天津，只靠海河干流的一條河道泄入渤海，往往宣洩不暢，造成河道決口氾濫。」〔註61〕在志書中則言明，「（海河）每伏秋之交，二運並漲，澱水爭趨，駢注於三岔一口，而強潮牴牾，迴漩不下，倒漾橫流，上游堤岸田廬皆成巨浸，所謂尾閭不暢，胸腹俱病者也。」〔註62〕其他河道、窪澱亦是如此，如薊運河是「兩岸均係沙土，易於沖刷，其急湍猛浪所沖蕩之處，輒坍塌崩裂。此岸成灣則彼岸成套，隔河相望，苦樂不均，遂有十年河東、十年河西之諺。」〔註63〕

　　爲了充分利用水文條件，減少水災的發生，以興利除弊、便於農業生產。明清天津均有大量水利工程的興修，主要方式有挑濬河道、修築堤岸、開挖引河等。明萬曆三十一年築北運河堤，「從工部議，挑通州至天津白河深四尺五寸，所挑沙土即築堤兩岸，著爲令。」〔註64〕爲消減北運河之勢，康熙三十九年建石壩開挖武清筐兒港引河，此後康熙四十五年、五十年、雍正七年

〔註58〕　（民國）仇錫廷等纂修：《薊縣志》卷一《地理・河流》，第 71～77 頁。

〔註59〕　（清）關廷牧修，徐以觀纂：《寧河縣志》卷三《建置・河渠》，第 19 頁。

〔註60〕　（民國）仇錫廷等纂修：《薊縣志》卷一《地理・河流》，第 74 頁。

〔註61〕　天津師範學院地理系編：《天津農業地理》，第 17 頁。

〔註62〕　（清）李梅賓　吳廷華　汪沆：（乾隆）《天津府志》卷十七《河渠志（下）》，第 286 頁。

〔註63〕　（民國）仇錫廷等纂修：《薊縣志》卷一《地理・河流》，第 67 頁。

〔註64〕　（清）李梅賓　吳廷華　汪沆：（乾隆）《天津府志》卷十六《河渠志（上）》，第 262 頁。

陸續開挖，乾隆三十二、四十五、道光四年挑挖、築堤。〔註 65〕明清薊運河水利也多加興舉，「在宣德、天順、成化、嘉靖、萬曆年間築薊運河堤，濬薊運河道，屢見史冊。明季漕廢，河漸淤塞。清初濬之，運漕以供陵糈。」〔註 66〕永定河挑挖引河疏濬兼施，「康熙三十七年，聖祖仁皇帝命撫臣于成龍大築堤堰，疏濬兼施，錫以佳名。」此後乾隆五、六、七年分別築壩開挖引河。〔註 67〕子牙河康熙三十九年築堤，雍正三、四年分別加以疏濬並補缺堤防。〔註 68〕天津境內其他支流河工之興舉更是不計其數。雍正四年，怡賢親王於鳳河涼水分流處建閘，至乾隆二年工成。後於乾隆五年、九年、十九年、四十一年以及嘉慶五年、二十年多次築堤、挑濬。〔註 69〕同年，怡賢親王開挖寧車沽河，「雍正四年冬，怡賢親王查歷至此惻然憫之，五年委員開挖寧車沽河，起自淮魚澱達於北塘口，長四十里，拓濬深通，估帆來往，小民生計賴以紓焉。」〔註 70〕在雍正年間也還有開挖青龍灣引河和淮西魚澱東西二引河之舉〔註 71〕。寧河縣「七里海引河，日久淤塞，乾隆六十年，知縣夏蘭奉文重濬，經費核實報銷。薔口河，每於夏秋之間，雨水過多，諸河容納不及，泛淹田廬。道光四、五兩年，知縣歐聲振……等奉文承挑。」〔註 72〕

　　明清兩代水利工程的不斷興修有利於改善水文環境、充分發揮水源的積極作用、減輕水災的多發，但由於自然條件的限制等種種原因，天津水

〔註 65〕　（清）吳翀　曹涵：《武清縣志》卷三《河渠》；（清）李梅賓　吳廷華　汪沆：（乾隆）《天津府志》卷十六《河渠志（上）》，第 262 頁；（光緒）《武清縣志》卷一《河渠》，第 45 頁。

〔註 66〕　（民國）仇錫廷等纂修：《薊縣志》卷一《地理・河流》，第 68 頁。

〔註 67〕　（清）吳翀　曹涵：《武清縣志》卷三《河渠》；（清）李梅賓　吳廷華　汪沆：（乾隆）《天津府志》卷十七《河渠志（下）》，第 282～283 頁；（光緒）《武清縣志》卷一《河渠》，第 48～51 頁。

〔註 68〕　（清）李梅賓　吳廷華　汪沆：（乾隆）《天津府志》卷十六《河渠志（上）》，第 266～267 頁。

〔註 69〕　（清）蔡壽臻、錢錫寀纂修：（光緒）《武清縣志》卷一《河渠》，第 52～54 頁。

〔註 70〕　（清）李梅賓　吳廷華　汪沆：（乾隆）《天津府志》卷十七《河渠志（下）》，第 287 頁。

〔註 71〕　（清）關廷牧修，徐以觀纂：《寧河縣志》卷三《建置・河渠》，第 21 頁；（清）李梅賓　吳廷華　汪沆：（乾隆）《天津府志》卷十七《河渠志（下）》，第 286～287 頁。

〔註 72〕　（清）丁符九、談松林：《光緒寧河縣志》卷三《建置・河渠》，《中國地方志集成・天津府縣志輯》，第 6 冊，第 182 頁。

災易發的情況始終沒有得到根除。這一方面主要由於天津水多氾濫的自然環境使然，人力修築在自然環境面前難免有些事倍功半。如武清縣「邑名雍奴，本澤國也，東有白河，西有永定，鳳河繞其北，三角澱匯其南，其間支流小澱不可枚舉，故時遭沖決泛溢之患，下切民生，上煩宸慮，所關於邑非淺尟也。」〔註73〕靜海縣則稱：「靜邑四境綿延幾三百里有奇，可謂廣土，然城東去海一百六十里，一望無煙火，蒼莽之野耳，北至王莊一舍，地皆荒野，濱河居民雖有貿易，屢遭淹沒，識者憂之。」〔註74〕另一方面，有時水利工程興修不力也是一個原因。萬曆時所修《河間府志》便稱其時對水利興修所加關注不足，「土性沙柔，易於淤塞，而人事未盡，疏鑿者少。迄今論河蓋已十喪八九矣。是以一遇河水之來，沖決散漫，悉為湖池，而無可拯救之道。一遇雷雨之至，禾苗淪沒，發洩無端。而三日之霖，可為終歲之害矣。」〔註75〕水災多發影響正常農業生產，常常使農民困苦萬端，描寫水災的詩文較多，從其中兩首便可見一斑：

窮民歎

破屋茸蓬茅，麻衫鬢鬢焦。到門惟有水，顧地絕無苗。

野菜和根食，生柴帶葉燒。已看貧到骨，何計避征徭。〔註76〕

傷靜海大水

一目凋殘二十秋，眼中風物不勝愁。千村萬落如江海，不見人

煙見水流。〔註77〕

即至清末，修志者依然建議興修水利、利用水源，以便為農業生產提供便利，如薊縣「（東西）兩窪廣袤各二三十里，如能為兩窪而治，（薊運）河即以治。河為治，兩窪則南畝東疇遍熟粱稻，其利之豐豈可以數量計？」。〔註78〕修志者還認為「吾薊河道縱橫，泉源眾多，亟應利用，以裕財源……」〔註79〕縱覽整個明清時代，水利與天津農業始終是相輔相生，不可分離。

〔註73〕 （清）吳翀 曹涵：《武清縣志》卷三《河渠》。

〔註74〕 （清）閻甲胤 馬方伸：（康熙）《靜海縣志》卷之一《疆域》，第12頁。

〔註75〕 （明）杜應芳修、陳士彥 張文德纂：（萬曆）《河間府志》卷四《河道志·河議》，國家圖書館藏萬曆43年刻本，第15頁。

〔註76〕 （清）閻甲胤 馬方伸：（康熙）《靜海縣志》卷之三《詩》，第69頁。

〔註77〕 （清）閻甲胤 馬方伸：（康熙）《靜海縣志》卷之三《詩》，第77頁。

〔註78〕 （民國）仇錫廷等纂修：《薊縣志》卷一《地理·河流》，第68頁。

〔註79〕 （民國）仇錫廷等纂修：《薊縣志》卷一《地理·河流》，第77頁。

第二節　相對貧瘠的土壤

　　天津海拔較低，除北部薊縣多山外，其餘多為平原地帶。由於瀕臨渤海，受海潮等影響較大，土壤鹽鹼化嚴重。現代研究認為：「天津市大部分地區屬『海退』之地，地勢低窪，地下水位離地表較近，土壤深處的鹽分可以沿毛管上升至地表，除汛期有較多雨水淋洗土壤鹽分外，其餘時間雨水較少，蒸發旺盛，土壤鹽分增多，造成大部分地區土壤鹽鹼較重。影響作物生長和發育，必須進行認真的改造。」〔註80〕大面積的土壤鹽鹼化不利於農業生產，農業活動的範圍和成效面臨很大的障礙。天津低窪鹽鹼地的面積廣闊，「南郊、塘沽、漢沽、大港、寶坻、寧河、武清、靜海等區縣，約占 70%左右的耕地為中、低產田。」〔註81〕現代已是如此，明清農業開發不夠徹底，相應土壤條件應該更差。

　　除了濱海大面積的鹽鹼化土壤外，天津靠近內陸的土壤也多貧瘠，影響農業生產和當地經濟的發展。如寶坻縣土壤「涯窪而磽，故財賦無幾。」〔註82〕民國所修《靜海縣志》認為除去河流決口這種自然災害外，土壤貧瘠也是農田鮮能獲得豐收的一個重要原因。《縣志》將靜海田土做了一個分類，「運河兩岸厥田惟上中，其色赤，其味甘，其質埴，宜蔬菜果木，占全境百分之一。西河兩岸厥田惟中上，其色白，其味淡，其質壞埴，之間宜蔬菜及麥，占全境百分之二。四鄉凹地俗名某澱某窪，厥田惟中中，其色黑或白，其味寒，其質面層壞而不墳，稍下層埴，宜穀及麥，占全境百分之三十五。四鄉凸地俗名某墅某崗，厥田惟下中，其色白或黑，其味稍鹹，其質埴而不細，可種五穀，占全境百分之二十八。濱海及四鄉荒地，厥田惟下下，其色白，其味鹹，出蘆蒿及鹽，占全境百分之三十四。按，近年勤勞之家將土之上下層互相翻轉，名曰倒地，或將肥土敷於瘠土之上層，名曰墊地，下下之田一變而為中中，可慶也。」〔註83〕經過明清數百年的農業生產和改造，靜海縣的田土仍舊是貧瘠居多，中中以上的僅占百分之三十八，而不適宜種植

〔註80〕天津師範學院地理系編：《天津農業地理》，天津科學技術出版社，1981 年，第 24 頁。

〔註81〕于宗久、張殿京：《天津低窪鹽鹼地立體農業的開發》，《天津農林科技》1990年第 1 期。

〔註82〕天津市地方志編修委員會辦公室等編著：《天津區縣舊志點校 寶坻縣志·寧河縣志》《寶坻縣志序》，天津社會科學出版社，2008 年 6 月。

〔註83〕（民國）白鳳文等修：《靜海縣志·丑集土地部》，《中國方志叢書·華北地方第 140 號》，臺北：成文出版社，1968 年，第 110～111 頁。

作物的鹹土地占百分之六十二。可見明清時期，當地的土壤狀況應該更差。土壤條件差不但影響收成，在發生災害時也難以抵禦。靜海土壤易成旱澇災害，「吾邑雨量先旱後澇，年來幾成定例，原因由於土質橫則蒸汽閉塞，故雨時恒少，滲透不速，故雨量稍過即成澇災，況地多平坦廣漠，無溝渠汊港可以容納有餘之雨水，以致易成旱澇。昔人謂土質橫故貧者，以此也。」〔註84〕寶坻、寧河兩地地畝窪下貧瘠，收成不高、災害亦多，「自分縣以來，寧地無膏腴。蘆臺大河以北與東西各村均窪下瘠產，遇豐歲，每畝所收不過五、六斗。大河以南，地更鹵薄，不任耕種。即間有成田者，無雨即旱，有雨即澇，且多患蝗孽。故十歲九不收，而邑民素少積聚。」〔註85〕土壤窪下貧瘠從而對自然環境的適應能力較差，「無雨即旱，有雨即澇」，使農業生產面臨極大的障礙。寶坻縣地畝亦是如此，「寶邑膏腴之地明入皇莊，今歸旗圈，所耕者大都窪下瘠產耳。然農能以勤力勝之，一歲之中，手胼足胝，殆無虛日，而收入頗寡，但得五六斗或七八斗，即慶有年矣。三月中得雨麥乃熟，六月中雨過甚則河水發而禾稼淹。然斥鹵之地立秋後又須雨以洗之，不惟有秋，且宜來歲麥也。若少旱，輒生蝗，力捕之，尚不為害。」〔註86〕可見即便人力多所用功，而斥鹵之地需雨水洗之，但雨水大則澇，少則旱，土壤條件限制相當之大，農業發展成效進展頗難可以想見。

第三節　寒冷的小冰期氣候

　　明清天津處於中國歷史上氣候的相對寒冷期，與世界其他許多地區小冰期寒冷氣候相對應，農業活動自然也不可避免地受到小冰期氣候的影響。在明清五百餘年期間，最寒冷的時間是在明末清初的十七世紀，特別是以公元1650～1700年左右最為寒冷。〔註87〕大概自19世紀20年代以後，中國的氣候開始轉暖，此後的1951～1980年左右是氣候轉暖期的相對寒冷階段，學者們往往以此為參照與前代氣候進行比較。據葛全勝等的研究，中國東部地區在過去2000年內，較1951～1980年冷而且持續時間超過百年的冷期有三個，

〔註84〕　（民國）白鳳文等修：《靜海縣志‧丑集土地部》，第111～112頁。

〔註85〕　（清）關廷牧修，徐以觀纂：《寧河縣志》卷十五《風物‧農》，第2頁。

〔註86〕　（清）洪肇楙等纂修：《寶坻縣志》卷七《風物》，第364～365頁。

〔註87〕　參見竺可楨：《中國近五千年來氣候變遷的初步研究》，《中國科學》，1973年第2期；王紹武：《公元1380年以來我國華北氣溫序列的重建》，《中國科學》（B輯），1990年第5期。

大致年代分別在 210～560，780～920，1320～1910 左右。其中 1320～1910
含 1320～1370、1410～1490、1560～1700、1770～1910 四個冷谷，四個冷谷
30 年溫度平均值較 1951～1980 年低 0.6～0.9 攝氏度，其中的 1650～1670 為
過去 2000 年中最冷的 30 年，較 1951～1980 年低 1.1 攝氏度。〔註88〕較近的
研究還表明，1560～1680 年左右為小冰期的最冷期，且隨著地域的不同，起
始年代也有一定差異。〔註89〕由上可見，明清時期天津平均氣溫大概較 1951
～1980 年要低，而且在很長一段時期內低 0.6～0.9 攝氏度左右，高於這個標
準的年限只有 170 年左右，可見當時天津農業是處於長期低溫的環境之中。
陳家其在其論文中認為，15 世紀後期到 16 世紀前期，氣候進入第一個小冰期
盛期，此間中國重大氣象災害較 14 世紀為多。15 世紀 20 年代至 16 世紀 20
年代左右為第一個小冰期盛期的回暖期，然而回暖現象主要在南方。而北方
於 15 世紀 50 年代即開始寒冷，並與南方再次變冷，一起持續到 16 世紀末 17
世紀初，成為我國近 500 年小冰期氣候的第二個寒冷時期。與之相應，中國
重大氣象災害在 16、17 世紀是 18 世紀以前最為突出的群發時期，16 世紀後
期至 17 世紀前期，中國重大氣象災害大幅度上升，成為繼 12 世紀 30 年代氣
候強烈突變前後形成的災害群發高峰後又一更為突出的群發高峰。〔註90〕按
照此文觀點，北方地區在小冰期回暖期的回暖現象也不是很長，可見天津長
期低溫的時間可能要相對更長。

　　氣候的寒冷，往往以自然災害的多發以及農業歉收等現象作為表現形
式，在物質投入、科技水平等社會因素相對穩定的情況下，這種影響就顯得
更為明顯。〔註91〕以氣候轉暖期的相對寒冷階段 1951～1980 年為例，據張丕
遠等的研究，「從 1950 年以來我國強寒潮頻繁發生、春秋多霜凍、夏季水旱
災害頻率增加、接連出現冷夏等現象來看，可能意味著已進入冬夏溫度偏低，

〔註88〕 萬全勝等：《過去 2000 年中國東部冬半年溫度變化》，《第四紀研究》，2002
　　　　 年第 2 期；萬全勝等：《過去2000a中國東部冬半年溫度變幅與週期》，《氣候
　　　　 變化研究進展》，2006 年第 3 期。另，文中東部地區，指北緯25 至 40 度，東
　　　　 經 105 度以東的地區，北至北京，南至廣東，西至陝西、四川、貴州一線。
　　　　 關於過去五百年具體冷暖階段的分期，不同學者的研究有相異的結果，本文
　　　　 在此採用較為持中的觀點。
〔註89〕 王勁松等：《小冰期氣候變化研究新進展》，《氣候變化研究進展》，2006 年第 1 期。
〔註90〕 陳家其：《近二千年中國重大氣象災害氣候變化背景初步分析》，《自然災害學
　　　　 報》，1996 年第 2 期。
〔註91〕 參見信乃詮、程延年：《氣候變化與我國作物產量》，《中國農學通報》，1995
　　　　 年第 1 期。

多嚴重水旱災害的時期。但水旱災害頻率已經接近或達到過去 500 年的最大值，而冬季寒潮強度和寒冬次數還未達到過去 500 年中最寒冷時期的程度。」〔註92〕明清時期天津的平均氣溫長期低於 1951～1980 年，社會發展水平也相對穩定，氣候寒冷導致災害多發的表現就更加強烈。史籍中天津的旱澇、蝗災、霜凍等自然災害有大量記載，對此即是一個證明。天津這種氣候相對寒冷、自然災害多發的現象對農業生產產生十分不利的影響。自然災害的增多，容易導致農業產量下降。氣候寒冷，也會使農業復種指數下降。長期的低溫，災後農業的復蘇也會受到很大的限制。〔註 93〕據張家誠對我國多年平均溫度變化的影響所做的研究成果，氣候每變化 1 攝氏度，各季作物熟級相應變化大概一級，也就是產量變化大約百分之十。〔註 94〕根據這種觀點，明清時期天津地區的平均氣溫在長時間段內比 1951～1980 年低大致 0.6～0.9 攝氏度左右，假設 1951～1980 年生產水平等社會因素與明清持平，則這一時間段內各季作物產量大概要低百分之五以上。由此可見，長期的低溫對明清天津地區的糧食產量具有極大的不利影響。因此，明清時期天津地區的整體氣候環境並不令人樂觀。氣候乾燥、降水量不大，農作物生長會受到一定的影響，而降水量較爲集中、氣溫低又會使農業災害相應多發，產量降低。相對於其他歷史時期的氣候狀況而言，明清天津農業面臨著長期低溫、多災的情況，農業生產壓力較大。

　　綜上所述，明清天津農業生產活動所面臨的外部生態環境並不樂觀。水文條件的複雜對當地進行農業活動提出了較高的要求，需要投入大量的人力、物力去改善水文環境，以利於農業生產的發展。而貧瘠的土壤條件則更需要加以用功進行改善，以便於農業生產的順利進行。低溫氣候也對農作物產量造成限制，並容易引發各種農業災害。總體而言，天津地區在明清時期農業生產環境相當脆弱，抵抗自然災害的綜合能力不強。生態環境對天津農業提出了較高要求，需要在現有基礎上加強人力、物力投入，對水文、土壤等人力所能及的自然條件進行改造，以利於農業生產並加強對自然災害的抵

〔註92〕張丕遠、龔高法：《十六世紀以來中國氣候變化的若干特徵》，《地理學報》，1979 年第 3 期。

〔註93〕參見陳家其：《明清時期氣候變化對太湖流域農業經濟的影響》，《中國農史》，1991 年第 3 期；周翔鶴、米紅：《明清時期中國的氣候和糧食生產》，《中國社會經濟史研究》，1998 年第 4 期。

〔註94〕轉引自王業鍵、黃瑩珏：《清代中國氣候變遷、自然災害與糧價的初步考察》，《中國經濟史研究》，1999 年第 1 期。

禦能力。明清兩代天津的農業生產也正是在面臨和適應這種自然環境之下進行的，是以現有條件爲基礎、通過人力對自然環境進行改造的過程。經過長期的農業實踐與開發，天津農業生產取得了長足的進步：農業科學技術在明清時期有較大進步，作物的種植與引進也在不斷進行，水利營田活動的長期進行更是直接推動著天津農業的發展。在農業生產不斷進步的過程中，天津地區的土地制度與經營方式也在明清兩代發生變革，與之相隨的是賦役等農業負擔隨著時間推移體現出不同的時代特色。明代已經建立起較爲完善的荒政和社會保障制度，清代則進一步發展完善，良好的社會保障制度減少了災害對農業生產的影響，爲農業活動的持續進行提供了保證。總而言之，明清天津農業便是在相對不利的生態環境條件下，將傳統農業生產與生態環境改造和應對相結合發展之過程。

第二章　農業生產的發展與進步

　　明清時期天津農業生產雖然面臨著嚴峻的自然環境，但卻取得了長足的進步，農業生產規模不斷擴大，對土地的開發利用無論從深度還是廣度都有所加強。農業生產的發展主要表現在以下幾個方面：農業科學技術在學習和實踐中不斷進步；農作物品種不斷豐富、部分高產作物得到引進和普遍種植；水利事業在明清也多次興修，爲農業抗災、禦災、充分發揮水利提供保障；營田規模逐漸擴大，帶動著天津的土地開發和土壤改良。

第一節　農業科學與技術的發展成就

　　明清時期天津地區農學起步相對較晚，但得到了較大的發展、取得了一定的成就。官方對農業活動的提倡以及南方士人在天津的農業活動，爲天津農業科技的發展做出了很大貢獻。天津地區的農業科學技術所取得的成就和進展主要有以下幾個方面：地方農書開始出現，農田水利思想和技術不斷傳播、普及，土壤改造與施肥技術有所提高，農學思想等也有所突破。

一、袁黃與《寶坻勸農書》

　　明清天津農業活動不斷進行，農業得到了很大的開發，農學思想、農業技術不斷傳入，爲天津農業的進步提供了理論支持和技術基礎。較早將農學知識及思想系統傳入天津的當屬萬曆年間寶坻縣令袁黃。袁黃萬曆十六年至二十年任寶坻縣令，在任期間勸課農桑，營治水田。袁黃總結前代農學成果並結合寶坻地方實際情況，於萬曆十八年刻《勸農書》五卷，對寶坻農業所

涉及的多個方面進行介紹和敘述。《勸農書》反映出當時寶坻農業生產所面臨的自然條件、生產水平等情況，書中所記田制、播種、耕治等方面的內容爲寶坻乃至天津農業生產提供了指導，是天津地區第一部系統的地方性農學著作。

《勸農書》包括天時、地利、田制、播種、耕治、灌溉、糞壤、占驗八部分內容，分別涉及農時、土壤學、耕種技術與方式、選種、農田水利、糞肥、農占等各個方面。在「天時」中，對種植作物的時機分別進行介紹，如「以一歲言之……凡愛田，常以五月耕，六月再耕，七月勿耕，謹摩平以待種時。五月耕一當三，六月耕一當二，若七月耕五不當一。以一日言之，春宜早晚耕，夏宜兼夜耕，秋宜日高耕……以五穀言之，稷，今北人類呼曰穀，二月上旬種者爲上時，三月上旬爲中時，四月上旬爲下時；黍者，暑也，宜待暑而種。三月上旬種者爲上時，四月上旬爲中時，五月上旬爲下時……菽，大豆也，與種穀同時，但晚種則宜加種子……」〔註1〕袁黃在作物種植時間方面一方面介紹並總結前人經驗，另一方面並不拘泥古法，而是根據實際情況有所變通，他認爲「然古今氣候有推遷，南北寒溫有先後，不可執一。」〔註2〕主張依據各地實際氣候情況，參照物候來確定農作時間。在「地利」中，袁黃指出要分辨地土的區別，因地土之宜而耕之：「又地利不同，有強土、有弱土、有輕土、有重土、有緊土、有緩土、有燥土、有濕土、有生土、有熱土、有寒土、有暖土、有肥土、有瘠土，皆須相其宜而耕之。苟失其宜，則徒勞氣力反失地利」〔註3〕。在「田制」中，袁黃詳細介紹了各種田制的特點及作用並繪製田圖以供參考，涵括井田、區田、圍田、塗田、沙田等幾種，如塗田可刷城改善土壤：「瀕海之地，潮水往來，淤泥常積，土有咸草叢生，此須挑溝築岸，或樹立椿橛，以抵潮汛。其田形，中間高，兩邊下，不及十數丈即爲小溝，百數丈即爲中溝，千數丈即爲大溝，以注雨潦，謂之甜水溝。初種水稗，斥鹵既盡，可種稻，所謂『泄斥鹵兮生稻粱』，非虛語也。」〔註4〕在「播種」中，對作物選種、藏種、播種技術方面多所涉及，所記載有留種、藏種、選種、漬種、漫種、耬種、瓠種、芽種等，如其中對留種、藏種記載爲：「不論黍、稷、秫、稻等，凡欲留種者，須別種之；或只就同畝中揀其茂

〔註1〕（明）袁黃：《勸農書》，《續修四庫全書》第975冊，第191～192頁。
〔註2〕（明）袁黃：《勸農書》，第192頁。
〔註3〕（明）袁黃：《勸農書》，第193頁。
〔註4〕（明）袁黃：《勸農書》，第197頁。

盛者，多加鋤治，蓋鋤多則皮薄而無秕也。收時別置一處，不與諸穀雜。又一一手揀好穗純色者，刈而高懸之，刈須連薪數寸爲上。蓋穀雖成實，而其蒂在薪，連薪則氣全而不散也。懸之於梁，須以原薪包之爲妙。今江南皆然。北方則有窖而埋者，器而盛者，皆須以原薪蔽覆，而窖勝於器。南方地卑而風柔，地卑故不可窖，風柔故高懸之梁，則氣常條暢。若北方則其地最高，其風最勁，故民間藏種，多窖而不懸。冬時甚寒，而地中常暖，得地氣養穀爲妙。欲懸之亦須擇無風常暖處可也。」〔註 5〕在「耕治」篇中，對耕作技術加以論述，主要包括「耕」、「耙」、「耨」三部分內容：「凡耕田不問春秋，以燥濕得所爲佳。若水旱不調，寧燥無濕，燥耕雖塊，一經雨，地輒粉解；濕耕土堅，數年不起稼。諺云：濕耕澤鋤，不如歸去。言無益而有損也。初耕欲深，轉耕欲淺。若耕不深則土不熟，轉不淺則動生土也……今日只知犁深爲功，不知耙細爲全功。耙功不到，則土粗不實，後雖見苗立根，根不立著土，不耐旱，有懸死等病。耙功到則土細又實，立根在細膩土中，又碾過，根土相著，自然耐旱，不生諸病。蓋耙遍數惟多爲熟，熟則上有油土四指，雖旱亦滋潤也……耨者，小鋤也。苗出隴則深鋤，不厭頻，周而復始，勿以無草而暫停。羞鋤者非止鋤草，乃地熟而穀多，糠薄而米良也。諺云：穀鋤八遍，餓殺狗。謂無糠也。鋤與耕不同，鋤第一遍未可全深，第二遍惟深是求，第三遍淺於第二遍，第四遍又淺於第三遍，穀科大則根浮故也。」〔註 6〕在「灌溉」中介紹了多種水利設施以及灌溉用具，有水柵、水閘、陂塘、水塘、翻車、水轉翻車、牛轉翻車、筒車、連筒、架槽、戽斗、水轉高車等，同時繪圖備參考，將灌溉方法以及灌溉工具用法介紹至天津。在「糞壤」中，指出用糞化土是改良土壤條件的重要手段，並認爲用糞要隨土之宜：「隨土用糞，各有攸當也……糞不在多，在用得其宜耳。糞苟失其宜，反害稼矣。夫糞不獨矢也，有苗糞，有草糞，有火糞，有毛糞，有灰糞，有泥糞，而泥糞爲上。」〔註 7〕同時對製糞方法詳加介紹並說明用糞時機：

> 有踏糞法、有窖糞法、有蒸糞法、有釀糞法、有煨糞法、有煮糞法，而煮糞爲上……然所有穰穢等，並須收貯一處，每日布牛、羊足下三寸厚，經宿，牛以蹂踐便溺成糞。平旦收聚，除置院內堆積之。每日如前法，得糞亦多。窖糞者，南方皆積糞於窖，愛惜如

〔註 5〕　（明）袁黃：《勸農書》，第 198 頁。
〔註 6〕　（明）袁黃：《勸農書》，第 200 頁。
〔註 7〕　（明）袁黃：《勸農書》，第 210 頁。

金，北方惟不收糞，故街道不淨，地氣多穢，井水多鹽。使人清氣日微，而濁氣日盛。須當照江南之例，各家皆置坑廁，滿則出而窖之。家中不能立窖者，田首亦可置窖。拾亂磚砌之，藏糞於中。窖熟而後用，甚美。蒸糞者，農居空閒之地，宜誅茅爲糞屋，簷務低，使蔽風雨。凡掃除之土，或燒燃之灰，箕揚之糠粃，斷篙落葉，皆積其中。隨即栓蓋，使氣薰蒸糜爛。冬月地下氣暖，則爲深潭，夏月不必也。釀糞者，於廚棧下深鑿一池，細甃使不滲漏，每舂米，則聚礱簸穀及腐草敗葉，漚漬其中，以收滌器肥水，漚久自然腐爛。釀糞者，乾糞積成堆，以草火煨之。煮糞者，鄭司農云：用牛糞，即用牛骨浸而煮之，其說具區田中。糞既經煮，皆成清汁，樹雖將枯，灌之立活。此至佳之糞也。

　　用糞時候，亦有不同。用之於未種之先，謂之墊底；用之於既種之後，謂之接力。墊底之糞在土下，根得之而愈深；接力之糞在土上，根見之而反上。故善稼者皆於耕時下糞，種後不復下也。大都用糞者，要使化土，不徒滋苗。化土則用糞於先，而使瘠者以肥，滋苗則用糞於後，徒使苗枝暢茂而實不繁。故糞田最宜斟酌得宜爲善，若驟用生糞及布糞過多，糞力峻熱，即燒殺物，反爲害矣。故農家有糞藥之喻，謂用糞如用藥，寒溫通塞，不可誤也。〔註8〕

「糞壤」一條中將用糞原理、製糞方法、用糞時機做了系統地介紹和說明，對改善天津沿海貧瘠和鹽鹼化的土壤很有幫助。在最後的「占驗」部分，擇取前代諸書中可資參照的農占部分加以記載，備小農參照。

　　《勸農書》篇幅雖然不大，但對農業生產的主要方面均有所涉及，是天津地區第一部系統而詳細的農學著作。在整體架構上，《勸農書》自成體系，涵括從天時以至農占的各個方面；在各個部分，也多從原理、技術、方法等方面加以論述，引經據典，系統而簡明。總體而言，《勸農書》體現出了以下三個特點：

　　一、借鑒大量前代農學成就，帶有明顯的傳統農學天、地、人三才論特色。在借鑒前人農學成就方面，如「天時」中引用《尚書》、《孟子》、《禮記》、《齊民要術》、《呂氏春秋》等書中的內容，並言「凡此皆載《齊民要術》等書甚悉」〔註9〕；在「地利」中引用《齊民要術》和《孝經援神契》，在引用

〔註8〕（明）袁黃：《勸農書》，第210～211頁。
〔註9〕（明）袁黃：《勸農書》，第192頁。

《孝經援神契》時講到：「《孝經援神契》曰：黃白土宜禾，黑土宜麥，赤土宜菽，污泉宜稻。爾民類以污下之地爲劣，而不知其宜稻，惟不講水田法故也。」〔註10〕通過對土壤的辨析和講解，來告知在寶坻推行水田之利；此外，《勸農書》在「田制」中引用《周禮》，「播種」中引用《尚書》、《農書》、《氾勝之書》、《齊民要術》，「耕治」中引用《種蒔直說》、《齊民要術》、《呂氏春秋》，「灌漑」中引用《禹貢》、《周禮》、《說文》、《魏略》、《唐韻》，「糞壤」中引用《周禮》、《周易》、《禮記》、《詩》、《埤雅》、《齊民要術》，「占驗」中引用《史記》、《物理論》、《雜陰陽書》、《師曠》等。因此可以說，《勸農書》是借鑒了大量前代的農學成果而成的。正是由於借鑒和繼承了大量前代的農學成就，《勸農書》表現出明顯的傳統天、地、人三才論特點。三才論經典論述見於《呂氏春秋》：「夫稼，爲之者人也，生之者地也，養之者天也。」〔註11〕天大致指氣候與時間的變化；地與天相對，是農業生產的載體，包括農業生產生活所需要的土壤、水分等各種資源；人是農業生產的主體，具備主觀能動性。三者相互聯繫，互相依存和制約。《勸農書》中，「天時第一」將農作時間以及物候加以論述，「占驗第八」介紹農占，總結可參考之農作占驗經驗；在「地利第二」中對農業生產的載體——土壤加以分辨並指出宜種作物；「田制第三」以後各部分，體現了人在農業生產中所發揮的作用和能動性。總體看來，仍然是按照天、地、人三才合一的農學思想而進行撰著的。

二、體現了以農爲本的傳統社會中，作爲地方官的袁黃所具有的重農思想。袁黃《勸農書》言明將《勸農書》「里老以下，人給一冊」，其自序便是以重農思想爲核心，大部分內容所講即爲此：

> 今天下租稅，皆出於田，故惟農受累最深。而富商大賈錦衣玉食，而無上供之費，幾何不馳力本之農而盡歸末作也？予爲寶坻令，訓課農桑，予得專之。今以農事列爲數款，里老以下，人給一冊。有能遵行者，免其雜差。如農人與工商訟，必稍右農。游手及在官之人與農訟，必重責之。國家之制，惟農爲良家子，豈可與雜流爲伍哉！

> 考古制：民之生也，宅不毛者有里布，田不耕者出屋業，民無職事者出夫家之征。及其死也，不畜者祭無牲，不耕者祭無盛，不樹者無槨，不蠶者不帛，不績者不衰。古人之重本如此。今知縣勤

〔註10〕（明）袁黃：《勸農書》，第194頁。
〔註11〕許通通撰、梁運華整理：《呂氏春秋集釋》，中華書局，2009年，第696頁。

勸汝輩耕織，有事到縣者必右力本之農，其能從鄉約保正勸息者，

知縣所甚喜，即與準行。而但令兩造各罰種樹百株，非以屬汝也，

欲以厚汝之生也，汝輩宜悉此意。〔註12〕

從中「農人與工商訟，必稍右農」、「惟農爲良家子」、「有事到縣者必右力本之農」等等，均可看出袁黃在《勸農書》自序中所表現出來的重農思想。

　　三、結合南方的農業經驗並聯繫寶坻農業生產情況，從實際出發對寶坻農業生產進行指導，具有強烈的針對性和現實意義。寶坻河流、坑澱眾多，水源豐富、水文情況複雜，江南農業生產經驗具有一定的參考價值。袁黃在借鑒前代農學成果的同時，便也介紹家鄉江南的農業經驗作爲參考。如「田制」中，介紹圍田法時言：「江以南地卑多水，民間之田皆築土爲岸，環而不斷，隨地形勢，四面各築大岸以障水，中間又爲小岸。或外水高而內水不得出，則車而出之，以是常稔而不荒。」〔註13〕在「耕治」中，言南方人耕田「南方人耕用鐵搭，耕後用耙，亦有用耖者。」〔註14〕「灌溉」中記載：「江南之田，全資灌溉。蘇、松、嘉、湖純用水車。旱則車水而入，澇則車水而出。鎮江、常州有轉水於數十丈之上者，其爲力甚勞。而非大水大旱，人力皆可支持。故《禹貢》揚州之田爲下下，而今賦甲於天下者，豈非人功勝，而地力不能限歟？」〔註15〕以此來論述農田水利對農業生產的重要促進作用，提高北方人對水利重要性的認識。在「糞壤」中指出：「南方農家凡養牛、羊、家屬，每日出灰於欄中，使之踐踏，有爛草、腐柴，皆拾而投之足下。糞多而欄滿，則出而疊成堆矣。北方豬、羊皆散放，棄糞不收，殊爲可惜。」〔註16〕介紹南方踏糞法並將南北進行對照，便於對踏糞法有直觀的印象和瞭解。《勸農書》中借鑒南方的農業生產經驗，並多將南北進行對比，有利於擴大農民視野，提高對農學知識、技術的接受和認可。同時，《勸農書》因爲是針對寶坻縣農業而撰，書中也大量結合了寶坻縣的實際情況，對寶坻縣農業做了規劃和指導。如在「天時」中，對寶坻種春麥多延誤農時以致收成寡少加以指導：「正月可種春麥，制府張公行文督民種秋麥，最爲留心民事。爾民狃於習俗，多喜種春麥，又皆蹉跎，多至二月種，所以收常薄也。」〔註17〕

〔註12〕　（明）袁黃：《勸農書》，第 190～191 頁。
〔註13〕　（明）袁黃：《勸農書》，第 197 頁。
〔註14〕　（明）袁黃：《勸農書》，第 199 頁。
〔註15〕　（明）袁黃：《勸農書》，第 201 頁。
〔註16〕　（明）袁黃：《勸農書》，第 210 頁。
〔註17〕　（明）袁黃：《勸農書》，第 192 頁。

在「地利」中，對寶坻土壤分佈複雜的情況加以說明，並對宜種作物進行了規劃，「即寶坻一縣，土亦不齊。西北之地白而壤，東南之地黑而塗泥。就西北之中，地高者白壤，而或兼赤，下者青壚；就東南之中，高者埴壚，下者純塗泥；而其近海者，則鹹潟而斥鹵，此皆地氣之不齊者也……今令為爾長，本縣高鄉宜花、宜麥、宜麻、宜黍、宜穀者，悉仍其舊；低鄉宜薥、宜粳、宜稗者，亦且隨意植之。但稗之入最薄，惟初開荒地宜樹之。鹵氣既盡即當種穀矣，種薥亦不若種粳，但開井於隴首，旱則每月澆三四次，無不成熟者。爾輩純靠天時，不知澆灌之法，此地力所以不盡也。至於本邑濱海一帶，皆為鹽鹵之地，棄而不耕，荒蕪彌目，此與拋黃金於路傍而自傷窮窘者，何以異哉？」〔註 18〕在「田制」中，袁黃認為寶坻東南至海一百二三十餘里的鹽鹵荒地宜開井田，同時也對寶坻縣附近宜開其他田者加以了說明：「（井田）可得糧百萬有餘。使東安、武清等處各擇荒地而舉行之，則四百萬石之漕糧，可取足於輦轂之下，而長運可息，民力可蘇矣；（區田）本縣則惟高亢地宜之，卑地不宜也……（圍田）今北方之地，坦平無岸，澇則不能御水，旱則不能蓄水。古者畛塗之制，久不講矣。今須各如葫蘆窩水田之制，及近日四衛所創城邊窪地種稻之式，各為長堤大岸，以成大圍，岸下須有溝以泄水，則外水可護，而內皆為稼地矣……（沙田）謂沙淤之田也。今通州等處皆有之，本縣亦有之，而民間率視為棄地，然江淮間有此田，則為膏腴地。蓋此田大率近水，其地常潤澤，可保豐熟；田圍宜種蘆葦，內則普為埂岸，可種稻秫。稍高者可種棉花、種麻。或中貫湖溝，旱則溉；或傍繞大港，澇則泄水；所以無水旱之虞，勝他田也」〔註 19〕。在「灌溉」中也指出了寶坻水利不興是因人為，「今寶坻尚有元時遺堤，昔何以興，今何以廢，是在人耳」，因此記載灌溉之法來倡導水利，其中言水轉翻車因「本縣無泉，當潮水衝入之處亦可用之，然終不若山泉也。」〔註 20〕整體而言，《勸農書》是結合了前代和現實的農學經驗、成就，具有非常現實的指導意義，為寶坻以至天津農業生產提供了理論和思想基礎。

《勸農書》的出現是天津農學發展的重大進步，具有里程碑式的意義，直到清代，仍然對天津農業生產發揮重要的作用。後人稱讚其為「袁黃為寶坻令，開疏沽道，引㽵潮河於壺蘆窩等村，教民種稻，刊《勸農書》一卷，

〔註 18〕 （明）袁黃：《勸農書》，第 193 頁。
〔註 19〕 （明）袁黃：《勸農書》，第 195～198 頁。
〔註 20〕 （明）袁黃：《勸農書》，第 201 頁。

詳言插蒔灌漑之方。蓋潮水性溫，發苗最沃，一日再至，不失晷刻。雖少雨之歲，灌漑自饒，猶江浙所謂潮田也。維時寶坻民尊信其說，踊躍相勸，及袁公去而其跡廢焉」〔註21〕，同時擇《勸農書》中簡便易行者加以記錄以供後人參考。《勸農書》的刊行在其他地方也產生了廣泛的影響，爲《勸農書》作序的楊起元便言道：「吾將挾此書以告父母吾土者推而行之，以與吾土之人人共樂之，吾願亦足矣。」〔註22〕清初湖廣布政司參議俞森輯《荒政叢書》，將《勸農書》加以收錄。道光四年，吳邦慶輯《畿輔河道水利叢書》時，也對其加以摘錄。

二、農田水利思想及技術的傳播和普及

農田水利思想是推動天津農業發展的重要農學思想。天津地勢低窪，河流眾多，地表水系發達。在農業生產中，如何處理好與水資源的關係一直頗受關注。正由於此，在天津興修水利、開闢地利的思想不斷傳入，爲天津水資源利用和水文改造提供了借鑒。明代北方人多不習慣水利，水利思想的傳入以南方士人爲主，表現爲大力提倡興修水利、開展水利營田活動。較早的爲萬曆三年徐貞明議開京東水田。徐貞明認爲水利在西北皆可行並提倡「盍先之於畿輔？畿輔諸郡皆可行也，盍先之於京東永平之地？京東永平之地皆可行也，盍先之於近山瀕海之地？近山瀕海之地皆可行也，盍先之於數井以示可行之端？則效近而易臻，事狎而人信。」〔註23〕經過考察，他指出「薊州城北則有黃垈營，城西則有白馬泉、鎮國莊，城東則有馬伸橋夾林河而下，城南則有別山鋪及夾陰流河而下至於陰流澱，疏渠皆田也。」〔註24〕提出了可在京東等地開展農田水利並加以實施。此後，萬曆、天啓年間水利營田活動在天津興起，屯田官員也多在此講求水利，農田水利思想進一步對天津農業產生影響。萬曆二十九年始，汪應蛟在葛沽等地屯田並興修水利，指出「此地無水則鹹，得水則潤。若以閩浙瀕海治地之法行之，穿渠灌水，未必不可爲稻田。」〔註25〕認爲天津水利可行，並通過實踐取得了一定的成效。左光

〔註21〕（清）洪肇楙等纂修：《寶坻縣志》卷十六《集說》，《中國方志叢書·華北地方》第二〇二號，臺北：成文出版社，1969年，第773頁。
〔註22〕（明）袁黃：《勸農書》，第190頁。
〔註23〕（明）徐貞明：《潞水客談》，《續修四庫全書》第851冊，第258～259頁。
〔註24〕（明）徐貞明：《潞水客談》，第262頁。
〔註25〕（明）汪應蛟：《海防奏疏·撫畿奏疏·計部奏疏》卷八，《續修四庫全書》第480冊，第504頁。

斗天啓年間上屯田疏，指出北人不習水利之弊端：「其苦旱與澇者，唯知聽命於天，而不知有水利也。一年而地荒，二年而民徙，三年而地與民盡矣」，並以天津舉例，認爲「誠得練習明作一將官領兵數千屯之，而天津一帶不足墾也。」〔註26〕眾人提倡在天津興修水利並在同時的水利營田活動中以實際行動取得了一定的成功，使水利營田思想得以在天津長期存在、發展。徐光啓在崇禎三年上《屯田疏》，大力在北方推展水利營田思想，天津也在這一範圍之內。文中將水利營田分爲「墾田第一，用水第二」，墾田部分包括開京東水田、廣行招徠、行均民之法、三年後升科、施行耕墾武功爵例、必須水田種稻、廣行灌溉等二十八條〔註27〕，對京東屯田做了詳細完備的規劃。用水部分，他認爲「故用水一利，能違數害」，而且興修水利是生財之道：「每思財乏者，非乏銀錢也。承平久、生聚多，人多而又不能多生穀也。其不能多生穀者，土力不盡也。土力不盡者，水利不修也。能用水，不獨救旱，亦可弭旱。」〔註28〕並列舉用水五法：「用水之源，用水之流，用水之瀦，用水之委，作原作瀦以用水」，條分縷析、詳細地向北方傳播水利思想與技術。

隨著水利營田思想在天津的傳入與實施以及水利營田活動不斷開展，天津的農田水利技術也在不斷提高。汪應蛟在天津屯田時將南方耕種海田法引入，「見海濱多荒鹼地，逐以閩浙治海田法試焉。禾稼暢茂，與南方稻田同。多收萬石，豐獲亦同。」〔註29〕圍田、塗田和沙田最爲適合天津濱海地區，其中圍田在天津農業開發中廣泛應用，以水利營田時所開水田使用最多。汪應蛟在葛沽等地營田，有十字圍，所開圍田大致爲：「一面濱河，三面開渠與河水通，深廣各一丈五尺，四面築堤以防水澇，高厚各七尺。又中間溝渠之制，條分縷析」〔註30〕。其後董應舉、左光斗以至清代所開水利營田，水田也多採用圍田。董應舉天啓初年在天津屯田時自言：「今門生所屯雙、白、陶辛等田已成大圍，以兵少止耕得六千畝。葛沽亦築長圍，以兵少止耕得二千

〔註26〕　（明）陳子龍等：《明經世文編》卷四九五《左宮保疏・題爲足餉無過屯田屯田無過水利疏》，中華書局，1962，第六冊，第5481頁。

〔註27〕　（明）陳子龍等：《明經世文編》卷四九〇《徐文定公集三・屯田疏》，第5410～5416頁。

〔註28〕　（明）陳子龍等：《明經世文編》卷四九〇《徐文定公集三・屯田疏》，第5417頁。

〔註29〕　（明）汪應蛟：《汪子中詮》卷六，《續修四庫全書》第941冊，第730頁。

〔註30〕　（明）汪應蛟：《海防奏疏・撫畿奏疏・計部奏疏》卷八，《續修四庫全書》第480冊，第506頁。

畝，遺地甚多。」〔註31〕爲了應對天津沿海多鹹水這一狀況，汪應蛟在天津屯田採用引潮灌溉法，利用天津海潮一日兩次的特點，以「地在三岔河外，海潮上溢，取以灌溉，於河無妨。」〔註32〕。海水重而河水輕，海潮內侵時河水上湧，淡水浮在上層，引上層淡水灌田種稻。同時在其圍田中置閘，「潮來渠滿則閘而留之，以供車戽，中間溝塍池梗宛轉交通，四面築圍以防雨潦，皆前明汪司農應蛟遺制也。」〔註33〕這種方法在當時天津應屬較爲先進的用水技術。以後的營田多加以應用，在天津水利營田活動中發揮了重要的作用。徐光啓崇禎三年所上《屯田疏》，對用水方法也詳加論述，簡錄於下：

（用水之源）其一，源來處高於田，則溝引之。溝引者，於上源開溝，引水平行，令自入於田；其二，溪澗傍田而卑於田，急則激之，緩則車升之；其三，有源之水行於漫地，易涸也，則爲陂、爲壩以留之；其四，源之來甚高於田，則爲梯田以遞受之；其五，溪澗遠田而卑於田，緩則開河導水而車升之，急者或激水而導引之；其六，泉在於此，用在於彼，中有溪澗隔焉，則跨澗爲槽而引之；其七，平地仰泉，盛則疏引而用之，微則爲池塘於其側，積而用之。

（用水之流）其一，江河傍田則車升之，遠則疏導而車升之；其二，江河之流自非盈涸無常者，爲之閘與壩，釃而分之爲渠，疏而引之以入於田，田高則車升之，其下流復爲之閘壩以合於江河。欲盈則上開下閉而受之，欲減則上閉下開而泄之；其三，塘浦涇浜之屬，近則車升之，遠則疏導而車升之；其四，江河塘浦之水溢入於田，則堤岸以衛之，堤岸之田而積水其中，則車升出之；其五，江河塘浦，源高而流卑，易涸也。則於下流之處多爲閘以節宣之，旱則盡閉以留之，潦則盡開以泄之。小旱潦，則斟酌開合之，爲水則以準之；其七，流水之入於海而迎得潮汐者，得淡水迎而用之，得鹹水閘壩過之，以留上源之淡水。

（用水之瀦）其一，湖蕩之傍田者，田高則車升之，田低則堤岸以固之。有水車升而出之，欲得水決堤引之。湖蕩而遠於田者，疏導而車升之；其二，湖蕩有源而易盈易涸，可爲害可爲利者，疏

〔註31〕 （明）董應舉：《崇相集》，第559頁。
〔註32〕 （明）汪應蛟：《海防奏疏・撫畿奏疏・計部奏疏》卷八，第505頁。
〔註33〕 （同治）《續天津縣志》卷十七《藝文二》，第441頁。

導以泄之，閘壩以節宣之；其三，湖蕩之上不能來者疏而來之，下不能去者疏而去之；其四，湖蕩之洲渚可田者堤以固之；其五，湖蕩之瀦太廣而害於下流者，從其上源分之。

（用水之委）其一，海潮之淡可灌者，迎而車升之，易涸則池塘以蓄之，閘壩堤堰以留之；其二，海潮入而泥沙淤墊、屢煩濬治者，則爲閘、爲壩、爲竇以過渾潮而節宣之；其三，島嶼而可田，有泉者疏引之，無泉者爲池塘井庫之屬以灌之；其四，海中之洲渚多可田又多近於江河而迎得淡也，則爲渠以引之，爲池塘以蓄之。

（作原作瀦以用水）其一，實地高無水，掘深數尺而得水者，爲池塘以蓄雨雪之水而車升之；其二，池塘無水脈而易乾者，築底椎泥以實之；其三，掘土深丈以上而得水者，爲井以汲之；其四，井深數丈以上難汲而易竭者，爲水庫以蓄雨雪之水；其五，實地之曠者，與其力不能多爲井、爲水庫者，望幸於雨則歉多而稔少，宜令其人多種木。〔註34〕

徐光啓疏中所載用水五法是較爲系統的用水理論，疏中針對不同條件下如何用水進行了詳細闡述，將水利工具與水利工程（如堤、壩、閘、陂塘的興修）相結合，充分發揮人的主觀能動性，以達到發揮水利之目的。《屯田疏》非專門針對天津所上，但所涉及地區包括天津，且在徐光啓上疏後，天津屯田活動也同時有所開展，疏中所述農田水利思想不能不說對天津產生著影響。其中用水之流的第七條，較汪應蛟屯田天津時所用引潮灌漑法更爲先進。汪應蛟所用爲留取隨海潮上湧的上層淡水而用之，徐光啓用水法不但迎上層淡水而用，而且閘壩遏制鹹水。徐光啓自己亦言：「臣所見迎淡水而用之者，江南盡然；遏鹹水而留淡者，獨寧紹有之也。」〔註35〕汪應蛟引潮灌漑法在清代天津營田時仍然使用，如清代城南藍田及賀家口、何家圈、吳家嘴、雙港、白塘口、辛莊、葛沽、盤沽、東西泥沽等圍營田，均是採取「引用海河潮水，仍泄水於本河」〔註36〕的方式進行灌漑。

〔註34〕（明）陳子龍等：《明經世文編》卷四九〇《徐文定公集三・屯田疏》，第5417～5420頁。

〔註35〕（明）陳子龍等：《明經世文編》卷四九〇《徐文定公集三・屯田疏》，第5419頁。

〔註36〕（乾隆）《天津縣志》卷十一《河渠志》，第108～109頁。

　　由於耕作習慣與南方不同以及天津農業生產環境惡劣等原因，農田水利技術在天津的普及和發展一直進行地較爲緩慢。清代以後，隨著水利營田活動的開展，農田水利技術得到了進一步普及。康熙年間藍理在海光寺附近以閩法營治水田，「每田一頃用水車四部，插蒔之候，沾塗遍野，車戽斗之聲相聞，秋收畝三、四石不等。雨後新涼，水田漠漠，人號爲小江南雲……雍正五年，營田天津，津農不習水種，率逡巡觀望，乃作秧池於藍田以倡導之。濬舊渠，引潮水灌溉，滋培秧苗，著盛於是，官民競勸，共營田三十餘頃，俱獲收穫。六年，營田觀察使黃世發自營五頃，耕耨得宜，畝收五、六石，刈獲之際，傳集各圍地戶共觀之。賀家口圍，其西半即藍田也。東瀕海河，因橋建閘，周圍築埝，圍內開渠，縱橫貫注。」〔註 37〕從中可見康熙年間藍理營治藍田時，再次在天津傳播水利技術，並爲雍正年間天津水利營田樹立了榜樣。雍正年間借用風力的水車也曾在天津短暫出現，「雍正間有徐某者，自浙紹來津置買津南一帶地，獻爲官軍牧馬之用，於葛沽自置水車之設，其法用大車輪一，周圍用布棚四，每棚約布二、三幅，長五、六尺，風吹棚動，車輪旋轉不已，而水自汲入田間。後徐某之裔南歸，而此法遂絕矣。」〔註 38〕正是由於明清兩代不斷的水利營田活動並取得了一系列成效，使得天津可開展水利營田的觀念深入人心，天津的農田水利技術在不斷地學習中進步，地利也持續得到開發與利用。《海光寺志》便記載云：「自海光寺創修河道汊港，旱則汲引，潦則泄放，近年以來，土人熟嫻其事，雖遇荒歉，津城獨享其利焉。」〔註 39〕

三、土壤改造和糞肥技術

　　天津海濱鹽鹼地多，自明至清鹽鹼地的土壤改造便是農業所不能迴避的問題。經過長期的農業生產實踐和學習，對土壤改造和施肥的認識均獲得提高，糞肥技術也有所發展。在袁黃《勸農書》中已經記載塗田之法，認爲可用雨潦刷土地鹹氣，並種水稗來改良土壤〔註 40〕。水稻較爲適合在鹼地生長並可降低土壤的鹽鹼化程度，種稻作爲改造鹽鹼化土壤的一個重要方式也得到了天津當地人的認可。據徐光啓記載，「天津屯兵言：鹼地不害稻，得水即

〔註 37〕　（乾隆）《天津縣志》卷十一《河渠志》，第 108 頁。
〔註 38〕　（同治）《續天津縣志》卷七，第 314 頁。
〔註 39〕　（同治）《續天津縣志》卷七，第 314 頁。
〔註 40〕　（明）袁黃：《勸農書》，第 197 頁。

去，其田壯，亦與新田同。但葛沽屯又言，初年鹼地不宜稻，蒔下多不發。二年以後漸佳，後來更不需上糞，尤勝不鹼者。此當由鹼盛耶？抑凡鹼地多不宜初栽耶？抑水力未到、鹼氣未除耶？」〔註41〕

明清時期天津農田施肥技術也在不斷發展中，袁黃《勸農書》中詳述了各種糞肥的名稱，並對製糞方法加以說明，是農業施肥和土壤改造相關的系統知識。袁黃的製糞方法對徐光啓影響很大。徐光啓在天津時一方面借鑒袁黃的積糞施肥方法，另一方面在種田的實際過程中，也對施肥進行了總結。通過徐光啓的記載，可以看出明末天津施肥水平和情況。徐光啓剛開始在天津種稻時，施肥不太成功，他在《壅糞規則》中記載：「天津壅稻，丁巳年（萬曆四十五年）每畝用麻糝四斗，是年每畝收米一石五斗，顆大如酒杯口；丙辰初到天津，用南稻種田，師孫彪，用乾大糞，每畝八石。是年稻科大如盌，根大如斗，而含胎不秀，竟不收。不知是糞多力峻耶，抑為新地不能當糞力耶，抑為甫種土地不宜耶？」〔註42〕萬曆四十五年用麻糝獲得豐收，而隨後用乾大糞卻遭到了失敗，可見天津種稻施肥有其土壤等方面的特殊性。隨後徐光啓在用糞過程中向當地屯兵等借鑒經驗：「天津屯田兵云：用麻糝畝官斗五斗，若用乾糞得二十石。若初年新開荒地不用糞，過二三年力漸薄乃可用也。其所言二十石似太多，難聽從耳」〔註43〕。屯兵認為麻糝糞田所需較少，乾糞在改造天津鹽鹼土壤時需求量則較大，徐光啓則不信。此外，經過實踐，徐光啓相信了草木灰在天津旱田中用作肥料也不佳：「天津海河上人云，灰上田惹鹼，吾始不信，近韓景伯莊上云：灰用之菜畦中果不妙，吾猶不信也，必親手再三試之乃信耳，然稻田中必可用無□也。」〔註44〕根據文意，徐光啓應該認為稻田中可以用灰做肥料。從上可見，明代天津地區農業生產中施肥種類多樣，農業用肥較為普及。

四、其他農業科技成就

明清時期天津地區農業科學技術的發展除上述幾方面外，在其他方面也多有表現。農學思想方面，明代人多認識到南北氣候不同所導致在作物引種和收成方面的差異，如畢自嚴便認為「五穀之屬，惟江南之稻所入為多，以

〔註41〕（明）徐光啓：《徐光啓手跡》，北京：中華書局，1962年。

〔註42〕（明）徐光啓：《徐光啓手跡》。

〔註43〕（明）徐光啓：《徐光啓手跡》。

〔註44〕（明）徐光啓：《徐光啓手跡》。

近水而灌溉易也……而北方早寒，所入終不似南國。」〔註 45〕在認識到氣候等所造成差異的同時，則更進一步提倡發揮人的主觀能動性來改造農業生產環境、發揮地利，反映了這一時期農學思想的進步。以徐光啓爲代表。徐光啓曾於萬曆四十一年、四十五年、天啓元年三次在天津進行農學研究和試驗，試種水稻、番薯、桑、葡萄、五色雞冠、罌粟等作物，並在其後《農政全書》中說「若謂土地所宜，一定不易，此則必無之理。立論若斯，固後世惰窳之吏、遊閒之民、媮不事事者之口實耳。古來蔬果，如頗稜、安石榴、海棠、蒜之屬，自外國來多矣。今姜、荸薺之屬，移栽北方，其種特盛，亦向時所謂土地不宜者也。凡地方所無，皆是無此種；或有之，而偶絕。果若盡力樹藝，殆無不可宜者。就令不宜，是天時未合，人力未至耳。試爲之，無事空言抵捍也。」〔註 46〕以實際行動宣揚發揮人的積極作用、利用地利來促進農業的進步，體現了其農學思想並不拘泥於傳統農業「風土論」，而是有所繼承與革新。徐光啓這種較爲先進的農學思想爲水稻等作物在天津的移種和推廣提供了理論支持，有利於天津作物栽培的擴大以及作物品種的豐富。

在農具和農業技術方面。天津明代初期生產技術狀況少見於史籍，較早的有洪武時期種桑法：「洪武二十七年，命工部行文書教天下百姓務要多栽桑棗，每一里種二畝秧，每一百戶內共出人力挑運柴草燒地，耕過再燒，耕燒三遍下種。待秧高三尺，然後分栽。每五尺闊五攏，每一戶初年二百株，次年四百株，栽種過數目造冊回奏，違者全家發雲南金齒衛充軍。」〔註 47〕農業生產技術進步從明代後期以後表現比較明顯，影響也更加深遠。天啓年間在天津進行屯田時對耕犁有所改進：「天津不拘荒地、熟地，耕耨皆用四牛二人犁，鐵木繩重七十斤，人牛何等費力。今卑職照依武安、永年、南和種稻地方置來犁，鐵木繩止重二十斤，用二牛一人耕之，自有餘地，比之往時一具分爲兩具相去甚遠。若照樣行之、推之，事事豈不事半而功倍乎。」〔註48〕將耕犁改爲輕犁，省力省時。清乾隆三十年，直隸總督方觀承在京畿推廣種棉，繪製棉花圖，教種棉花技術，有圖十六幅，計有布種、灌溉、耕畦、摘

〔註45〕 （明）畢自嚴《度支奏議‧堂稿五》，第 207 頁。

〔註46〕 （明）徐光啓撰 石聲漢校注：《農政全書校注》卷三，上海：上海古籍出版社，1979 年，第 42 頁。

〔註47〕 （明）樊深撰：（嘉靖）《河間府志》卷七，第 7 頁。

〔註48〕 （明）趙鑒：《天津衛屯墾條款》，《北京圖書館古籍珍本叢刊》第 47 冊，北京：書目文獻出版社，1998 年，第 864 頁。關於此條款作者爲趙鑒的考證，詳見拙文《天津衛屯墾條款的作者及其史料價值》，《歷史教學》，2010 年第 3 期。

尖、採棉、煉曬、收販、軋核、彈花、拘節、紡線、挽經、布漿、上機、織布、練染等，如在選種方面：「種選青黑核，冬月收而曝之，清明後淘取堅實者沃以沸湯，俟其冷和以柴灰。種之宜夾沙之土。秋後春中頻犁取細，列作溝埂。種欲深，土欲實，虛淺則苗出易萎。在穀雨前者爲植棉，過穀雨爲晚棉。」〔註49〕推動了棉花種植技術在天津普及，也是官方農學對天津農業進行指導和影響的例子之一。

第二節　農作物的種植與引進

天津地區農業作物種類繁多，種植結構也相對穩定。然而隨著土地的開發和農業生產活動的不斷開展，天津農業呈現出快速發展的局面。在原有作物種植的基礎上，一方面水稻種植得以推廣和鞏固，另一方面各種其他新作物品種也不斷引進種植，從而使天津農作物的數量和種類不斷豐富。新作物品種的持續引進與種植促進了明清天津農業的發展，爲天津農作物品種的豐富以及農業活動的擴大提供了條件，推動了天津農業生產的進步。

一、作物種植概況

天津地區可供食用的作物主要有穀類、蔬類、果類三種。明清時期天津及附近地區在作物種植種類和結構上有很多相同之處，如方志中記載道：「三河、武清、漷縣、寶坻四縣，土產大略相同，惟寶坻縣銀魚，則一縣特產也。」〔註50〕整體而言，天津作物種植在種類上變化不是很大，多數作物明清時期維持著原有格局。後來隨著新作物的引進，對原有種植結構造成了一定的衝擊。

天津穀類作物有稻，粟，黍，稷，穈，麥，豆，薐，蜀黍，蕎麥，芝麻等，其中以黍、稷、粟、稻等爲主，「《周禮‧職方氏》：東北曰幽州，其穀宜三種。注云：黍、稷、稻也。」〔註51〕黍從顏色上區分，明代記載有黑、白二種〔註52〕，到清代有黃、白、黑、紅諸色〔註53〕。黑黍中有一種爲秬，「黑

〔註49〕　（清）方觀承：《御製木棉圖》，國家圖書館藏清拓本。
〔註50〕　（明）楊行中纂輯‧劉宗永校點：《（嘉靖）通州志略》卷十二《物產志》，中國書店，2007 年。
〔註51〕　（明）李賢等：《大明一統志》卷一《順天府》，東京大學東洋文化研究所藏明天順五年御製序刊本。
〔註52〕　（明）沈應文　張元芳纂修：《順天府志》卷三《食貨志》，第 124 頁。

黍中之一稃二米者，古用釀酒以祭」〔註54〕。黍中不黏的往往稱爲「穄」或「糜」，「穄，黍不黏」〔註55〕，二者以黃色爲主〔註56〕。稷俗稱小米，明代有黑白二種，俗稱糜子〔註57〕，清代記載天津有四種顏色的稷，「俗名曰糜，有黃、赤、黑諸色。又一種白色，名磨沐穀。」〔註58〕後來隨著玉米傳入天津並廣泛種植，清人將高粱、玉蜀黍（玉米）等均歸入稷屬〔註59〕。高粱又稱「蜀黍」、「蜀秫」等，明時天津即有三種，曰：白、紅、黏〔註60〕，黏者可作酒〔註61〕。稻在天津地區的種植，見於記載的較早，其中有一種野稻「不種而天成者，隋時滄州魯城縣地生野稻水穀二千餘頃。燕、魏饑民就食之，唐因更名乾符縣」〔註62〕。稻在品種上，有糯，有粳，也可分爲「水稻、旱稻」〔註63〕。粟種類甚多，在明代就有「竹根青，金罌兒，金苗兒，水裏紅，杷齒金，大葉黃，羅裙帶，朱裏紗，箭稈白，子母齊，龍爪金，齊頭白，壓翻車，靠山黃，奪麥場」等多個品種〔註64〕。粟又稱爲「粱」，「北方猶呼粟米之純白者曰粱米」〔註65〕，「土人名曰穀，脫殼則謂之小米，北方日用最不可缺。種類甚多，亦有黏者。有黃、白、青、黑各種〔註66〕。麥主要有三種：大、小、蕎，明清天津均有種植。小麥按種植時間來分，有「春小麥，秋小

〔註53〕（清）沈家本　榮銓等修，徐宗亮　蔡啓盛纂：（光緒）《重修天津府志》卷二十六，第543頁。

〔註54〕（明）杜應芳修、陳士彥　張文德纂：（萬曆）《河間府志》卷四，第30頁。

〔註55〕（明）杜應芳修、陳士彥　張文德纂：（萬曆）《河間府志》卷四，第30頁。

〔註56〕（清）周家楣等修，繆荃孫等纂：（光緒）《順天府志》卷五十《物產》，第409頁。

〔註57〕沈應文　張元芳纂修：《順天府志》卷三《食貨志》，第124頁。

〔註58〕（清）沈家本　榮銓等修，徐宗亮　蔡啓盛纂：（光緒）《重修天津府志》卷二十六，第543頁。

〔註59〕（清）周家楣等修，繆荃孫等纂：（光緒）《順天府志》卷五十《物產》，第409頁。

〔註60〕（明）沈應文　張元芳纂修：（萬曆）《順天府志》卷三《食貨志》，第124頁。

〔註61〕（清）沈家本　榮銓等修，徐宗亮　蔡啓盛纂：（光緒）《重修天津府志》卷二十六，第543頁。

〔註62〕（明）樊深撰：（嘉靖）《河間府志》卷七。

〔註63〕（清）周家楣等修，繆荃孫等纂：（光緒）《順天府志》卷五十《物產》，第408頁。

〔註64〕（明）杜應芳修、陳士彥　張文德纂：（萬曆）《河間府志》卷四，第30頁。

〔註65〕（清）周家楣等修，繆荃孫等纂：（光緒）《順天府志》卷五十《物產》，第408頁。

〔註66〕（清）沈家本　榮銓等修，徐宗亮　蔡啓盛纂：（光緒）《重修天津府志》卷二十六，第543頁。

麥」；大麥有米大麥、芒大麥二種，「米大麥又名白麥，稃薄而脆，以手掏之，即成粉，故冠以米字」[註67]；此外還有燕麥等品種。小麥和蕎麥的種植：「（小麥）以秋麥爲主，秋種夏熟。具四時之氣，可作面，食之宜人。北方以爲上品，春種者名轉窩麥。蕎麥，宜晚種，秋深始熟，春旱則多種之。」[註68] 乾隆時所修《寧河縣志》對幾種麥的評論爲：「大麥，邑人舂爲麥仁，飯香美。小麥，粒小於麪，爲用較大麥尤廣。蕎麥，耐旱易，成種最晚，邑人栽以給多儲。春即不食，云能發風動氣。」[註69] 豆種類較多，明代天津即種有青、黃、白、黑、紅、赤、菉、黎、菀、茱、扁、龍爪、刀、羊角、蠶等各種豆[註70]，還有龍眼豆，狐狸豆，面豆等[註71]。清代天津種豆的種類與明代大同小異，如「小豆，豌豆，蠶豆，豇豆，綠豆，藊豆，狐狸豆，龍眼豆，羊角豆，兔眼豆，茶豆，面豆」[註72] 等。將豆製成豆芽作爲蔬菜在清代大量見於記載，可見此時對豆類做蔬菜利用比較普遍和充分，如「南皮、鹽山二志有豆芽菜，乃用水浸豆生芽，取以充蔬，實非菜，不別出。」[註73]

其他穀類作物有芝麻、稗子等。芝麻又稱「脂麻」、「胡麻」，有白、黑二種。以爲油，日用必需，黑者即巨勝子。[註74] 清代在天津、河北一帶廣泛種植，「今本土植此最廣，取其仁作油燃燈及和味，其稃作爲麻醬」[註75]。稗和穄子爲兩種相似的作物，耐澇並適合在貧瘠的土壤種植。稗子又稱「䅟」，有家稗、野稗兩種，寶坻、寧河二地常見。明代天津即有種稗，「窪下種之，潦可備荒」[註76]。《寧河縣志》記載爲「稗，稊稗也，俗名家稗。六月種，

〔註67〕　（明）杜應芳修、陳士彥　張文德纂：（萬曆）《河間府志》卷四，第30頁。

〔註68〕　（清）沈家本　榮銓等修，徐宗亮　蔡啓盛纂：（光緒）《重修天津府志》卷二十六，第543頁。

〔註69〕　（清）周家楣等修，繆荃孫等纂：（光緒）《順天府志》卷五十《物產》，第409頁。

〔註70〕　（明）沈應文　張元芳纂修：《順天府志》卷三《食貨志》，第124頁。

〔註71〕　（明）杜應芳修、陳士彥　張文德纂：（萬曆）《河間府志》卷四，第30頁。

〔註72〕　（清）沈家本　榮銓等修，徐宗亮　蔡啓盛纂：（光緒）《重修天津府志》卷二十六，第544頁。

〔註73〕　（清）周家楣等修，繆荃孫等纂：（光緒）《順天府志》卷五十《物產》，第409頁。

〔註74〕　（清）沈家本　榮銓等修，徐宗亮　蔡啓盛纂：（光緒）《重修天津府志》卷二十六，第544頁。

〔註75〕　（清）周家楣等修，繆荃孫等纂：（光緒）《順天府志》卷五十《物產》，第409頁。

〔註76〕　（明）沈應文　張元芳纂修：《順天府志》卷三《食貨志》，第124頁。

八月熟。多種下濕地，其莖葉穗並如粟。有野稗，邑東南地瘠遍地俱生，暮秋落地。田家掃土篩簸，出粒作粥，味香，人多賴之。〔註77〕也有認為野稗屬於黍屬者，待考。稗在清代按顏色分兩種，「一黃白，一紫黑，北人呼為烏禾。」〔註78〕穄子「性喜潦」〔註79〕，「多穗，穀中下品。性礙澇，又宜鹵地，故間種之。〔註80〕另外，明清時期天津均有種植者還有薏苡、菇蔣米等，薏苡可釀酒〔註81〕，菇蔣米出茭草中〔註82〕。清代也出現了一些明代未見的作物，如「玉穀，穗似蒲棒，粒頗大。葉似莧菜，米粒如玉，米黏……千穗穀，一本千穗葉，有紅、白二種……」〔註83〕

　　天津蔬菜類的種植以北方常見蔬菜為主，明清時期作物種類變化也不是很大。主要的蔬菜作物明代已多有種植，如萬曆時所修《順天府志》記載為：「蔥，蒜，韭，芥，芹，莧，匏，葫蘆，蓼，藤蒿，萵苣，菩蓮，白花，荇菜，蔓菁，芫荽，山藥，茴香，甘露，苦蕒，黃花。茄有柴、白二色，水、旱二種。波菜即赤根菜，蘇子可作油，白菜有數種，蘿蔔有紅、白、青、水、胡五種，瓜有東、西、南、北、王、菜、絲、甜、地、香等」〔註84〕。除上述各種，明代蔬菜類還種有「荼苦菜、薑、春不老、地皮、青蘺菜、香椿、紫蘇菜、茭心菜、槐芽、時蘿、榆仁、葵、荷芙蕖、蓴菜、蒲尹、藕、茨菇、雞頭菜」〔註85〕以及「蒿菜、玉環菜、銀條菜、柳芽、榆錢、薯蕷」〔註86〕等多種。《古今圖書集成》記載河間府蔬類栽培，與之大同小異：「蔓菁，黃瓜，落籬菜，黃芽菜，赤根菜，玉環菜，蒿菜，蘿蔔，銀條菜，苦蕒菜，荼苦菜，萵苣菜，葫蘆，瓠，槐芽，椿芽，春不老，茭心菜，榆錢，芫荽，甜瓜，薯蕷，東瓜，北瓜，絲瓜，扁豆，豇豆，芹菜（秋深最茂）。菘菜，即白

〔註77〕（清）周家楣等修，繆荃孫等纂：（光緒）《順天府志》卷五十《物產》，第409頁。
〔註78〕（清）沈家本 榮銓等修，徐宗亮 蔡啟盛纂：（光緒）《重修天津府志》卷二十六，第544頁。
〔註79〕（明）杜應芳修、陳士彥 張文德纂：（萬曆）《河間府志》卷四，第30頁。
〔註80〕（清）沈家本 榮銓等修，徐宗亮 蔡啟盛纂：（光緒）《重修天津府志》卷二十六，第544頁。
〔註81〕（明）沈應文 張元芳纂修：《順天府志》卷三《食貨志》，第124頁。
〔註82〕（明）杜應芳修、陳士彥 張文德纂：（萬曆）《河間府志》卷四，第30頁。
〔註83〕（清）沈家本 榮銓等修，徐宗亮 蔡啟盛纂（光緒）《重修天津府志》卷二十六，第543頁。
〔註84〕（明）沈應文 張元芳纂修：《順天府志》卷三《食貨志》，第124頁。
〔註85〕（明）樊深撰：（嘉靖）《河間府志》卷七。
〔註86〕（明）杜應芳修、陳士彥 張文德纂：（萬曆）《河間府志》卷四，第32頁。

菜。蒲筍，肥者堪食。柳芽，並堪作茹，亦清。芥藍，葉厚如菩蓮而圓穉，翠如藍葉而大。荇，叢生水中。蘇，無紫者不大芬。」〔註87〕蔬菜種類繁多，名稱不一，種植、食用方法也各不相同，簡述如下：韭，一歲四五剪，剪而復生，至久不乏，故名長生菜。春初嫩黃，最稱珍品，花亦作茹。蔥，有冬蔥，大管蔥也，漢蔥，木蔥也，胡蔥，回回蔥也，山蔥，茖蔥也。邑人所栽冬蔥、漢蔥二種，冬蔥尤勝。蒜，有大小二種。菘即白菜，天津所種有青白二種，青者莖圓厚，曰箭杆白。白者莖扁薄，曰黃芽菜。五月下種，六月畦栽，霜後收治，故曰秋末晚菘也。味甘香，蔬中勝品。芥，土名辣菜，清代天津種植的有一種葉青莖紫者，為紫芥，作齏甚美，土人通稱芥菜。芥屬的蔬菜還有春不老和擘藍，春不老「味辛，葉青，而莖澤，即芥菜別種，較芥脆美」，嘉靖《河間府志》已有記載，雍正《畿輔通志》則言「惟保定有之」，天津是否種植不確。菠薐，一名赤根，即菠菜，正二月種，可備春蔬，八九月種可供冬乏。菩蓮，一名荼菜，又名甜菜。莧菜有青紅二種，味甘滑，其野出者葉如瓜子為馬齒莧。擘藍，葉厚如菩蓮而圓，襛翠如藍而大，芥屬，南方謂之芥藍，葉可擘食，故北人謂之擘藍。芫荽，又稱蒝荽、圓荽，即胡荽，今名香菜。芹，秋深最茂，有園芹、野芹、水芹。萵苣俗呼萵筍，可生拌、可鹽醬，其葉可炒食。茭白即菰菜，天津近產茭白脆美，肥白不減江南，子即菰米。筍，寧河縣有蘆、蒲二種。茄，紫、白、水三種。蘿蔔即萊菔，有紅、白二種，「四時可栽，惟末伏初秋為善，破甲便可供食，兼消面積……蘿蔔子入藥，莖葉為蘿蔔菜，或醃作乾菜，尤美，芽初生可食，土人謂之蘆卜纓兒」。水蘿蔔，色白，亦有微紫者，味甘氣辛，圓大如葵，皮肉皆綠，近尾則白，亦有皮紅心白或皮紫者，只可生食，極甘脆，土人呼為水蘿蔔。胡蘿蔔內黃外紅，味甘，八月下種，冬月收，根生熟可啖。薯蕷，即山藥。同蒿，又稱蓬蒿，同蒿，蕫蒿，茼蒿等。蔓菁，可食，其味稍苦。生萵菜，即白苣也，南方或謂之生菜，言其葉脆可生食也。胡瓜，即黃瓜，青色，皮上有疙瘩如疣子，至老則黃赤色，生熟可食，糟醬不及菜瓜也。〔註88〕

　　除了上述常見蔬菜，明清天津所種植其他蔬菜種類繁複，有薺菜、荇菜、蒿、刺頭菜等等。與此同時，對野菜的食用也很多，見於記載的野菜不在少

〔註87〕（清）陳夢雷編：《古今圖書集成》方輿彙編—職方典—河間府部—匯考。

〔註88〕參見：(光緒)《順天府志》卷五十《物產》、(光緒)《重修天津府志》卷二十六、(雍正)《畿輔通志》卷五十六、(嘉靖)《河間府志》卷七。

數。如苜蓿，宜飼馬，嫩苗亦可食；薑，福根，俗呼楊妃苗。掘其根可救荒，故名。土名薑根，一名豔婦苗；雞筋荣，碎葉，先春生；黃荣，叢生，鹹地多有，子葉皆可食。荒歲賴以糊口，莖可飼牛馬。葉細圓，子黑色，有紅、綠二種；菌，木生者如芝，草生者如蓋，土生者如丁，土人總名蘑茹……《天津縣志》有羊肚荣，云形似羊肚，故名。〔註89〕藜，俗名大灰荣，一名落藜，初生葉嫩可食，莖老可爲杖；薺，野生，無栽種之法，可炒可生拌；寧河還產一種葦蘑，潮河兩岸以及俵口莊之七里海，旱年潦暑則葦灘中敗葉腐草蒸鬱生蘑，村人採而曬乾，味如口蘑，而湯較黑，亦美品也。〔註90〕蔞蒿，「葉如艾，莖圓，叢生水澤濱。」〔註91〕

　　果類作物在明清變化也不是很大，主要水果品種明代已多種植，如「梨（香、水、紅、絹、鶴頂紅、雪花、錦、糖、秋白），桃（麥收、秋桃、岡絲、扁桃），杏（海東紅、弔枝幹、甜核公、呂香白等名），棗（紅黑），李（玉黃、青脆、牛心紅、雁過、麝香紅、串鵲紅），柿，栗，羊棗，沙果，蘋蔢，虎喇賓，核桃，櫻桃，石榴，蓮房，葡萄」〔註92〕嘉靖時已見於記載，另有「銀桃、胡桃、文官果、無花果」〔註93〕等。清代水果與明代大體相同，見於記載的還有櫻額，銀杏，酸梨，杜梨，倒弔果，甜果，松子，山楂等〔註94〕，所記載水果種類較明代稍多。

二、水稻的種植與推廣

　　天津地區種稻歷史較爲悠久，宋時何承矩即於順安以東營治稻田，元代脫脫也在此招募南人耕種稻田。然而種稻只是零星爲之，時斷時續，並沒有得到很大的發展。嘉靖時期，天津已有多種稻作物見於記載，「白粳，味甘色白；香稻；糯稻，性軟，色白，粒圓，芒長寸許；小青稻，早熟；赤稻，味甘，性軟，色赤。」〔註95〕白粳、糯稻爲水稻，可見在明代天津水稻已早有種植。香稻似應爲旱稻，王禎《農書》：「一種有小香稻者，赤芒白粒，其米

〔註89〕參見（清）沈家本 榮銓等修，徐宗亮 蔡啓盛纂：（光緒）《重修天津府志》卷二十六，第 545 頁。
〔註90〕參見（清）周家楣等修，繆荃孫等纂：（光緒）《順天府志》卷五十《物產》。
〔註91〕（明）樊深撰：（嘉靖）《河間府志》卷七。
〔註92〕（明）楊行中纂輯、劉宗永校點：（嘉靖）《通州志略》卷十二《物產志》。
〔註93〕（明）杜應芳修、陳士彥 張文德纂：（萬曆）《河間府志》卷四，第 30 頁。
〔註94〕（清）周家楣等修，繆荃孫等纂：（光緒）《順天府志》卷五十《物產》，第 410 頁。
〔註95〕（明）樊深撰：（嘉靖）《河間府志》卷七。

如玉，飯之甚美。」〔註96〕雖然水稻早已有種植，但在當地作物構成中所佔
比例並不是很大。天津種稻多種旱稻，稱「稻，土頗不宜。間有種者，或種
旱稻。」〔註97〕《寧河縣志》云：「粳，稻穀之總名也，南人呼稻米，北人呼
粳米。南人多水種，北人多旱種。邑近海水鹹，故旱種，米有紅、白二色。」
〔註98〕水稻在天津種植規模一直不是很大，明代中後期官方和民間不斷地開
發水利營田，水稻開始逐漸在天津普及並廣泛種植。較早開始在天津推行水
稻種植的時期在萬曆年間，「時順天府臣張國彥、道臣顧養謙方有事於興水
田，行之薊州、玉田、豐潤而效，於是薦貞明，召還爲尚寶丞。」〔註99〕徐
貞明萬曆十三年在京東推行水田，持續只有不到一年時間，開墾成熟地三萬
九千餘畝。萬曆十四年正月，因中官向皇帝進言水田不便而停止。當時在寶
坻所開爲葫蘆窩水田。其後萬曆十五年至二十年袁黃爲寶坻縣令，以個人之
力在寶坻推行水田種稻並取得了一定的成效，「葫蘆窩四十三頃繫馬房地，已
申請巡青衙門每畝一分起科矣⋯⋯典史譚華於近城窪地爲民所棄者皆開爲水
田，收穀甚佳，乃知北地原宜稻，北人不知其利耳」〔註100〕。袁黃欲在寶坻
繼續多開水田種稻，後也因調任他處而終止。萬曆二十九年，汪應蛟在天津
大力開展水利營田活動，當年開「葛沽、白塘二處耕種共五千餘畝，內稻二
千畝，其糞多力勤者畝收四、五石。餘三千畝或種蜀豆，或旱稻。蜀豆得水
灌漑，糞多者亦畝收一二石，惟旱稻竟以鹹立槁。」〔註101〕汪應蛟在天津開
種屯田內有水田共約八千畝，後「因倭平撤兵，已墾之田廢十之七，見存成
熟者僅葛沽河五十頃而已。」〔註102〕從中可見，當時汪應蛟所開屯田的荒廢
以旱田爲主，種水稻的水田在天啓年間仍保留了大部分。正由於此，使得汪
應蛟對水稻的推廣在後世影響很大，其所開葛沽等處水田，逐漸發展爲天津
重要的水稻產區，萬曆末年所修《河間府志》即稱：「近惟直沽有水稻，餘則

〔註96〕　（元）王禎：《農書》卷七，第 57 頁。
〔註97〕　（清）沈家本　榮銓等修，徐宗亮　蔡啓盛纂：（光緒）《重修天津府志》卷二
　　　　　十六，第 543 頁。
〔註98〕　（清）丁符九、談松林：（光緒）《寧河縣志》卷十五《風物》，第 543 頁。
〔註99〕　（明）孫承澤：《天府廣記》卷之三十六，北京古籍出版社，1984 年，第 544 頁。
〔註100〕（明）袁黃：《兩行齋集》卷九《尺牘·答張楊村書》，《袁了凡文集》第 11
　　　　　冊，第 1326 頁，北京：線裝書局，2007 年。
〔註101〕（明）汪應蛟：《海防奏疏·撫畿奏疏·計部奏疏》卷八《海濱屯田試有成效
　　　　　疏》，第 505 頁。
〔註102〕《明熹宗實錄》卷二十一，天啓二年四月戊辰條。

未見。」〔註103〕與此同時，徐光啓在萬曆四十一、四十五、天啓元年三次在津門試驗屯田，間種植水稻，「（萬曆）癸丑，充同考官，本年八月，以疾請假，田於津門……（丁巳）以疾乞休，復田於津門……（天啓）辛酉二月，回府協理府事，本月告病，仍駐津門……（辛酉）九月請告，復寓津門，部署開水田諸事而歸。」〔註104〕其自己記載「丙辰初（萬曆四十四年），到天津用南稻種田。」〔註105〕徐光啓在天津種稻面積不是很大，但也取得了一定的成功。隨之天啓年間，左光斗和董應舉分別受命在天津何家圈、雙港、白塘口等地屯田，其中也有水田種稻者。此次對水稻的推廣規模較大，取得成效也多。當時董應舉所種水田有「天津道王弘祖申送雙港、白塘口兵屯剩地三千六百畝，屯田御史馬鳴起畫圖標出陶莊、辛莊三千餘畝，共成六千畝，並石公衍開寶坻鄧家莊二千畝。」〔註106〕天啓三年，董應舉上疏言「東西二屯屯官羅茂昌等收得紅白稻一萬餘擔，做米變價，可得三千餘金。」〔註107〕左光斗「條上三因十四議，奉詔允行。水利大興，北人始知藝稻。鄒元標嘗曰：三十年前都人不知稻草何物，今所在皆是，種水田利也。」〔註108〕天津屯田活動在明代表現出時斷時續的特徵，往往是「人去政廢」，水稻的種植與推廣受到一定限制。儘管如此，明代水稻在天津種植的局面已經形成，直到崇禎年間，水稻依舊為天津屯田作物之一。崇禎三年，商議修復天津新舊屯田：「天津何家圈屯田水旱兩地日有一萬八千餘畝，係前屯臣左光斗收買開墾，後左光斗罹禍，而前地遂荒。今屯臣親見其地平坦肥潤，一望可愛。其間溝渠橋閘雖多壅塞，亦易挑濬。岸上平地漫衍，五穀皆宜，亟宜修復。」〔註109〕後經詳查，何家圈等五莊「所存地一萬七千四百三十三畝六分，與前院李御史疏稱何家圈水旱兩地約有一萬八千餘畝者蓋大略相同。」〔註110〕可見明末，水稻在天津依舊種植。

〔註103〕（明）杜應芳修、陳士彥 張文德纂：（萬曆）《河間府志》卷四《風俗》，第27頁。

〔註104〕《徐文定公年譜》，《北京圖書館藏珍本年譜叢刊》第55冊，第53～54頁。

〔註105〕中華書局上海編輯所編輯：《徐光啓手跡》，中華書局，1962年，第29頁。

〔註106〕（明）董應舉：《崇相集》疏二《恭報屯地疏》，《四庫禁燬書叢刊》集部102冊，北京出版社，1997年，第63頁。

〔註107〕（明）董應舉：《崇相集》疏二《報稻疏》，第68頁。

〔註108〕（清）張廷玉：《明史》《左光斗傳》，第6329頁。

〔註109〕（明）畢自嚴：《度支奏議》《薪餉司》卷二十八，第151頁。

〔註110〕（明）畢自嚴：《度支奏議》《薪餉司》卷二十八，第268頁。

　　明代大大小小的官私屯田活動促進了水稻在天津種植的發展，水稻在天津逐漸紮穩腳跟，並成為天津重要農作物之一。明末清初時局變化，兵災多起，另外適逢小冰期的最寒冷期，無霜期短，氣候非常不利於水稻的種植。這一段時間內天津水稻種植少見於記載。康熙《薊州志》記載當地稻的種類為「水稻、紅旱稻、白旱稻、糯稻」〔註111〕幾種，可見水稻在天津的種植應該並未中斷，只是明末清初隨著氣候的寒冷、戰爭的影響，天津水稻種植進入了低潮。康熙四十五年，藍理奏請在天津城南海光寺營治稻田得到批准，開墾稻田共一百五十頃。後藍理赴任福建，將稻田交予參將藍珠耕種，康熙四十九年查勘時「內有窪地五十頃時被水浸不便耕種，又有高地五十頃不宜種稻，止種收雜糧供給農工。其可作水田種稻者止五十頃。」〔註112〕藍理在天津試行水田，拉開了清代天津水稻種植的序幕，其田雖然多年後因為經營不善而逐漸荒廢，但仍然對天津水稻種植有一定的帶動作用。

　　天津水稻種植在雍正時期得到了極大發展，雍正四年開始在畿輔地區大力開展屯田活動，「至於七年營成水田六千頃有奇」〔註113〕，「天津、靜海、武清等縣共營成稻田六百二十三頃八十七畝，逾年所營稻田或一莖三穗，或一莖雙穗，怡賢親王特疏進呈。今則如坻如京，歲慶豐年，群黎共沾樂利矣。」〔註114〕雍正年間的水利營田活動促使水稻種植在天津大面積開展，天津各地開種稻田成就斐然。各地均開發面積大小不等的稻田，薊州「雍正五年，州治正東大屯莊、三家店，正西山岡莊等處，營治稻田，共二十頃六十四畝五分；農民自營稻田，共二十九頃四十二畝。雍正六年，州治正東三家店、正西夏各莊等處，營治稻田，共四頃五十四畝七分；農民自營稻田，共一頃九十四畝八分。雍正九年，改旱田十三頃四十一畝。」〔註115〕寶坻縣「雍正五年，縣治東南尹家圈、八門城等處，營治稻田，共二十五頃五十三畝九分五釐五毫；農民自營稻田，共三十四頃二十八畝七分九釐三毫。雍正七年，縣治東南下王各莊等處，營治稻田，共四十四頃七十九畝四釐；農民自營稻田，

〔註111〕（清）張朝琮　鄔棠：（康熙）《薊州志》卷三《土產》，國家圖書館藏清康熙
　　　　　43年刻本，第40頁。
〔註112〕《清實錄・聖祖實錄》卷二百四十四，康熙四十九年冬十月乙酉條。
〔註113〕（清）吳邦慶輯：《畿輔河道水利叢書》《水利營田圖說》，北京：農業出版社，
　　　　　1964年，第224頁。
〔註114〕（清）李梅賓　吳廷華　汪沆：（乾隆）《天津府志》卷五《風俗物產志》，第
　　　　　139頁。
〔註115〕（清）吳邦慶輯：《畿輔河道水利叢書》《水利營田圖說》，第236頁。

共七頃五十八畝七分四釐。雍正九年，改旱田四十六頃五十三畝四分。」〔註116〕寧河縣「雍正五年，縣治西關、東關暨東窩莊、南窩莊、岳旗莊、江漬口、崔成莊、齊家沽等處，共營治稻田三十三頃四十五畝；農民自營稻田四十九頃八十一畝一分五釐三毫。雍正七年，本城及蘆臺等處，農民自營稻田，共二十頃三十九畝九分六釐。雍正九年，改旱田三十七頃一十畝七分四釐。」〔註117〕武清縣「秔稻蔥鬱，從前所未有也。雍正五年，縣治西北桐林村等處，營治稻田，共十八頃二畝五分一釐。」〔註118〕天津州雍正五年共營田三十餘頃，俱獲收穫。六年營田觀察使黃世發自營五頃，賀家口營田三十八頃九十二畝，官民自營田九頃〔註119〕。靜海縣，何家圈等圍雍正五年營田八十三頃十六畝，民間自營田二十三頃四十畝；吳家嘴圍雍正五年營田二十七頃九十二畝，民間自營田十四頃四十一畝；雙港圍營田三十八頃二十五畝五分，民間自營田三十八頃七十二畝；白塘口圍營田六十四頃六十七畝，民間自營田四頃七十二畝；辛莊圍營田六十一頃六十二畝，民間自營田五十九畝〔註120〕。此外，當時屬滄州後隸天津縣的葛沽、盤沽二圍營田五十九畝，民間自營四頃九十一畝，興國、富國二場東、西泥沽營田（後歸天津縣）三十五頃二十七畝，民間自營田六頃二十八畝〔註121〕。雍正年間在天津所營水田在面積上遠較此前任何時期都大，甚至任一地所開水田面積，均可與此前所開水田相較。水田的開發大大地推廣了水稻在天津的種植，鞏固了水稻在作物種植結構中的地位，為天津水稻種植的發展做出不可磨滅的貢獻。但由於受到自然條件的限制，水稻在產量上相對不是很高，「稻與粳所收少，人恒惜之。」〔註122〕

三、其他作物的引進與種植

明代後期，中西交流日益頻繁，除了思想文化、科學技術等方面外，在農作物品種上也多所體現。這一時期，隨著番薯、玉米等作物在全國範圍內的引進與種植，天津地區也相應受到影響，番薯、玉米等新作物陸續在天津出現。這一方面打破了天津原有的作物種植結構，另一方面，由於所引進的

〔註116〕（清）吳邦慶輯：《畿輔河道水利叢書》《水利營田圖說》，第 240 頁。
〔註117〕（清）吳邦慶輯：《畿輔河道水利叢書》《水利營田圖說》，第 244 頁。
〔註118〕（清）吳邦慶輯：《畿輔河道水利叢書》《水利營田圖說》，第 250 頁。
〔註119〕（清）吳邦慶輯：《畿輔河道水利叢書》《水利營田圖說》，第 345～348 頁。
〔註120〕（清）吳邦慶輯：《畿輔河道水利叢書》《水利營田圖說》，第 348～349 頁。
〔註121〕（清）吳邦慶輯：《畿輔河道水利叢書》《水利營田圖說》，第 350～351 頁。
〔註122〕（清）洪肇楙等纂修：《寶坻縣志》卷七《風物》，第 339 頁。

多爲高產且適應貧瘠土壤生長的作物，對提高天津作物產量、發掘天津農業潛力發揮著重要的作用。

番薯又稱甘薯、紅薯、金薯等，萬曆二十一年左右引種至福建後逐漸傳至全國：「番薯種出海外呂宋，萬曆間閩人陳振龍貿易其地，得藤苗及栽種之法入中國。值閩中旱饑，振龍子經綸白於巡撫金學曾，令試爲種，時大有收穫，可充穀食之半。自是磽确之地編（似應爲「遍」）行載播。迨入國朝，其後裔陳世元又種之膠州、開封諸處，傳佈浸廣，大河之北皆食其利矣。本名朱薯，亦曰地瓜，以得自番國，故曰番薯，以金公始種之，故又曰金薯。」〔註123〕在番薯引種後不久，萬曆年間徐光啓便曾在天津試種。由於北方冬季溫度較低，薯種不好保存，給試種造成了一定的困難。萬曆四十四年，徐光啓在家書中說：「要薯種，只是難傳，可悶也。」〔註124〕但徐光啓一直堅信番薯可以在北方種植，認爲「京師南北以及諸邊，皆可種之以助食」，後來在《農政全書》總結薯種越冬的經驗爲：「欲避冰凍，莫如窖藏。吾鄉窖藏，又忌水濕，若北方地高，掘土丈餘，未受水濕，但入地窖，即免冰凍，仍得發生。故今京師窖藏茱果，三冬之月，不異春夏。亦有用法煨熟，令冬月開花結瓜者。其收藏薯種，當更易於江南耳。」〔註125〕番薯傳入京津一帶當在乾隆二十二年以後，乾隆二十二年「（陳世元）男云偕三男樹同余、劉二友又由膠州運種前至京師齊化門、通州一帶，俱各教以按法布種。地縱屢遷，效皆不爽。」〔註126〕其後「乾隆二十三年官飭民種，今每年長發利民。」〔註127〕番薯傳種至天津時間不確定，乾隆七年刻本《武清縣志》卷四《物產》類則記有「地瓜」一項，時間較番薯傳入北京還要早，不知是另一種作物還是由其他途徑早先傳入天津者。而乾隆四十四年所修《寧河縣志》載：「薯有紅白二種，蔓生，宜沙土旱地，味甘性溫。南方貧者取以代糧，與山藥同類。良鄉、涿州有之，宜廣種植。」〔註128〕可見至乾隆四十四年左右，寧河縣應該尚未種植番薯。大體而言，番薯在天津得到廣泛種植當在乾隆二十二年以後。番薯由於其易成活、土壤要求不高、產量大等優點，在救荒、增加糧食產量方面具

〔註123〕農業出版社編輯部編：《金薯傳習錄　種薯譜合刊》，北京：農業出版社，1982年，第11頁。

〔註124〕（明）徐光啓：《徐文定公集》卷十一《書牘二》，第493頁。

〔註125〕（明）徐光啓：《農政全書》卷二十七《樹藝》，第394頁。

〔註126〕農業出版社編輯部編：《金薯傳習錄　種薯譜合刊》，第12頁。

〔註127〕（清）周家楣等修，繆荃孫等纂：（光緒）《順天府志》卷五十《物產》，第411頁。

〔註128〕（清）關廷牧修，徐以觀纂：（乾隆）《寧河縣志》卷十五，第16頁。

有重大作用。推廣番薯的陳世元論述種薯有八利：「種傳閩粵，利遍閭閻。若原、若野、若沙、若堤、若山坡、若海岸、若斥鹵、若墳埴，各遂其生，皆能有秋，其利一也……不拘乎時，始於立夏，終於立秋，九十陰晴，任憑栽植。不穗而實，雨不能損，深培而結，旱不能侵。風狂而藤惟貼地，蝗過而葉可復萌，儉歲亦收，災行不眚，其利二也……種之於夏，成之於秋，入土生根，隔宿即長。得四時之中氣，計百日而成功，霜威下降，秋實已登，春凍初消，新芽便茁，效速於蒲盧，功多於菽粟，其利三也……插苗入地，俾之自蕃，薙草以犁培而待熟，荷鋤無耘耔之勞，滌場無刈獲之瘁，始播西疇，終殿南畝，功力未半於農功，豐登自倍於百穀，其利四也……不擇地而生，不計時而種，補不宜種粟之曠區以栽薯，則地力彌廣，分已經耕耘之暇日以栽薯，則人功更逸。地無荒廢，家有餘饒，其利五也……發生即熟，採取隨人，雖非穀比，卻有穀功，藉其實為饔飧，饑可果腹，摘其實以淹菹，饉可充蔬。性得中和，脾胃兼補，潤同脂髓，童叟咸宜，藤蔓以喂牲畜，樵蘇不待剪芟，其利六也……薯既掘食不一端，可生可熟，可菹可羹，可為餅餌，可制團飴，可如瓠以絲，可如米以碻，可連皮以造酒，可搗粉以調羹，可作脯以資糧，可曬片以積囤，味同梨棗，功並稻粱，其利七也……查西北省各州縣，凡膏腴上地，更際豐年，每畝共收穀子一大擔，計官斗三十餘斗，連稈不滿五百斤，如大麥、小麥、膏粱、蕎麥，到秋收成，輕重大略相等。而薯上地一畝約收萬餘斤，中地約收七八千斤，下地約收五六千斤，不煩碾臼，且無糠枇，其利八也。」〔註129〕概而言之，番薯有生命力頑強，對生長環境要求不高，抗災且可隨時播種，生長週期短，成長速度快，根莖葉均可使用，產量非常之高等眾多優點。

除番薯外，明清時期玉米、土豆等各種作物也陸續傳入天津。玉米在天津較早見於記載的在乾隆年間，當時稱為玉秫米，「葉似秫，實生節間，一株可結數穗。」〔註130〕各地稱呼不同，有稱包穀者，有稱棒子者，「包穀，一名玉米，或名玉蜀秫，有黃、白、赤三種。俗名棒子。」〔註131〕也有稱「玉蜀黍」者，「苗似蜀黍而子顆顆攢簇，黃白色，可炒食，做澄漿麵更香美，田家

〔註129〕農業出版社編輯部編：《金薯傳習錄 種薯譜合刊》，第48～53頁。

〔註130〕（清）朱奎揚 張志奇 吳廷華：（乾隆）《天津縣志》卷十三《物產》，《天津通志舊志點校卷》（中），第122頁。

〔註131〕（清）沈家本 榮銓等修，徐宗亮 蔡啓盛纂：（光緒）《重修天津府志》卷二十六，第543頁。

園邊多種之。」〔註132〕清後期玉米成爲天津普遍種植的作物之一，逐漸成爲「吾鄉食品之最普通者」〔註133〕。康熙年間土豆已在天津附近種植，直稱「土豆」〔註134〕。乾隆時在方志中已可見記載，「芋，又一種小者名香芋，俗名土豆。」〔註135〕「性易活，水邊壟畔俱宜，此地不經見，然秦蜀俱有，未有不宜於此者，故並紀之以待老圃之利」〔註136〕。也有稱泥芋、土芋者：「泥芋，昌平宋志：土芋，一名土豆，圓如卵，可蒸食」〔註137〕。到清末土豆也發展成爲天津重要糧食作物之一，「土豆，大者如拳，小者如胡桃，炒食蒸食均可，近多種之，係重要食品。一名馬鈴薯，以其作麵粉亦佳」〔註138〕。此外向日葵、花生等也陸續傳入天津，在當地種植。向日葵康熙時已見於記載〔註139〕，可見此時天津已種。乾隆所修縣志也對其有記載：「葵花，有冬葵、戎葵、冤葵、向日葵、黃葵、錦葵、蜀葵諸種」〔註140〕。花生傳入天津似較晚，但發展很快，民國天津地區方志記載其爲：「落花生，有大小兩種，用作油，零食爲多，銷路廣」〔註141〕，「爲出產大宗」〔註142〕。辣椒天津也有種植，較早的見於康熙年間，稱「秦椒」〔註143〕，又稱「辣」，「一名辣椒，有大小數種，長而尖實，俱下垂，其味辛，亦有圓如小柿者。初則純青，老則純赤。青時可生食。」〔註144〕

與此同時，棉花、煙草等經濟作物也開始在天津落戶紮根。天津蠶桑等副業在明清時期不太發達，萬曆四十四年徐光啓在此試種桑樹等作物，在家

〔註132〕（清）丁符九、談松林：（光緒）《寧河縣志》卷十五《風物》，第 544 頁。

〔註133〕（民國）白鳳文等修：《靜海縣志》《卯集土地部》，第 293 頁。

〔註134〕（清）張吉午纂修　閻崇年校注：（康熙）《順天府志》卷二《地理物產》，第 40 頁。

〔註135〕（清）李梅賓 吳廷華 汪沆：（乾隆）《天津府志》卷五《風俗物產》，第 140 頁。

〔註136〕（清）關廷牧修，徐以觀纂：（乾隆）《寧河縣志》卷十五，第 16 頁。

〔註137〕（清）周家楣等修，繆荃孫等纂：（光緒）《順天府志》卷五十《物產》，第 543 頁。

〔註138〕（民國）白鳳文等修：《靜海縣志》《卯集土地部》，第 302 頁。

〔註139〕（清）張吉午纂修　閻崇年校注：（康熙）《順天府志》卷二《地理物產》，中華書局，2009 年，第 41 頁；（康熙）《靜海縣志》卷四《土產》，第 98 頁。

〔註140〕（清）朱奎揚 張志奇 吳廷華：（乾隆）《天津縣志》卷十三《物產》，《天津通志舊志點校卷》（中），第 125 頁。

〔註141〕（民國）白鳳文等修：《靜海縣志》《卯集土地部》，第 294 頁。

〔註142〕（民國）仇錫廷等纂修：《薊縣志》卷一《地理‧物產》，第 103～104 頁。

〔註143〕（清）張朝琮 鄔棠：（康熙）《薊州志》卷三《土產》，第 41 頁。

〔註144〕（清）周家楣等修，繆荃孫等纂：（光緒）《順天府志》卷五十《物產》，第 544 頁。

書中要家人「蠶桑，年年要將好桑壓秧來種，揀極好桑留一兩科，揀極熟椹子曬乾，寄到北邊種，北土桑出種不好故也⋯⋯今年可多種蔓菁，千萬多種，收子寄來。苧麻也要留些不割，收子寄來。」〔註145〕徐光啓在天津種桑主要為試驗性質，蠶桑在天津發展不大。《寶坻縣志》記載寶坻一地的蠶桑發展情況為：「成化五年，御史葉琪來知縣事，勸課農桑，物利滋阜。是蠶桑之教，琪實開之。嘉靖初，知縣張元相乃建桑園，在縣西十五里，周圍凡二十畝，桑陰蔚然。當治蠶時，攜筐者相望於道，久漸荒廢。知縣唐鍊令民墾治，復築垣以繚之，植桑數百株，視前尤盛焉。蓋嘉靖甲子、乙丑間事也。至萬曆中，知縣袁黃作《勸農書》一冊，其序云：訓課農桑，予得專之。顧書中詳言營田溉水之方，而不及桑者，以其時去唐公未幾，桑園之利自若耳。及其季而此地屢經兵燹，荊棘縱橫，耕耨之不獲，而何有於桑。此桑園所由廢乎？及本朝修志，並不載桑園舊名，一若從未嘗有桑也，而桑織之休久矣。其事既廢，而其法不傳，為可惜也。」〔註146〕由此可見明代寶坻種蠶養桑規模、影響均不是很大，而且時斷時續，這種情況一直延續到清代。但值得一提的是，天津棉花種植在清代有所發展，乾隆三十年直隸總督進《棉花圖》，在直隸教民種棉，天津即是其中之一。棉花又稱「吉貝」，種棉較為適合天津風土民情。天津氣候、土壤以及生活環境多不適合於桑而適合於棉，「南方當養蠶之時，節氣清和，此地四月間忽暖忽寒，蠶易受病，是於天不宜。詩云：山有桑，隰有楊。南方多岡阜，桑茂葉肥。此地多卑濕，桑萎葉薄，蠶不得飽食。是於地不宜。南方養之樓上，無煙火薰蒸，無風塵浸吹。此地八口之家僅住草房三四間，雞犬遭踐，孩童便溺，柴薪堆積，灰上玷污，蠶性清潔，何堪當此？是於人不宜。」〔註147〕由於天津不適於蠶桑，棉花種植相應便有所發展，「沙地皆可種，寧土亦宜，能兼習紡織，則女有餘布矣」〔註148〕。煙草在明末傳入北方，據《玉堂薈記》記載：「煙酒古不經見，遼左有事，調用廣兵，乃漸有之，自天啓年中始也。二十年來北土亦多種之，一畝之收可以敵田十畝，乃至無人不用。己卯，上傳諭禁之，犯者論死。庚辰，有會試舉人未知其已禁也，有僕人帶以入京，潛出鬻之，遂為邏者所獲，越日而僕人死西市矣。相傳上以煙為燕，人言吃煙，故惡之也。壬午，余入京，鬻者盈

〔註145〕　（明）徐光啓：《徐光啓集》卷十一，第 490 頁。
〔註146〕　（清）洪肇楙等纂修：《寶坻縣志》卷十六《集說》，第 783～784 頁。
〔註147〕　（同治）《靜海縣志》卷三《物產》，第 15 頁。
〔註148〕　（清）丁符九、談松林：（光緒）《寧河縣志》卷十五《風物》，第 554 頁。

衢。初以爲異，已而知爲洪督所請，開其禁也。」〔註149〕清乾隆年間煙草已
見於當地記載，可見此時應在天津附近有所種植：「《食物本草》：閩產者佳，
燕次之。春種夏花，秋日取葉切細如髮。草頂數頁名曰蓋露。」〔註150〕後逐
漸擴種並以運河兩岸所種煙草爲佳，「以運河兩岸及多瓦礫之高地瘠產者其味
最良，西人名淡巴菇，亦曰相思草」〔註151〕。

　　水稻的推廣和大量新作物的種植促進了天津城市經濟的發展，爲天津城
市發展提供了物質保障，民國時人描述當時「（水稻）若南門外及葛沽、小站、
軍糧城，自來試種者無不有獲。西北高原土燥而瘠，不甚宜麥，非雨極霜足
不能播種，其所最宜者曰粱、曰蜀秫、曰玉蜀秫，連畎接畛，多稼如雲，以
其爲民食所需，故生之者眾也……瓜類富於夏秋。至秋末落既成熟，掘藏地
窖中，日日取而饗之，自冬歷春可以不竭，廣植豐收，灌園者賴以爲利。其
次爲芥荣頭、爲萊服，範而食之，其品最良，用者多而行之遠；若茄、若甘
藍、葛芑、蔓青、荣瓜、玉環，皆可供醃荣之用；至洋山藥豆、洋姜，其種
來自海外，以形似而名，生殖極易，人亦喜食。」〔註152〕可見當時農業基礎
發展較好，各種作物產量較多，爲當地提供大量食物來源。

第三節　水利的廣泛興修

　　天津地處九河下梢，河道縱橫，坑塘窪澱頗多。興農業者，必重水利營
田。明清以前，在天津進行水利營田開發者便屢見記載，如《後漢書·張堪
傳》：堪拜漁陽太守，乃於狐奴開稻田八千餘頃，勸民耕種，以致殷富。《水
經鮑邱注》：魏劉靖以嘉平二年導高梁、造戾陵堰、開車箱渠，灌田歲二千頃，
凡所封地百餘萬畝。景元三年遣謁者樊晨更製水門，限田千頃，刻地四千三
百一十六頃出給郡縣，改定田五千九百三十頃。水流乘車箱渠自薊西北徑昌
平，東徑漁陽潞縣，凡所潤舍四五百里，所灌田萬有餘頃。《魏書·裴延儁傳》：
延儁轉幽州刺史，范陽郡有舊督亢渠，漁陽燕郡有故戾陵諸堰，皆廢。時水
旱不調，民多饑餒。延儁乃表求營造，溉田百萬餘畝，爲利十倍，百姓賴之。

〔註149〕　（清）黃宗羲編著：《玉堂薈記》卷四，文物出版社，1982 年，第 8 頁。
〔註150〕　（清）李梅賓　吳廷華　汪沆：（乾隆）《天津府志》卷五《風俗物產志》，第
　　　　　144 頁。
〔註151〕　（民國）白鳳文等修：《靜海縣志》《卯集土地部》，第 340 頁。
〔註152〕　（民國）高凌雯等修：《天津縣新志》卷二十六《物產》，第 1056 頁。

《北齊書・斛律金傳》：天統元年，斛律羨官幽州刺史，導高梁水北合於易，京東會於潞。因以灌田，邊儲歲積，轉漕用省，公私獲利焉。《冊府元龜》：隋開皇中幽州都督裴方行引盧溝水，開稻田千頃，百姓賴以豐給。《金史・食貨志》：承安二年，勅放白蓮潭東閘水與百姓溉田。三年，又命勿毀高梁河閘，從民灌溉。《金史・張謹言傳》：謹言世宗時護作太寧宮，引宮左流泉溉田，歲獲稻萬斛。元《河渠志》：至元二十八年，都水監郭守敬奉詔興舉水利，建言疏鑿通州至都河，引渾水灌田。《元順帝紀》：脫脫言京畿近水地召募南人耕種，歲可收百萬餘石。於是西至西山，北抵檀順，凡係官地屯田悉從分司、農司立法佃種，歲乃大稔。〔註153〕明清時期，天津靠近京畿，水利營田得到更深層次的開發與進步。水利營田的發展表現在兩方面，一是大規模農田水利的興修，二是田土的不斷開發。興於明，而盛於清，兩朝水利營田均表現出明顯的官方背景，體現出在開發天津農業時，官方力量所起到的主導地位。水利與農業密切相關，尤其在傳統中國以農爲本的社會，水利關係農業者甚大。明清天津農田水利屢有興修，是利用人力開發自然、改善水文環境之必要措施並取得了相當的成效。水利一般集中在幾個方面，如挑挖新河，疏濬淤河，修築堤岸，引水溉田等等。天津營田活動開發較晚，明萬曆年間方有大規模正式營田之舉。入清以後，康熙、雍正年間均進行了大規模的營田，天津農業得到更大程度的開發。

一、明代水利之興修

天津水源豐富，既利於灌溉，也容易在水多時引發水災。故興修水利，去除水害，成爲發展農業的必要之舉。明代水利興修在開挖河道、修築堤岸、建造水閘等方面均有所表現，較早的水利活動可溯至永樂年間。

由於眾河奔騰，下游疏泄不暢，往往造成水災，因此開挖河道泄水成爲興修水利的一個重要手段。永樂十年尚書宋禮言衛河水患，「視會通河至魏家灣與土河相連，宜於彼開二小河以泄於土河，則雖遇水漲，下流衛河自然無漫衍之患。見已分撥軍夫用工，今復視德州城西北亦可開泄水小河一道。蓋自衛河岸東北至舊黃河一十五里內五里舊有溝渠五里係古路，二里係平地，今開通泄水以入舊黃河，則至海豐縣大沽河入海，凡四百五十七里，約用軍夫三千餘人，十日可完。」〔註154〕爲了減輕衛河水患，議定除開兩小河泄水於土河外，還欲

〔註153〕 （清）周家楣等修，繆荃孫等纂：（光緒）《順天府志》卷四十八，第 399 頁。
〔註154〕 《明太宗實錄》卷一二七，永樂十年夏四月壬戌條。

在德州西北開河泄衛河之水。上奏得到許可，永樂帝令俟秋成後為之。當年冬，即派員經理此事：「北京行太僕寺卿楊砥言吳橋、東光、興濟、交河諸縣及天津等衛屯田，雨水決堤傷稼。切見德州良店驛東南二十五里有黃河故道，州南有土河與舊河通，若於二處開河置閘，則水勢分，可以便民。時土河已命置閘，上令工部侍郎藺芳往經理之。」〔註155〕成化二年時又有疏濬新開河之舉，「濬薊州等處新開沽河。」〔註156〕修築堤岸是減輕水害，防止水災的重要手段，明代歷朝均有頻繁的修築，是興修水利中最常使用的手段。見於永樂年間的即有多次，如永樂十年「修靜海縣至清縣河堤」〔註157〕，十一年「修河間府水決堤岸」〔註158〕，永樂二十一年「皇太子令工部築通州抵直沽河岸」〔註159〕。修堤時所用人役，有派官軍者，但多數為僉派附近人夫。宣德時期曾派遣官軍對堤岸進行修築，九年「築薊州之澱流、黃蠟蝸等處堤岸。時薊州民言澱流諸堤岸被水沖決，闊者八十餘丈，狹者十餘丈，連年潦傷苗稼，致民饑窘。上命鎮守都督陳敬遣官軍以時修築。」〔註160〕正統四年天津各地水災則多派民夫修築，如六月「小屯廠西堤為渾河水所決，通州至直沽堤閘三十一處為雨潦所決，詔發附近丁夫修築，以工部侍郎李庸董之」〔註161〕，八月「先是雨水決河西務堤岸，發順天府寶坻等縣民夫修築」〔註162〕，十二月「直隸天津衛奏本衛屯田皆在河間地方，比因夏秋雨多，沖決河岸百有餘里，屯田潟沒，請築塞以免後患。上命行在工部移文有司，俟明年春暖築之。」〔註163〕正統五年又「修河西務及直沽等處河堤。」〔註164〕成化六年時則派兵民共同修築，「工部奏通州至武清縣蔡家口河口並堤岸被水沖開一十九處，宜起取兵民並工修築以便漕運。上從之，命侍郎李顒董其役。」〔註165〕此後的弘治十六年也有撥派民夫修堤之舉：「工部管理河道郎中商良輔以直隸河間、天津等處堤岸被水沖決者凡一百四十一處，長七千九百八十餘丈，量撥人夫，用本府原收折色椿草銀兩支買物料

〔註155〕《明太宗實錄》卷一三四，永樂十年十一月戊戌條。
〔註156〕《明憲宗實錄》卷二九，成化二年夏四月辛酉條。
〔註157〕《明太宗實錄》卷一三五，永樂十年十二月甲寅條。
〔註158〕《明太宗實錄》卷一三七，永樂十一年二月壬戌條。
〔註159〕《明太宗實錄》卷二六一，永樂二十一年秋七月壬寅條。
〔註160〕《明宣宗實錄》卷一一一，宣德九年六月癸丑條。
〔註161〕《明英宗實錄》卷五六，正統四年六月壬午條。
〔註162〕《明英宗實錄》卷五八，正統四年八月壬午條。
〔註163〕《明英宗實錄》卷六二，正統四年十二月己亥條。
〔註164〕《明英宗實錄》卷七一，正統五年九月辛亥條。
〔註165〕《明憲宗實錄》卷八一，成化六年秋七月壬寅條。

並工修築。從之。」〔註166〕明代武清縣耍兒渡經常發生河決，是水患發生的重災地，對此處堤岸的興修大量見於記載。從永樂至成化，接連不斷，永樂十二年「順天府武清縣言河決灑兒渡口六百五十餘丈，命工部遣官備築。」〔註167〕宣德三年「行在工部言通州耍兒渡河決，水從東注，而正河淺澀，舟行不便，請發民修築。從之。」〔註168〕宣德十年「修桑乾河橋、通州耍兒渡等處堤岸。」〔註169〕正統七年「久雨水決武清縣筐兒港、漷縣中馬頭小蒙村、河西務上馬頭堤岸共二十二處，詔修其易爲功者，其功力繁多者計費以聞。」〔註170〕成化元年「濬通濟河耍兒渡口，命工部主事蔣壇、都指揮同知陳逢董其役。」〔註171〕除去開河、修築堤岸外，明代也對天津附近河道進行了多次的疏濬，如成化七年「巡撫北直隸右副都御史楊璿奏：順天、保定、河間、真定四府所屬霸州、固安、東安、大城、香河、寶坻、新安、任丘、河間、肅寧、饒陽諸縣累被水患，蓋由地勢平坦，水易瀦積。而唐河、滹沱河、白溝河上源堤岸不修，或修而低薄，每天雨連綿即泛溢漫流，爲此數處之患……請敕工部遣能幹郎中一員，督被水州縣委官，乘此泥水凍結，遍歷踏勘。尋溝河之故道，相地形之高下，計工聚料，隨宜疏濬。且以唐河、滹沱、白溝堤岸如衛河修築，則患可息，斯民永賴矣。事下工部覆奏，從之。仍命璿督其事。」〔註172〕成化二十年「發薊州迆東等處軍民大疏濬鴉鴻橋河道並造豐潤縣海運糧儲倉，寶坻縣迆西等處軍民夫疏濬薊州新開沽河道。」〔註173〕弘治二年「修通州至天津河道。」〔註174〕弘治三年「疏濬直沽迆東海口新開沽一帶河道。」〔註175〕明代興修水利後，往往會採取一些其他的措施來維護興修成果，如派人巡視堤岸或者定期對水利進行補修等等。爲了防止所修之堤損壞，正統年間曾有令民巡視堤岸之舉，二年「行在工部奏耍兒渡口修堤已完，又新開河，人甚便之，乞令武清縣復民三十家，常巡視其堤，毋致傾壞。」〔註176〕五年官員奏順天、河間所修之堤不夠堅

〔註166〕《明孝宗實錄》卷一九五，弘治十六年正月戊寅條。

〔註167〕《明太宗實錄》卷一五五，永樂十二年九月丙子條。

〔註168〕《明宣宗實錄》卷四九，宣德三年十二月辛巳條。

〔註169〕《明宣宗實錄》卷七，宣德十年秋七月己卯條。

〔註170〕《明英宗實錄》卷九四，正統七年秋七月癸亥條。

〔註171〕《明憲宗實錄》卷十五，成化元年三月戊申條。

〔註172〕《明憲宗實錄》卷九七，成化七年東十月癸巳條。

〔註173〕《明憲宗實錄》卷二四八，成化二十年春正月壬子條。

〔註174〕《明孝宗實錄》卷二八，弘治二年七月癸未條。

〔註175〕《明孝宗實錄》卷三五，弘治三年二月辛卯條。

〔註176〕《明英宗實錄》卷二八，正統二年三月庚戌條。

厚，請令「縣置二老人時時巡邏，庶幾內無水患。」〔註177〕從之。成化二十三年「工部奏直沽迤東海口新開沽河道例應三年一濬，宜遣官並行巡撫都御史李田等如例起軍夫六千，給以口糧，並工疏濬。從之。」〔註178〕

　　為防止水災，天津各地地方官也多有興修水利之舉。嘉靖時期天津整飭副使毛愷「築堤修堰，長三百里，下屯蘆草以作固，上植楊柳萬本以生材，亦以作固，茲事具人得其利焉，水安其流，利於桔槔」〔註179〕。萬曆間靜海邑令董養聰「修堤捍水，晝夜躬督，心殫神勞，而殞於任，民感愍焉」〔註180〕。由於薊州積水往往流入寶坻境內，造成水患，寶坻多位縣令也曾築堤防禦並消除薊州人開三岔口泄水之議，「丁公（應詔）首捍薔楗石，民有攸賴」〔註181〕。袁黃在寶坻之時還「遍覽地勢，酌示河渠之便，準令何大寧等各家自備夫力挑濬成渠」〔註182〕。

　　終明之世，天津的水利興修大量進行，對減少水災、保護農業生產起到了一定的作用。但由於明代天津農業發展尚不是很發達，水利興修對農業的促進作用表現的不是特別明顯。明代天津水利工程體現出了以下兩個特色：一、明代歲漕東南，對漕運倚賴很大，水利的興修往往以對漕運有利與否為指歸。當水利興修妨礙漕運時往往不得施行，如正統元年「運河耍兒渡決。行在工部奏請令副總兵都督僉事武興發漕運軍士及近河軍衛、有司發丁夫，並力修築。上以漕卒不可重勞，特敕太監沐敬、安遠侯柳溥、尚書李友直別為從宜區處。」〔註183〕此處為了維護漕運，便未輕易動撥漕卒修水利。這方面的另一個表現便是水利興修往往以利漕為目的，如成化五年「工部奏自通州抵天津衛河道淤塞，漕運不通，宜加疏濬。其自天津迤南直抵揚州一帶河道亦有淤淺，宜敕總督等官通行疏通以便漕運。從之。」〔註184〕此處便直言修水利以利漕。這種對漕運的傾向性，在興修水利減輕水災與興修水利以便漕運同時進行時便可更加明顯

〔註177〕《明英宗實錄》卷六三，正統五年春正月辛亥條。

〔註178〕《明憲宗實錄》卷二八七，成化二十三年二月庚辰條。

〔註179〕（清）薛柱斗等：《新校天津衛志》卷四《藝文中》，《中國方志叢書·華北地方》第一四一號，臺北：成文出版社，1968年，第232頁。

〔註180〕（康熙）《靜海縣志》卷之四《名宦》，第82頁。

〔註181〕（清）洪肇楙等纂修：《寶坻縣志》卷十七《藝文上·三岔口河堤記》，第1014頁。

〔註182〕（明）劉邦謨、王好善輯：《寶坻政書》卷七《開河申文》，第375頁。

〔註183〕《明英宗實錄》卷二十，正統元年七月己酉條。

〔註184〕《明憲宗實錄》卷六五，成化五年三月丁未條。

地看出來。成化十二年保定等地奏請存留原派協濟通惠河人夫修築水利，工部官徐九思等因耍兒渡等地河決淤塞、有妨漕運，奏請原工疏濬，於是「惟耍兒等渡則照原定人夫，不必更動爲便。」〔註185〕其他地方則酌量存留、撥補。從中可以看出，力保漕運順利乃爲水利重中之重。甚至在水災發生之時，也往往只言漕運，而不及其他，如成化十三年水溢運河兩岸，管河官員便直陳「沖決甚多，有妨糧運。」〔註186〕萬曆三十一年議挑濬天津白河一帶時也說「每年糧運將到，預先料理疏濬」〔註187〕，可見漕運是水利興修時最重要的參考因素。明代天津水利的第二個特點是以防爲主，利用水利較少。無論開河、疏濬還是築堤，主要目的都是爲了防止水災，而利用水源便利之條件發展農業者則不多見。明代對天津地區偶有水利營田之議，直到萬曆中期以後才眞正得到施行並得到較大發展，不能不說，是明代天津地區水利事業的一個缺憾。

二、清代對水利的重視

　　清代天津水利興修形勢比較緊迫，各地多有反映。如靜海縣境內爲害者爲南北運河和鹽河，康熙時縣令便議此地水害爲：「運河上流慮其淺而淤，至靜則慮其沖而決……靜居九河下梢，地勢最窪，固眾流之所匯也。夏秋水勢泛漲，即沿河兩岸極力修築，而滔天之勢終不能遏……靜邑每罹其□□地，即百計堤防，終成無益，實河工之大害也。」〔註188〕鹽河「由劉莊以及三角澱堤岸二十餘里，而近河居民南岸修南、北岸修北，民少工多，隨修隨圯。如水勢稍溢則瞬息飛湍，澎湃無際。從春胼胝之勞，盡入洪波巨浪中矣。」〔註189〕靜海縣水利之急需可見一斑。康熙帝作詩描述當地修壩：

看運河建壩處

　　十月風霜幸潞河，隔林疏葉盡寒柯。岸邊土薄難容水，堤外沙沉易長波。

　　春末淺夫忙用力，秋深霖雨失時禾。往來躊躇臨淵歎，何惜分流建壩多。〔註190〕

〔註185〕《明憲宗實錄》卷一五〇，成化十二年二月己丑條。
〔註186〕《明憲宗實錄》卷一六八，成化十三年七月戊子條。
〔註187〕《明神宗實錄》卷三百八十七，萬曆三十一年八月丁亥條。
〔註188〕（康熙）《靜海縣志》卷之一《漕河》，第16頁。
〔註189〕（康熙）《靜海縣志》卷之一《鹽河》，第16頁。
〔註190〕（清）蔡壽臻、錢錫寀纂修：（光緒）《武清縣志》卷首《宸章》，第7～8頁。

從中可見其修治水利之決心。清代天津附近水利工程興修數量相當之大，歷朝對水利的興修可謂是全方位、多種手段。在清初尤其重視對永定河的治理，從康熙朝開始永定河興修一直延續到清末，是清代水利工程興修的一個重要組成部分。其餘子牙河、薊運河、海河等河也屢有修築，各種修堤、濬河之方式不斷進行，爲保障天津社會穩定和農業生產發揮了重要作用。清初修河有僉派各地民夫之舉，寶坻縣修潮河堤時「自坻民失業以來，心力殫盡。每大水時，至交相推委。雖秋禾將成，猶嘗飽魚鱉之腹，良可歎也。則增埤抵隙，顧不急急歟？但坻民歲有大役，如剝船淺夫等件。民已新絲新穀致痛矣。而又喞石填海，何以四應？」〔註191〕這種修水利的僉派給地方百姓帶來很大負擔。隨著清代賦役制度的改革以及官府雇募民夫的推行，水利之役累民者漸漸少見於記載，康熙三十四年議僉派人夫時，便規定雇民挑濬：「戶部題：天津開河工程，行文附近州縣派夫，定限挑濬。上曰：若行文各州縣定限派夫，必至苦累民間。著停止行文，即發與雇價，令天津等處雇民挑濬。如此則公事既得告成，而窮民亦可資以度日矣。」〔註192〕

　　清代水利較爲突出的是對永定河的治理。永定河明代稱渾河，又稱桑乾河，河流湍急，水勢盛大，極易造成水災，影響農業生產。清代自康熙始歷朝多次修築，康熙帝曾作詩記到：

察永定河

源從自馬邑，溜轉入桑乾，渾流推濁浪，平野變河灘。

廿載爲民害，一時奏效難，豈辭宵旰苦，須治此河安。〔註193〕

　　康熙三十七年，派于成龍「任河道總督，三十七年二月，以總督銜管直隸巡撫事。三月，興修永清、固安至張協七十里舊堤，挑濬渾河淤沙，十旬竣工。詔錫名永定河，建廟以祀。」〔註194〕永定河之得名自此時始。雍正年間多次採取分流、築堤等方式修治永定河。築堤爲主要方式，如四年改柳岔口少北爲下口，築堤壩，分流永定河之水東入三角澱，達津歸海。六年疏長澱河，築三角澱堤。八年築武家莊等處及清河口以下堤。十年培築南上七汛、

〔註191〕　（康熙）《寶坻縣志》卷一《山川》，第 2 頁。
〔註192〕　（清）沈家本　榮銓等修，徐宗亮　蔡啓盛纂：（光緒）《重修天津府志》卷一，第 14 頁。
〔註193〕　（清）蔡壽臻、錢錫宷纂修：（光緒）《武清縣志》卷首《宸章》，第 7 頁。
〔註194〕　（清）沈家本　榮銓等修，徐宗亮　蔡啓盛纂：（光緒）《重修天津府志》卷四十，第 148 頁。

北五汛堤。十一年築北岸重堤，開重河引河，又築兩岸大堤、鵝房月堤。〔註195〕乾隆年間對永定河的修治方式與雍正朝略有不同，以開引河爲主，築堤爲輔。乾隆元年，決東沽港，築之。二年修南北堤，開黃家灣、求賢莊、曹家新莊各引河，濬雙口下口。〔註196〕三年開麻峪、半截河、郭家務各引河，築北大堤、月堤、格子堤、重堤、土堤。修南北堤，築攔河壩、石子壩、金門閘壩、郭家務壩、格澱坦坡埝。〔註197〕六年堵金門閘放水堤口，展雙口等處河，挑葛漁城河槽，濬新河口以下，開川字河，築張客、曹家務月堤，改郭家務壩，築胡林店、雙營、小惠家莊等壩。〔註198〕七年開大河灣引河，築王慶坨、范甕口堤埝，築清涼寺、張仙務、五道口等壩。〔註199〕乾隆八年濬新河，疏引河築埝。〔註200〕十六年下口改移冰窖，開王慶坨引河，培南坦坡埝兩岸堤埝，濬淤，修長安城壩、三角澱北埝、東老堤，開倒勾引河四。十九年築南埝及鳳河東岸等處土格，又修鳳河東堤、韓家樹北埝，開安瀾城引河。二十一年築鳳河東堤上段。二十八年濬鳳河。〔註201〕乾隆年間不僅對永定河多次進行治理，而且乾隆親自作下大量詩歌對此進行記述：

過永定河作

取道閱河干，浮橋度廣灘。泛凌過竹箭，水潦未桑乾。

四載由來仰，尾閭今度看。敬繩仁祖志，永定異安瀾。

乘舟觀永定河下口之作

夜雪忽已收，朝露未雲斂。策馬遵遙堤，永定全勢覽。

下口欲其暢，渾流利氾濫。前者歎行牆，一線奚歸坎。

無已籌下策，讓地稍避險。中處徙流移，向南聽洳漸。

今來閱尾閭，三載驚荏苒。捨陸命進舟，恬波春奔淰。

〔註195〕（清）周家楣等修，繆荃孫等纂：（光緒）《順天府志》卷四十一，第255～257頁。
〔註196〕（清）周家楣等修，繆荃孫等纂：（光緒）《順天府志》卷四十一，第258頁。
〔註197〕（清）周家楣等修，繆荃孫等纂：（光緒）《順天府志》卷四十一，第260頁。
〔註198〕（清）周家楣等修，繆荃孫等纂：（光緒）《順天府志》卷四十一，第266～267頁。
〔註199〕（清）周家楣等修，繆荃孫等纂：（光緒）《順天府志》卷四十一，第271頁。
〔註200〕（清）周家楣等修，繆荃孫等纂：（光緒）《順天府志》卷四十二，第272頁。
〔註201〕（清）周家楣等修，繆荃孫等纂：（光緒）《順天府志》卷四十二，第275～278頁。

雖遜洪澤闊，微山已不減。蕩漾有餘地，巨浸乃澄澹。

慰茲憂及茲，積高車鑒儆。補偏斯不無，水逸則豈敢。

往閱永定河輿中作

下河南北任遷流，壅則傷多導使宣。絜矩邱明別知懼，防民之口甚防川。

閱永定河下口以示裘曰修周元理何熤

七十年間六度移，即今下口實權宜。便徵盈酌虛劑者，不過補偏救弊斯。熤則扈輿博資采，禹之行水在無爲。委源源委勘一再，同事諸人共勖其。

觀永定河下口入大清河處

乙亥閱永定，熟議移下口。南北仍存堤，不過遙爲守。

中餘五十里，蕩漾任其走。水散足容沙，鳳河清流有。

以渾會清南，入大清河受。幸此卅年來，無大潦爲咎。

然五十里間，長此安窮久。五字志惕懷，怛怩增自丑。〔註202〕

經過歷朝興修，永定河勢逐漸穩定，危害漸漸減少，嘉慶以後對永定河的興修便越來越少。嘉慶五年培鳳河北七工堤。〔註203〕嘉慶十一年於永定河南北兩岸嘉慶六年、十年俱有新生險工及水刷堤根之處「將下游工平之三角澱屬北堤九工武清縣主簿移駐北岸頭工，作爲上泛。原移上泛武清縣縣丞作爲中泛，原設下泛宛平縣主簿仍爲下泛，其北九工泛務即歸於北七八工兩泛分管。」〔註204〕此後嘉慶十三、十七兩年均有下令疏濬築堤之舉。嘉慶二十年，決北七工，築之。〔註205〕到道光十年，以永定河渾水滿溢，幫培杜家溝堤身〔註206〕。清代永定河雖然隱患較大，但由於歷朝多加修築，所以危害大大減輕。困擾明清數百年的永定河之害，在清代經過數朝治理，漸趨安瀾。

　除永定河外，天津各地水利在歷朝多有修築。首先，武清縣耍兒渡附近在清代依然是重災區，經常決口爲害，清廷多次築堤並對其加以疏濬。康熙朝對此用力頗多，多次挑開此地引河，以減輕水勢、避免決口之患。康熙三十

〔註202〕（清）蔡壽臻、錢錫寀纂修：（光緒）《武清縣志》卷首，第8～13頁。
〔註203〕（清）周家楣等修，繆荃孫等纂：（光緒）《順天府志》卷四十二，第286頁。
〔註204〕（清）蔡壽臻、錢錫寀纂修：（光緒）《武清縣志》卷首，第4～5頁。
〔註205〕（清）周家楣等修，繆荃孫等纂：（光緒）《順天府志》卷四十二，第292頁。
〔註206〕（清）沈家本　榮銓等修，徐宗亮　蔡啓盛纂：（光緒）《重修天津府志》卷一，第41頁。

四先期對挑挖此處引河進行勘查，六月十五日諭大學士：「近要兒渡決口及天津以南，此二處其相視河之故道，可開河或達之海，或達之大河者，其識之。於十月間奏聞，當遣人往視」〔註207〕，到康熙四十三年正式挑濬，「諭大學士等曰：曩日要兒渡等處堤岸常被沖決，是以朕親臨遍視。見楊村原有一引河去海尚近，即欲疏此引河，建滾水壩，水長開閘，使河水入海。因需餉浩繁，又恐無益，故不輕舉……今將楊村舊引河挑濬建壩，自必有益。」〔註208〕此外，武清縣水利之興修多與鳳河等有關，乾隆時便對鳳河、張家灣運河加以疏濬。

雍正三年十二月和碩怡親王上疏興畿輔水利營田，「言直隸之衛河、澱河、子牙河、永定河皆匯於天津州大直沽入海，此直隸水道之大略也……靜海縣權家口亦築壩減水。白塘口入海之處並開直河一道，使磚河、興濟河之委同歸白塘出口。修理海口舊閘，以時啟閉，則滄瀛以北水利興而水患除矣。東、西二澱跨雄、霸等十餘州縣，均應疏濬深廣，並多開引河，使諸澱脈絡相通。其已淤為田畝者，四面開渠，中穿溝洫，庶圩田旱澇有備……子牙河為漳下流，清、濁二漳發源山西，經廣平、正定而滹沱、滏陽、大陸之水會焉。其下流有清河、夾河、月河，皆分子牙之流，同趨於澱。宜開決分注，以緩子牙河奔放之勢。永定河俗名渾河，水濁泥多，故道遂湮。應自柳叉口引之稍北，繞王慶坨之東北入澱。兩河澱內之堤至三角澱而止，為眾澱之歸宿，應照舊開通，逐年疏濬，兩河之濁流自不能為患矣。至各處堤防，沖潰甚多。如高陽河之紫澱口，新河南界之古堤，新安之匒河，均應疏濬修築。再請於京東之灤、薊、天津，京南之文、霸、任邱、新、雄等處，各設營田專官經畫疆理，召募老農課導耕種。民力不辦者，動支正項錢糧代為經理。田熟，歲收十分之一以補庫帑，足額而止。營田一頃以上者分別獎賞，有能出資代營者，民則憂旌，官則議敘。至各屬官田約數萬頃，請遣官首先舉行，為農倡率。民間田廬有礙水道者，計畝撥抵，視其畝數加十之二、三。河澱淤地必須挖掘者，將附近官地照數撥補，則營田水利人皆趨事樂從矣。從之。」〔註209〕此中對天津及其附近地區水利、營田籌劃詳備。得到允行後，隨之在

〔註207〕（清）洪肇楙等纂修：《寶坻縣志》卷之十七，第 824 頁。

〔註208〕（清）沈家本 榮銓等修，徐宗亮 蔡啟盛纂：（光緒）《重修天津府志》卷一，第 14～15 頁。

〔註209〕（清）洪肇楙等纂修：《寶坻縣志》卷十七《藝文上》，第 888～898 頁；（清）沈家本 榮銓等修，徐宗亮 蔡啟盛纂：（光緒）《重修天津府志》卷一，第 18～19 頁。

天津等地開展了大規模的水利營田活動，水利的修築自然是其重要組成部分。各地河道水利修築大規模開展進行，如朱軾「雍正三年奉命與怡賢親王共治畿輔營田水利，發帑金百萬爲經費。軾悉心營度，以漳、衛、滏陽、子牙、永定、灤、潞諸河爲經，以趙北口東西兩澱爲咽喉，蓄泄得宜，漑田六千頃」〔註210〕。其中，寶坻縣在此次水利營田過程中所修水利工程較多，雍正四年「上念頻年畿東苦潦，命王大臣相度機宜。時有薦（程）璇諳水利者。令隨往，即以寶坻堤業委之。起三河縣新集料馬莊至邑之江湟口，以次興築。嗣濬鮑邱、窩頭河二道以泄境水。」〔註211〕此後雍正五年程璇在此興修水利，呈文建魯沽莊閘座：「魯沽莊之宜建石閘，而不宜涵洞」〔註212〕。雍正八年派香武寶三邑承修青龍灣引河〔註213〕，同年堵築七里莊明口，「秋泛水泛，遂資捍禦。」〔註214〕雍正年間水利營田之開展，大大改善了天津地區的水文環境，也爲以後天津及附近水利興修創造了條件、打好了基礎。

靜海境內的水利興修圍繞子牙河展開，子牙河在靜海縣多發水災。康熙朝屢派許汝霖、郭世隆、李光地等修子牙河務〔註215〕，乾隆七年天津道陶正中「建言疏子牙河，濬淀泊，即藉其土以築堤。」〔註216〕清乾隆十三年直督高斌奏准：「靜海縣蘆北口一帶地勢低窪，雨多苦潦，土性斥鹵乾旱，又苦無水，請於蘆北口接挑河渠，庶村莊瀝水俱有去路。」〔註217〕天津自設州升府以後，成爲地方民政轄區，水利以天津爲名義者自雍正年後逐漸增多，乾隆朝達到頂峰。康熙、雍正二朝僅修天津城附近堤岸，康熙二十五年石天樞修程堤：「距城三里有堤百丈，時潰決爲患。天樞倡築完固，水患以平。」〔註218〕雍正三

〔註210〕　（清）沈家本　榮銓等修，徐宗亮　蔡啓盛纂：（光緒）《重修天津府志》卷四十，第145頁。

〔註211〕　（清）洪肇楙等纂修：《寶坻縣志》卷十一《人物》，第524頁。

〔註212〕　鄭守森等校注：《寶坻勸農書·渠陽水利·山居瑣言》，中國農業出版社，2000年，第48頁。

〔註213〕　（清）洪肇楙等纂修：《寶坻縣志》卷十六《集說》，第764頁。

〔註214〕　（清）洪肇楙等纂修：《寶坻縣志》卷十七《藝文上》，第1072～1074頁。

〔註215〕　（清）沈家本　榮銓等修，徐宗亮　蔡啓盛纂：（光緒）《重修天津府志》卷四十，第145～149頁。

〔註216〕　（清）沈家本　榮銓等修，徐宗亮　蔡啓盛纂：（光緒）《重修天津府志》卷四十，第163頁。

〔註217〕　（民國）白鳳文等修：《靜海縣志·丑集土地部》，第213頁。

〔註218〕　（清）沈家本　榮銓等修，徐宗亮　蔡啓盛纂：（光緒）《重修天津府志》卷四十，第162頁。

年「（莽鵠立）請重修天津城垣及環城一帶堤岸，如瞿黃口、老君堂、教軍場諸處夙稱衝要，宜修築以防水患。俱得請。」〔註219〕進入乾隆朝，天津地方發展、轄區增大，水利關乎天津者驟增，自乾隆初至乾隆末年均未間斷。乾隆三年直隸總督孫嘉淦「委員勘通省水道，凡眾河交會及入澱入海之路有急宜修濬者，即於今夏興修。」〔註220〕十一年開挖天津塌河澱、城北引河，挑濬靜海蘆北口、南運河引河。〔註221〕二十八年二月著兆惠即速馳驛前往天津等地查勘應行增開之口以便疏泄積水。〔註222〕三十二年皇帝巡幸天津，閱視澱河堤閘，命方觀承相度接築長堤，疏濬王家務、捷地、興濟三處減河和鳳河、張家灣運河，展寬子牙河故道。〔註223〕乾隆三十六年委員協同疏泄天津等地積水。〔註224〕乾隆五十六年長蘆鹽運嵇承志，因天津馬家口海河漫溢，培堤堅固。〔註225〕天津水利興修的增多與天津地方發展相輔相成，地方發展需要更好地興修水利、防止水害，而水利的興修也為地方發展提供了保障，促進地方的進步。天津水利工程自乾隆朝以後逐漸增多，便是天津一地經濟發展之需要和表現。這種經濟發展導致水利工程興修增多的趨勢到道光朝仍未間斷，道光朝也多次對天津地方水利進行修築。道光四年籌撥銀一百二十萬兩「疏通天津海口，疏濬東西澱、大清河及相度永定河下口，疏子牙河積水，復南運河舊制，估辦北運河，修築千里長堤」〔註226〕。

整個清代統治者對水利相當重視，為了提高興修水利成效，往往會對不

〔註219〕（清）沈家本　榮銓等修，徐宗亮　蔡啓盛纂：（光緒）《重修天津府志》卷四十，第158頁。

〔註220〕（清）沈家本　榮銓等修，徐宗亮　蔡啓盛纂：（光緒）《重修天津府志》卷四十，第152頁。

〔註221〕（清）沈家本　榮銓等修，徐宗亮　蔡啓盛纂：（光緒）《重修天津府志》卷一，第21～22頁。

〔註222〕（清）沈家本　榮銓等修，徐宗亮　蔡啓盛纂：（光緒）《重修天津府志》卷一，第23頁。

〔註223〕（清）蔡壽臻、錢錫寀纂修：（光緒）《武清縣志》卷首，第3～4頁；（清）沈家本　榮銓等修，徐宗亮　蔡啓盛纂：（光緒）《重修天津府志》卷一，第25～26頁。

〔註224〕（清）沈家本　榮銓等修，徐宗亮　蔡啓盛纂：（光緒）《重修天津府志》卷一，第27～28頁。

〔註225〕（清）沈家本　榮銓等修，徐宗亮　蔡啓盛纂：（光緒）《重修天津府志》卷四十，第161頁。

〔註226〕（清）沈家本　榮銓等修，徐宗亮　蔡啓盛纂：（光緒）《重修天津府志》卷一，第38頁。

盡職和舞弊的官吏嚴加懲治。乾隆二十八年將天津興修水利不力之官吏革職：「諭：前因天津、文安等處積水停淤，該地方官不能及時疏泄、致誤春耕，是以降旨，將天津道那親阿、霸昌道額爾登布、天津府知府額爾登額一併革職，發往巴里坤效力贖罪，以為玩視民瘼者戒。在該員等貽誤地方，咎皆自取，但覈其致罪之由微有不同，若不量為區別，轉無以儆職守而示創懲。那親阿駐紮天津，積水情形日所目擊，乃竟漠不關心，聽其淤過，實屬罪無可逭。額爾登布於所屬疏消事宜固多延緩，然尚有查勘災賑事務，一時或難兼顧。知府額爾登額雖未能早為籌辦，但河務究非其專責。並較那親阿情稍可原。額爾登布、額爾登額俱著加恩發往甘肅，交與總督楊應琚差遣試看。額爾登布以同知委用，額爾登額以知縣委用，俾各黽勉自勵，以觀後效。〔註227〕言辭嚴厲，處罰甚重。道光元年對興修水利之時產生的天津胥吏敲詐小民現象，將敲詐小民之胥吏發邊充軍。〔註228〕由於統治者的重視和用力，清代水利工程的興修產生了良好的效果，為農業生產提供了保障。寶坻縣便稱雍正四年水利營田後「自開築河堤，均有歸泄之路矣。」〔註229〕除了朝廷派員動帑對天津各地水利大加修築以外，各地地方官和百姓均有修築水利之舉，體現出官民兼修之水利特色。康熙年間，寶坻縣官民捐修工部堤「勉輸麥糧數百斛，銀錢幾三百兩，再鼓親友響義者，為集腋成裘舉，庶抑稍亦有濟。維時邑侯蕭公，諱蕙三，尹萬公士奇咸鴻庇是力，可保數年無潰。」〔註230〕寶坻知縣沈濬「雍正十一年，知（寧河）縣事……寧固澤國，沿河一帶，水利可興。乃令挑溝疊堰，引水灌園，民享其利，至今稱沈公溝焉。」〔註231〕乾隆年間寶坻縣知縣洪肇楙修東澱河，「計長七里，歸入寧邑七里海。乾隆五年，知縣洪肇楙詳請開濬，以泄瀝水。」〔註232〕寧河知縣屠祖賚乾隆時開渠蓄水「極盡勤勞，以奏成效。」〔註233〕由於水利關係地方甚巨，除了興修水利外，各地也會採取不同手段維護工作成果。寶坻縣有派老人巡視堤岸，防止有人

〔註227〕 （清）沈家本　榮銓等修，徐宗亮　蔡啓盛纂：（光緒）《重修天津府志》卷一，
　　　　 第24～25頁。
〔註228〕 （清）沈家本　榮銓等修，徐宗亮　蔡啓盛纂：（光緒）《重修天津府志》卷一，
　　　　 第35～36頁。
〔註229〕 （清）洪肇楙等纂修：《寶坻縣志》卷二《形勝》，第209～210頁。
〔註230〕 （康熙）《寶坻縣志》卷七《藝文志·坻邑工部地修堤記》，第63～64頁。
〔註231〕 （乾隆）：《寧河縣志》卷八《人物志·名宦》，第7頁。
〔註232〕 （清）洪肇楙等纂修：《寶坻縣志》卷二《形勝》，第209頁。
〔註233〕 （清）關廷牧修，徐以觀纂：（乾隆）《寧河縣志》卷八《人物志·名宦》，第8頁。

破壞之舉：「每年汛發，當令老人率莊民防護。」〔註234〕寶坻縣新河也「每歲檄鄰邑協修。」〔註235〕

由於統治者的重視以及官民協同對水利加以修築，清代水利工程的成績較明代增色許多。明代天津地區開發不足，水利修築關乎農業生產者少，關乎漕運者多。至清代轉而一變，由以運河漕運爲中心進行的水利興修轉向以維護天津當地生產爲主。後人說道：「河渠所以備旱澇也，北地平衍，田無溝恤，偶逢旱潦，動即成災。河渠之利，誠不可不亟講也。他邑形勢，或恐經營未易，若吾寧，中貫長河，蜿蜒縈繞，蓄泄故甚便也。倘能大興水利，穿渠置閘，區劃得宜，沿河村莊，旋成沃壤。而由近及遠，以次開挖，將斥鹵之鄉，轉盼皆爲樂土，間有旱潦，亦可以人事勝之。」〔註236〕清代水利興修，正是符合這種形式，將水利興修與當地農業發展結合起來，大大促進天津農業發展。

第四節　營田的興起與發展

一、明代營田的肇興

在天津進行營田的議論明代一直存在，最早的見於成化時期丘濬，丘濬指出：「當此全安極盛之時，正是居安思危之日……臣於京東一帶海涯雖未及行，而嘗泛漳御而下，由白河以至潞渚。觀其入海之水，最大之處無如直沽。然其直瀉入海，灌溉不多，請於將盡之地依《禹貢》逆河法截斷河流，橫開長河一帶，收其流而分其水，然後於沮洳盡處築爲長堤，隨處各爲水門以司啓閉。外以截鹹水，俾其不得入，內以泄淡水，俾其不至漫。如此則田成矣。於凡有淡水入海所在皆依此法行之，則沿海數千里無非良田，非獨民資其食，而官亦賴其用」〔註237〕。丘濬眼光十分長遠。沒想到百年之後，其設想才得以施行。丘濬之後，議論在天津等地營田者屢見史冊。正德時期余珊疏曰：「若直沽、通州沿海等處亦募南民與東鎮兵築堤捍水爲田，俱官給牛種器具，勸

〔註234〕（清）洪肇楙等纂修：《寶坻縣志》卷十六《集說》，第765頁。

〔註235〕（清）洪肇楙等纂修：《寶坻縣志》卷十六《集說》，第769頁。

〔註236〕（清）關廷牧修，徐以觀纂：(乾隆)《寧河縣志》卷三《建置·各莊渠利》，第23頁。

〔註237〕（明）張萱：《西園聞見錄》卷九十一《工部五·屯田》，第129頁。

之播蒔，起科須一歲後，使之自給。」〔註238〕嘉靖朝秦鰲上書在畿輔地區南抵涿州北距慶雲一帶「乞選江浙之士爲之長吏，使之仿摹江南作田如法水耕，隨其高下，或鑿渠以蓄水，或築圩以環田。」〔註239〕隆慶年間葛守禮上疏請在天津等地營田，認爲此舉有興水利、旱澇無憂以及限制胡馬、工賑窮民等好處：「左都御史葛守禮言京師東南地勢窪下，西來河道以十數，歲久湮塞。每遇夏澇，千里爲壑，入京道路阻絕不通。今歲若順天之霸州、文安、香河、寶坻，保定之雄縣、新城以至天津、河間，壞田禾、溺人畜甚眾。宜仿古昔井田之制相地經畫，開濬溝洫。在京南者盡東其畝，其地廣，限以三年而成；在京東者盡南其畝，其勢急，期以一年而就。」〔註240〕直到萬曆時期，京東水利議開始，天津等地營田才揭開序幕。萬曆三年給事中徐貞明議開京東水田，格於工部弗行，著《潞水客談》。後順天府臣張國彥、道臣顧養謙在薊州、玉田、豐潤等地興水田有效，推薦徐貞明。萬曆十三年召還給事中徐貞明，令其在京東開展水利營田。但僅僅一年便宣告停止，「至十四年正月，神宗視朝畢，御暖閣，面諭閣臣申時行等，令停止。工部言開墾成熟地已三萬九千餘畝，棄之可惜。不聽。以中官有先入之言也。」〔註241〕與此同時寶坻縣令袁黃萬曆十六年來到寶坻，在任上開種寶坻水田。袁黃自稱其所開水田成效爲：「敝邑水田開之已有成效，葫蘆窩四十三頃繫馬房地，已申請巡青衙門每畝一分起科矣。若欲納米，民將不堪。近覆查司家陀葦地通潮河淡水，亦可開畊。蓋葦利微而米利厚，所宜倡率者也。典史譚華於近城窪地爲民所棄者皆開爲水田，收穀甚佳，乃知北地原宜稻，北人不知其利耳。」〔註242〕除此之外，袁黃另刻《勸農書》以供當地農作之用，「刻《寶坻農書》，隨地教民，積年荒地皆開成美田。」〔註243〕此後直到萬曆二十五年春天津巡撫萬世德題請天津開田，後由汪應蛟在此屯田，天津屯田方得到了極大的發展。萬曆、天啓年間是明代天津屯田發展的重要時期，其時國庫空虛，北邊戰事不斷，許多大臣都提出在北方興建屯田來緩解各方面的壓力，一時間北方屯田大

〔註238〕　（明）張萱：《西園聞見錄》卷九十一《工部五·屯田》，第134頁。

〔註239〕　（明）張萱：《西園聞見錄》卷三十四《戶部三·開墾》，第67頁。

〔註240〕　《明穆宗實錄》卷五二，隆慶四年十二月丁巳條。

〔註241〕　（清）孫承澤：《天府廣記》卷之三十六，北京古籍出版社，1984年，第544頁。

〔註242〕　（明）袁黃：《兩行齋集》卷九《尺牘·答張楊村書》，《袁了凡文集》第11冊，第1326頁。

〔註243〕　（明）劉邦謨、王好善輯：《寶坻政書》卷十二《感應篇》，第454頁。

興，天津地區的屯田活動即是其中之一。對於北方興屯，當時的官員認爲有緩解漕運壓力、節省軍餉、足國裕民等好處。如左光斗奏疏中便認爲「足餉無過屯田」，「附近關外，得穀一石，足抵漕之五石」〔註244〕。董應舉也在其奏疏中指出：「屯眾多收，米草之價自平，國餉不匱……漕運艱難，屯田稔歲令漕民就糴，可省其疲」〔註245〕。因此，在天津以及北方地區屯田是適應當時實際需求的一種選擇。與此同時，天津地區有大量的未開發、半開發荒地，這爲屯田活動提供了最基本的客觀條件。戶部對汪應蛟奏疏的覆議即提及這一現象，「天津環海，荒地南自靜海，東至直沽等處，彌望無際，墾熟則成膏腴，棄置則屬荒蕪」〔註246〕。左光斗在與人的書信中也說：「見（天津）平原沃壤，一望數百里，且河渠溝埄疆理一一具在，遂不禁神往，議欲復前人舊跡以贊台臺新猷」〔註247〕。總而言之，在天津興建屯田符合國家的實際需求，同時天津又具備屯田的客觀條件，所以當有官員提議在天津興屯時，便會比較容易得到施行。當時在北方出現了多處大大小小的官私屯田活動，以官方屯田影響最大。在天津的官辦屯田則以萬曆年間的汪應蛟屯田，天啓年間左光斗和董應舉屯田的成效最爲明顯。

萬曆二十六年（1598），汪應蛟任天津等處海防巡撫（後升任保定巡撫）。他在天津的屯田活動於萬曆二十九年正式開始，用水陸兩營官兵四千人，「每兵一名授田四畝，歲輸稻穀八石」〔註248〕，屯田當年即產生了一定的效果：「計葛沽、白塘二處耕種地共五千餘畝，內水稻二千畝……水稻約可收六千餘石，蜀豆可四五千石」〔註249〕。於是萬曆三十年又議留春班軍三千名在天津屯田，較上年有了更大的收穫，「其多報收六萬石」〔註250〕。天啓元年（1621），左光斗奉命在天津何家圈等地屯田，推薦海防同知盧觀象主管其事，畢自嚴對

〔註244〕（明）左光斗：《左忠毅公集》卷二《足餉無過屯田疏》，《續修四庫全書》第1370冊，上海：上海古籍出版社，1995年，第561頁。

〔註245〕（明）董應舉：《崇相集》疏一《新命陳愚疏》，《四庫禁燬書叢刊》集部102冊，北京：北京出版社，1997年，第46頁。

〔註246〕（明）汪應蛟：《撫畿奏疏》卷八《海濱屯田試有成效疏》，《續修四庫全書》第480冊，上海：上海古籍出版社，1995年，第507頁。

〔註247〕（明）左光斗：《左忠毅公集》卷四《回胡公思伸》，第615頁。

〔註248〕（明）畢自嚴：《度支奏議·新餉司》卷八《更制天津葛沽兵馬疏》，《續修四庫全書》第484冊，上海：上海古籍出版社，1995年，第559頁。

〔註249〕（明）汪應蛟：《撫畿奏疏》卷八《海濱屯田試有成效疏》，第505頁。

〔註250〕（明）汪應蛟：《中詮》卷六，《續修四庫全書》第941冊，上海：上海古籍出版社，1995年，第730頁。

這次屯田活動所取得的成績記載較詳，「至何家圈地方……天啓二年遂收白米二千石，湊放津、通兩處官軍月糧，至天啓三年，收又倍之，遂得白米四千石，運至山海關兌官軍月糧」〔註251〕。當時左光斗和盧觀象在天津的官辦屯田，「開墾過水田六千畝，旱地一萬二千畝。（天啓二年至五年）四年之內共領過屯本四千四百三十三兩，納過屯米七千六百石，解充遼餉」〔註252〕。與此同時，董應舉在天啓二年被任命爲太僕寺卿，奉命在天津及附近地區安插遼民兼行屯田。屯田於天啓三年正式開始，「其田有價買者，有捐助者，共計一十九萬八千九百五十四畝八分，而設立屯官，專精開墾，歲給屯本，秋成其息。綜其所費只四萬金有奇，而開屯買地、置房造器與開河賞軍及三年、四年、五年屯本，皆取給焉。至稽其所入，則收過籽粒變價三次、還過部銀一萬四千兩矣，米麥高粱本色兌運過六萬二百二十三石、計值銀三萬九千一百五十四兩矣。又兩年兌運腳價等項共計一萬六千八百四十六兩矣，此皆從屯田（而來）者」〔註253〕。萬曆、天啓年間這兩次在天津的官辦屯田活動，短期內都取得了較爲明顯的成效。尤其是後者，當時鄒元標還朝過天津時便詫異道：「三十年前京都不知稻草爲何物，今遍地耶」〔註254〕。然而由於官不久任等原因，這種良好的勢頭都沒有能夠長期持續下去，屯田逐漸荒廢。左光斗在提及汪應蛟屯田時記載道：「天津一處，舊撫汪應蛟墾水田八千畝……（今）即八千畝多蕪，且有申言種穀不如取葦者」〔註255〕。連汪應蛟自己也在天啓元年時承認：「臣應蛟昔年鎮撫津南，曾以葛沽之田少奏薄效。迨臣去而事遂不終，成功之難，大率類此」〔註256〕。據《明神宗實錄》卷369萬曆三十年閏二月辛亥條記載，「升保定巡撫汪應蛟爲工部右侍郎」。可見汪應蛟在天津的屯田從萬曆二十九年開始，到三十年結束，只進行了一年左右。左光斗和盧觀象的屯田活動持續了五年左右，畢自嚴記載其事爲：「至天啓四五年，盧觀象升任，而所收子粒漸少。後又提問經歷趙鑒，而田益荒穢不治，

〔註251〕（明）畢自嚴《度支奏議·堂稿》卷四《題議修復津門屯田舊績疏》，《續修四庫全書》第483冊，第132頁。

〔註252〕（明）畢自嚴：《度支奏議·福建司》卷一《題覆屯田經歷趙鑒免贓復官疏》，第248頁。

〔註253〕（明）畢自嚴：《度支奏議·堂稿》卷四《題議修復津門屯田舊績疏》，第131頁。

〔註254〕（明）左光斗：《左忠毅公集》卷五《傳》，第644頁。

〔註255〕（明）左光斗：《左忠毅公集》卷二《足餉無過屯田疏》，第561頁。

〔註256〕（明）汪應蛟：《計部奏疏》卷二，《續修四庫全書》第480冊，上海：上海古籍出版社，1995年，第572頁。

顆粒不登」〔註257〕。與之同時的董應舉在天津的屯田活動，僅僅持續了三年。董應舉於天啓三年正式開始屯田，天啓五年改任。天啓六年，有司欲追回屯本並追其地價還官，便將原有的土地變賣、開豁，只存「武清等十州縣堪屯地共六萬五千九百一十六畝五分，題准每歲額徵屯租銀二千二百餘兩」〔註258〕。然而屯田所剩的只是武清等內陸州縣的土地，董應舉在津門所開的雙港、白塘口及四當口水田以及盧觀象所開的何家圈水田在崇禎初年已經是「盡污萊矣」〔註259〕。

　　通觀這兩次的官辦屯田活動可以發現它們都表現出明顯的屯隨人興、人去屯廢的特徵，屯田活動斷斷續續，不能夠長期進行下去。通過閱讀相關史籍，筆者認爲大致有三方面的原因導致了這種現象的產生。首先，屯政初創，困難重重，主要表現在自然條件差、屯田沒有充足的財力支持兩方面。當時在天津這片土地上屯田，很大程度上受到自然條件的制約，汪應蛟在其奏疏中反映出屯田開創之難：「天津一片砂磧，城水橫溢，非損數萬金則堰閘未能建築，城水何以堵截？非用數萬人則荒蕪未易開墾，斥鹵不堪菑畬。」〔註260〕天啓年間的屯田活動也遇到了大量這類問題，在當時留傳下來的《天津衛屯墾條款》中提到：「屯地無限，開荒甚難。一概耕種水田，艱於掘河、築堤、建閘，必先開荒種作白田而後可以漸改水地。然屯地離各莊窵遠，且津東之民樂於應兵，再以打魚爲計，自己田地，棄不力作，誰肯開墾荒地？」〔註261〕屯田初創，一切都要從頭做起。自然條件不好，開荒艱難，需要投入大量的人力進行開墾。而當地人不樂於農，難以募集足夠的人力，屯田必然很難舉行。另一方面，開荒墾田，前期需要官方進行大量的投資，這也給屯田帶來了不小的阻力。如左光斗、盧觀象當時以「圍」爲單位進行屯田，「每圍（一百五十畝——引者注）按四季給銀一百二十兩」，農夫人工銀「二百餘兩」、後減少爲「一百五十一兩二錢」〔註262〕。此外，雇覓工匠、建造車輛農具等等，均需耗費大量帑銀。左光斗在其上疏中論及這方面時說道：「然牛力、子種、車梁、廬舍、工作、雇覓爲費不貲，有其人則田存，無其人則田廢」〔註263〕。

〔註257〕　（明）畢自嚴：《度支奏議·堂稿》卷四《題議修復津門屯田舊績疏》，第132頁。
〔註258〕　（明）畢自嚴：《度支奏議·堂稿》卷四《題議修復津門屯田舊績疏》，第132頁。
〔註259〕　（明）畢自嚴：《度支奏議·堂稿》卷六，第260頁。
〔註260〕　（明）汪應蛟：《撫畿奏疏》卷八《海濱屯田試有成效疏》，第507頁。
〔註261〕　（明）趙鑒：《天津衛屯墾條款》，《北京圖書館古籍珍本叢刊》第47冊，北京：書目文獻出版社，1998年，第864頁。
〔註262〕　（明）趙鑒：《天津衛屯墾條款》，第863～864頁。
〔註263〕　（明）左光斗：《左忠毅公集》卷二《地方興化有機疏》，第567頁。

眾所周知，北方屯田的興起其中一個重要的原因便是爲了緩解國家財政的匱乏，而大量的前期投入無疑與之產生了矛盾，不得不使屯臣們在實際操作過程中面臨無銀可用的境況。當時，左光斗和盧觀象所進行的屯田以舊式軍屯爲主，錢糧爲多方措處。董應舉的屯田活動由於承擔的任務比較特殊，皇上特允戶部之請，發銀十萬兩給董應舉〔註264〕。即便如此，左光斗在談及當時董應舉屯田時仍說：「臣在津門晤寺院董應舉，見其汲汲皇皇，備極勞辛，而事屬創始，卒難就緒。」〔註265〕由此可略見當時屯田草創之難。其次，沒有進行長遠的規劃，屯田表現出很大的臨時性和隨意性，主要體現在兩個方面。一是官員隨著朝廷屯田建議的興衰而隨時進行任免，官去則屯廢。萬曆二十六年正月，朝廷要求在北邊講求集民闢田之方，該年八月汪應蛟任天津等處海防巡撫，於是才開始在葛沽等地講求營田〔註266〕。另外，據汪應蛟所上《海濱屯田試有成效疏》，從其「試有成效」四字，也可看出在天津的屯田只是一種嘗試性的臨時措施。天啓時遼人大量內遷，朝廷又提出了「用遼族以集遼人，借開墾以行安輯」、「屯田與安插兩相爲用」的屯田主張〔註267〕，乃升董應舉爲太僕寺卿管理直隸天津至山海關等處屯田安插遼民事務。由此可見，往往是因爲朝廷上議論北方屯田較有必要、或者臨時有其他事務時，才對屯田比較重視並下一定的力量督促屯田的舉行，沒有形成長期而有效的與屯田相關的官員任用制度。與之相應的，是沒有處理好屯田官員去任後，屯務的維持與發展問題，這就使得人去屯廢，屯田不能夠長期良好地進行經營。如汪應蛟在天津主持屯田時，負責屯田的副總兵陳燮在屯田剛有成效的次年（萬曆三十年），升任爲「神機營左副將」，後又陪推「廣西總兵」〔註268〕，以致後來汪應蛟在天津所開屯田的荒蕪。左光斗、董應舉所進行的屯田也由於天啓五年盧觀象、董應舉的去任而逐漸走向了湮廢。二是屯田相關的一些制度化的建議得不到施行。如董應舉在屯田時就曾多次建議對屯田活動實行考成，「今日屯政急前十倍……爲今之計沿邊各道府州縣皆當以屯政考成。」〔註269〕但是沒有得到答覆。直到崇禎元年（1628），時任戶部尚書的畢自嚴還

〔註264〕　（明）董應舉：《崇相集》疏一《先插後屯疏》，第48頁。
〔註265〕　（明）左光斗：《左忠毅公集》卷二《地方興化有機疏》，第568頁。
〔註266〕　（明）汪應蛟：《撫畿奏疏》卷八《海濱屯田試有成效疏》，第504頁。
〔註267〕　（明）汪應蛟：《計部奏疏》卷二，第569～574頁。
〔註268〕　（明）汪應蛟：《撫畿奏疏》卷一○《津海屯田舉行有緒乞留任事將官疏》，第535～536頁。
〔註269〕　（明）董應舉：《崇相集》疏一《屯田務求實效疏》，第59頁。

爲此提出：「屯臣請仿考成之法以行勸懲之權。」〔註270〕第三，屯租偏重，招徠無人。這兩次的官辦屯田活動，部分屯地屯租偏重也給屯田造成了一定的阻礙，使得招徠民眾屯田不能夠順利進行。左光斗、盧觀象所管理的部分屯田交租數額爲「每圍秋成之日止交穀五百石或淨米二百石，稻草二千束。」〔註271〕天啓年間的《天津衛屯墾條款》中對此記載：「種穀百石，官去三十三矣，而我春夏秋揭債辛苦所得僅十之七，其利幾何？苟或值無處那借之日，則甘爲棄田不顧也。」〔註272〕可見屯田民眾認爲田租是較重的。除此之外，董應舉的屯田還比較特殊，即董應舉所管理的部分屯田是從各州縣買地而屯，需同時交屯租與州縣稅糧，這給董應舉當時的屯田帶來雙重壓力，「臣初年無地無兵，百方艱阻……既竭力以充餉，又納州縣錢糧，甚至當櫃頭馬差，納客戶丁糧。」〔註273〕到後來屬於衛所的屯田又新添加派，除了部分邊地之外，「（屯田）每糧一石，加銀八分」〔註274〕，又給屯田增加了一定的負擔。由於事屬草創，開墾本就艱難，稅額偏重自然更加使得民不樂至。徐光啓對汪應蛟招民屯田每畝收稻米五斗便評價到：「如此重稅，民必不來，則軍爲徒勞矣。」〔註275〕汪應蛟在其奏疏中也提到了招徠無人的困境：「如地方十里，爲田五百四十頃……大約用夫六十萬人而後可以成功。無論北人慵惰憚於力作，即有南方善耕之人，誰能集眾裏糧百十爲群，越數千里而從難成之役？」〔註276〕董應舉在屯田時，「無一兵一馬一旗牌一勘合一見成輿皁之費，獨以兼衛御史一手一足行事。」〔註277〕表現出無人可屯的局面。甚至畢自嚴在崇禎三年九月的上疏中仍然認爲，人力缺少是新屯不能開墾的原因之一：「臣思新屯之不能開墾也，一則人拘方隅而受塵占籍之民少……一則勞來不勤而開墾只成故事。」〔註278〕由於屯田的稅額偏重以及無法招徠足夠的民眾參加屯田，給屯田的發展帶來了相當的負面影響，也從一定程度上導致了明末萬曆、天啓年

〔註270〕（明）畢自嚴：《度支奏議・福建司》卷一《題覆屯院羅元賓條議屯政六款疏》，第233頁。
〔註271〕（明）趙鑒：《天津衛屯墾條款》，第863頁。
〔註272〕（明）趙鑒：《天津衛屯墾條款》，第863頁。
〔註273〕（明）董應舉：《崇相集》疏二《兩年交銷實數疏》，第83頁。
〔註274〕（明）汪應蛟：《計部奏疏》卷二，第555頁。
〔註275〕（明）徐光啓：《農政全書》卷八，《景印文淵閣四庫全書》第731冊，臺北：商務印書館，1986年，第109頁。
〔註276〕（明）汪應蛟：《撫畿奏疏》卷八《海濱屯田試有成效疏》，第506頁。
〔註277〕（明）董應舉：《崇相集》書四《與鄭玄嶽書》，第556頁。
〔註278〕（明）畢自嚴《度支奏議・堂稿》卷一六《三議新舊屯政事宜疏》，第27頁。

間屯田時興時廢現象的產生。

萬曆、天啓年間天津官辦屯田這種時興時廢的現象一方面反映了傳統農業社會下在天津進行早期農業開發的艱難境況，另一方面也可以從一定程度上看出朝廷政令對地方農業環境改造的推動作用。這兩次屯田活動雖然沒有得到較大發展並興盛起來，但是它們畢竟取得了一些成績，具有開創性，爲清代天津屯田活動的大發展以及天津的經濟開發提供了榜樣，奠定了基礎。萬曆、天啓以後，天津地區的屯田活動斷斷續續，少見成效。徐光啓萬曆三十二年進士，曾經三次在津門屯田。（萬曆）四十一年以疾請假，田於津門。四十五年再以疾乞休，復田於津門。天啓元年十月，仍以病駐津門，部署開水田諸事而歸。〔註279〕直到崇禎三年，徐光啓還上萬言《屯田疏》，題請在天津等地進行屯田。疏中提出墾田第一、用水第二等等主張，條分縷析，詳細備至。〔註280〕徐光啓津門開田帶有個人農業試驗性質，所種稻田也取得了一定的收穫，對傳播其農業思想發揮著榜樣作用。崇禎年間，李繼貞在天津屯田：（李繼貞）崇禎十二年起拜兵部右侍郎兼右僉都御史巡撫天津，督薊遼軍餉。乃大興屯田，列上經地、招佃、用水、任人、薄賦五議，白塘、葛沽數十里間田大熟。〔註281〕崇禎十五年議開京東水利「發徐尚寶潞河客譚於戶部。有其法，無其人，徒付空言。」〔註282〕

二、清代營田的大發展

天津水利營田自明萬曆、天啓年間興起以後，經過明末清初戰亂以及人去屯廢等原因，遺跡漸滅。但由於天津具備營田所需的各種條件，在清初政局穩定以後，隨著經濟的發展又逐漸興起。清代天津營田興起於康熙年間，而盛於雍正年間。營田與水利密不可分，「沈夢蘭《五省溝洫圖說》曰：先視通河爲川，次視小水，每距二十里爲一澮，川縱則澮橫，每距七百二十步爲一洫，橫距八十步爲一遂，縱距二百四十步爲一溝，其說爲營田設，即爲治水

〔註279〕參見（明）徐光啓：《徐文定公年譜》一卷，《北京圖書館藏珍本年譜叢刊》第 55 冊，1999 年。

〔註280〕（明）陳子龍等：《明經世文編》卷四九〇《徐文定公集三‧屯田疏》，中華書局，1962，第六冊，第 5409～5421 頁。同見《徐文定公集》，《近代中國史料叢刊三編》第 81～82 冊，頁 225～268。

〔註281〕（清）沈家本　榮銓等修，徐宗亮　蔡啓盛纂：（光緒）《重修天津府志》卷三十九《傳一》，第 122 頁。

〔註282〕（清）孫承澤：《天府廣記》卷之三十六，第 542～544 頁。

設也，必水盡治而後營田。道光三年舉而復輟，職是之故，溯雍正年所營府屬州縣稻田凡十三萬三千畝有奇，中熟之歲畝出谷五石，爲米二石五斗，凡三十萬二千五百石。舉而不廢，年增一年，萬世根本之利在是矣。」〔註283〕其中「其說爲營田設，即爲治水設也，必水盡治而後營田。」一句話道出水利與營田之關係。清代天津水利興修十分完備，營田成效自然也較明代要好。

清代天津水利營田發其緒者在康熙年間，最早疏請在天津開田的爲直隸巡撫李光地，當時李光地申請在河間府靜海縣等地開水田，利用子牙等河之水，化水害爲水利，「臣愚謂靜海、青縣上下一帶水居之民，正宜以此利導之，其可興水田者教之栽秧插稻之法，其難以成田者則廣其蒲稗菱藕之利，使民資水以爲利，則不患水之爲害矣。」〔註284〕申請未得准行。嗣後天津總兵官藍理奏請在天津等地開墾水田，「上諭大學士等：昔李光地請於直隸地方開墾水田，朕以爲水田不可輕舉者，蓋北方之水難於積蓄，初任之官但當雨水有餘時見水之大，遂以爲可種水田。不知驟長之水，即濬溝引入，其涸固甚易也。觀琉璃河、莽牛河、易河之水入夏皆涸，則可知矣。北方水土之性迥不同於南方……天津沿海斥鹵，地方又非民田，今藍理請開水田，著交部議奏。尋戶部議准：天津總兵官藍理奏直隸沿海曠地豐潤、寶坻、天津等處窪地可仿南方開爲水田，栽稻一二年後漸成肥沃，臣願召募閩中農民二百餘人，開墾一萬餘畝。倘可施行，召募江南等處無業之民安插天津，給與牛種，將沿海棄地盡行開墾，限年起科。又臣標兵皆依前朝屯衛之制，入籍力田，亦可以節省兵餉。從之。」〔註285〕到康熙四十五年直隸巡撫趙宏爕、天津總兵官藍理奏將直隸所屬荒田及下窪地開墾並將直隸可以墾作水田之地一概查明，得到皇帝允許，讓藍理於天津試開水田。當年冬十月，墾田即取得成效：「奉命踏勘天津稻田、安設莊屯、內務府總管黑碩子、戶部侍郎穆丹奏：臣等查天津總兵官藍理所墾稻田共一百五十頃，見被水浸，不便遽行安設莊屯。應將積水設口宣洩，所墾田地，試種一二年。該撫鎮勘明奏報到日，再將安設莊屯之處議奏。從之。」〔註286〕後藍理升任去福建，將墾田交予參將藍珠接種。但因積水疏泄不便，此處墾田受限甚大，康熙四十九年時「戶部議覆、

〔註283〕 （清）周家楣等修，繆荃孫等纂：(光緒)《順天府志》卷四十八，第 395 頁。
〔註284〕 （乾隆）：《天津府志》卷三十三《藝文志》，第 485～488 頁。
〔註285〕 （清）沈家本 榮銓等修，徐宗亮 蔡啓盛纂：(光緒)《重修天津府志》卷二十八，第 583 頁。
〔註286〕 《清實錄‧聖祖實錄》卷二百二十七，康熙四十五年冬十月甲寅條。

直隸巡撫趙弘燮等疏言：臣等遵上諭曰：查勘原任天津總兵官藍理開墾水田
一百五十頃令天津參將藍珠料理接種，但水田一百五十頃內有窪地五十頃時
被水浸不便耕種，又有高地五十頃不宜種稻，止種收雜糧供給農工。其可作
水田種稻者止五十頃。康熙四十八年內藍珠所種稻穀據報收二千五百餘石。
至高窪不等之田地，旱澇難於蓄泄。所有五十頃水田，不便安設官屯。查此
項開墾水田前經差內務府總管黑碩子、侍郎穆丹等往勘。據奏，藍理開墾之
田其泄水處淺而且狹。見在田地俱被水浸。應將泄水之處挑濬設閘，使一百
五十頃俱可耕種。試種一二年，果否有益，令該巡撫查明具題。今一百五十
頃內止種有五十頃稻田。一年之內見經收穫二千五百餘石，其餘田地並未曾
全種，遽稱不便安設官屯，難以定議。應行文該巡撫，照原勘黑碩子等所奏，
將泄水之處挑濬設閘，使一百五十頃水田盡令種稻。驗明收穫多寡，具題到
日再議。得上諭曰：此開墾田地，著交與趙弘燮，有情願耕種人民，撥與耕
種。」〔註287〕開墾一百五十頃僅有五十頃可以種稻，可見當時草創艱難，而
水利疏泄不便，也使興修溝渠、利用水利成為必要。藍田由於藍理的去任以
及積水疏泄未能得到解決，到乾隆年間逐漸荒廢：「及升任去，奏歸之官。嗣
後經理無人，圩坍河淤，數載廢為荒壤。」〔註288〕

康熙年間藍理在天津的營田只是初步嘗試，成績不大，而且沒有進行擴
展。天津水利營田取得成效最大、影響最巨者為雍正年間所開水利營田。雍
正三年命怡親王允祥、大學士朱軾勘直隸水利事，怡賢親王遂上水利營田疏：
「北方本三代分田授井之區，而畿輔土壤膏腴甲於天下⋯⋯言水利於此地，
所謂用力少而成功多者也。潤物者水，其為人害者由人之不能用水也。農田
之利興則氾濫之害消。惟是小民可與樂成，難與慮始。請擇沿河瀕海施功容
易之地，若京東之灤、薊、天津，京南之文、霸、任邱、新、雄等處，各設
營田專官經畫疆理，召募南方老農課導耕種。小民力不能辦者動支正項代為
經理。田熟，歲納十分之一，補庫帑足額而止。」〔註289〕經過部議報可，雍
正年間畿輔水利營田正式興起。興營田必先修水利，雍正四年二月、四月怡
賢親王分別上疏，請修水利，為營田創造條件。二月上疏修天津、寶坻、薊
州等地水利，「涼水河至張家灣入運，請於高各莊開河分流至垓上，循鳳河故

〔註287〕《清實錄‧聖祖實錄》卷二百四十四，康熙四十九年冬十月乙酉條。
〔註288〕（清）沈家本 榮銓等修，徐宗亮 蔡啓盛纂：（光緒）《重修天津府志》卷二
　　　　十八，第584頁。
〔註289〕（清）周家楣等修，繆荃孫等纂：（光緒）《順天府志》卷四十八，第396頁。

道疏浚，由大河頭入。分流處各建一閘，以時啟閉，可溉田疇。寶坻潮水自八門逆流入河，于農田亦有利焉。薊州運河東南至寶坻，會白龍港，又南合涎水達海，源遠流長。所謂棄之則害，用之則利者也。請先築堤後，於下倉以南建石橋，橋空下閘，壅水而升之，注於兩岸以資灌溉。多開溝澮，自近而遠從橫貫注，用之不乏矣。」〔註290〕怡賢親王對天津地區營田所需興修之水利進行了總的規劃。當年營田小有成效，怡賢親王上疏概括當時營田成就為：「於雍正四年營過稻田共七百十四頃九十三畝，即於本年十月內奏明在案，所有雍正五年據各處陸續呈報，營成京東灤州、豐潤、薊州、平谷、寶坻、玉田等六州縣稻田三百三十五頃……天津、靜海、武清等三州縣稻田六百二十三頃八十七畝……以上官營稻田三千二百八十七頃三十七畝，其民間親見水田利益，鼓舞效法，自營己田者如文安一帶多至三千余頃，安州、新安、任邱等三州縣多至二千餘頃，且據各處呈報，新營水田俱系十分豐收，田禾茂密，高可四五尺，穎粟堅好，每畝可收稻穀五、六、七石不等。」〔註291〕到雍正五年，遂設水利營田局，天津各地分屬京東局和天津局，「一京東，隸自白溝以東，轄州縣八，而薊州、武清、寶坻、平谷與焉……一天津，隸自苑口以東，轄州縣三（天津、靜海、滄州暨興國、富國二場，今水田、村莊悉隸天津）。局有長有副，而願耕水田者皆給以農本，責守土者以時達之水利營田府。」〔註292〕

雍正年間水利營田廣泛利用各地水利條件，較短的時間內即見成效。薊州利用當地山泉水、淋河、泃河等水灌溉「田成五千餘畝。由此而南漸次營治，利尤數倍。所營稻田，五年治東大屯莊、三家店，治西山岡莊等處二十頃六十四畝五分，農民自營二十九頃四十二畝。六年治東三家店、丁家莊，治西夏各莊等處四頃五十四畝七分，農民自營一頃九十四畝九分。九年改旱田十三頃四十一畝。」〔註293〕寶坻縣則引薊運河水，「潮水性溫，發苗最沃，一日再至，不失晷刻。雖少雨之歲，灌溉自饒，浙閩所謂潮田也。」〔註294〕雍正五年至九年寶坻營田成果為「雍正五年，縣東南尹家圈、八門城等處營治稻田共二十五頃五十三畝九分五釐五毫。農民自營稻田共三十四頃二十八

〔註290〕 （清）周家楣等修，繆荃孫等纂：（光緒）《順天府志》卷四十八，第396頁。
〔註291〕 （乾隆）：《天津府志》卷三十三《藝文志》，第485～488頁。
〔註292〕 （清）周家楣等修，繆荃孫等纂：（光緒）《順天府志》卷四十八，第396頁。
〔註293〕 （清）周家楣等修，繆荃孫等纂：（光緒）《順天府志》卷四十八，第397頁。
〔註294〕 （清）周家楣等修，繆荃孫等纂：（光緒）《順天府志》卷四十八，第397頁。

畝七分九釐三毫。是年，東窩、南窩、岳旗、崔成四莊，江潢口、齊家沽等
處，共營治稻田三十三頃四十五畝，農民自營稻田四十九頃八十一畝一分五
釐三毫。歸寧河。雍正七年，縣東南下王各莊等處營治稻田共四十四頃七十
九畝四釐，農民自營稻田共七頃五十八畝七分四釐。是年梁城所及蘆臺等處
農民自營稻田共二十頃三十九畝九分六釐。歸寧河。雍正九年，本邑改旱田
四十六頃五十三畝四分。是年新設寧河，亦改旱田三十七頃一十畝七分四釐。」
〔註295〕寧河亦引薊運河水灌溉，「所營稻田，五年三十三頃四十五畝，農民自
營四十九頃八十一畝一分五釐三毫。七年縣城及蘆臺等處農民自營二十頃三
十九畝九分六釐。九年改旱田三十七頃一十畝七分四釐。」〔註296〕武清則引
鳳河水，「疏渠引溉苑圍以南、澱河以北，行潦順流，秔稻蔥鬱。五年成田十
八頃二畝五分一釐。」〔註297〕各地均發揮地方水利條件，將水利加以利用，
使得營田見效頗快。在天津所營之田有賀家圍等地，「賀家圍，其西半即藍田
也……共營田三十八頃九十三畝，官民自營田九頃；何家圈圍，地勢平坦，
土性滋潤，天然秔稻之鄉。前明撫臣汪應蛟相度屯田，以此為首。雍正五年，
循照溝圍舊跡，開築營田八十三頃十六畝，民間自營田二十三頃四十畝；吳
家嘴圍，三面臨河，民間就沽道為園圍，在津田間，稱土座。雍正五年於馮
家口建閘引水，並設涵洞三座，分渠灌溉。營田二十七頃九十二畝，民間自
營田十四頃四十一畝；雙港圍，本汪應蛟屯田舊地，循照故跡開築。東與何
家圈溝渠相通，兩圍互為蓄泄。營田三十八頃二十五畝五分，民間自營田三
十八頃七十二畝；白塘口圍，河形閘基皆汪應蛟屯田故跡，以董太僕應舉
於天啓中修復之，故遺制猶存……營田六十四頃六十七畝，民間自營田四
頃七十二畝；辛家圍，亦汪應蛟屯田舊地。村東西各有沽河一道，西河即
屯田故渠，東河則津人鄭圍引水種稻所開……營田六十一頃六十二畝，民
間自營田五十九畝；葛沽、盤沽二圍畛域接聯，自汪應蛟肇開水田，土人
至今習知其利……雍正五年，委員分建圍圩，開渠置閘，民地官荒營田五
十九畝，民間自營田四頃九十一畝；東西泥沽二圍，亦汪應蛟舊屯地，而
董應舉令經歷趙鑒修復之……營田三十五頃二十七畝，民間自營田六頃二

〔註295〕（清）洪肇楙等纂修：《寶坻縣志》卷十六《集說》，第771～773頁。
〔註296〕（清）周家楣等修，繆荃孫等纂：（光緒）《順天府志》卷四十八，第397頁。
〔註297〕（清）周家楣等修，繆荃孫等纂：（光緒）《順天府志》卷四十八，第397
　　　　頁。

十八畝。」〔註298〕需要指出的是，上述引文多僅述稻田，也即是水田，實際營田者並不止此，由上文中薊州「田成五千餘畝」便可知。當時寶坻知縣吳盤也以營田有功而獲得升遷，「自五年至七年營田六千頃有奇。」〔註299〕

雍正年間水利營田取得了較大成就，然而也行於一時，未長期進行。但其影響較爲深遠。道光二年，仍有大臣上疏請仿雍正年間事例進行水利營田者：「諭軍機大臣等：前因御史陳鴻條奏請修營田水利，交軍機大臣等議覆，請於北省多辟水田，兼收南方秔稻之利。當經降旨，令直隸總督委員相度各河澱水勢，仿照雍正年間成規，設法經理，並多方勸導。迄今已閱年餘，該省現已查辦若干處？是否著有成效？朕聞直隸沿海曠地，豐潤、寶坻、天津等處窪地可仿南方開爲水田，栽稻一二年後即可漸成肥沃。著顏檢飭委妥員查勘該地方情形，如何興修水田，實於民生有裨，即行據實奏明辦理。將此諭令知之。」〔註300〕

總之，雍正年間水利營田事業獲得一定成功，爲清代以後營田做出了榜樣。此後在天津進行營田活動接連不斷。道光年間，朝廷在此開辦水田。光緒元年，試辦海上屯田，營田十三萬六千五百餘畝。清末營田事業承其餘緒，各個時期的水利營田事業均爲天津土地開發和社會經濟的發展做出了重要的貢獻，是天津農業發展和社會進步不可或缺的推動力之一。

〔註298〕（清）沈家本 榮銓等修，徐宗亮 蔡啓盛纂：（光緒）《重修天津府志》卷二十八，第 585～586 頁。

〔註299〕（清）周家楣等修，繆荃孫等纂：（光緒）《順天府志》卷四十八，第 396～397 頁。

〔註300〕（清）沈家本 榮銓等修，徐宗亮 蔡啓盛纂：（光緒）《重修天津府志》卷一，第 37 頁。

第三章　土地制度與經營方式

　　明清天津土地制度各異，經營方式也各不相同。明代天津土地開發深度相對不足，又由於靠近京師，大量地畝或被皇室、勳戚、宦官所佔，或被圈為牧馬草場等而成爲官田。土地制度上形成官田爲主、民田爲輔的局面。與之相應的則是官田租佃制在天津地區的盛行。同時，屯田、灶地等土地在其所有制與經營方式上也各有其自身特色。官田與天津各地的民田，形成明代官民二分的田土制度結構。清朝建立以後，通過圈地等活動打破明代原有土地模式。這主要表現在：一方面，屯田、灶地等部分官田仍舊存在；另一方面，出現大量的旗地，並逐漸形成清代民田居主要地位的土地構成形式。

第一節　明代官田與經營方式

　　明代田制大概可粗略分爲官田和民田二類，「明土田之制，凡二等：曰官田，曰民田。初，官田皆宋、元時入官田地。厥後有還官田，沒官田，斷入官田，學田，皇莊，牧馬草場，城壖苜蓿地，牲地，園陵墳地，公占隙地，諸王、公主、勳戚、大臣、內監、寺觀賜乞莊田，百官職田，邊臣養廉田，軍、民、商屯田，通謂之官田。其餘爲民田。」〔註1〕明代天津的官田數量龐大、影響深遠，主要有皇莊、勳戚大臣內監等莊田、牧馬草場、屯田以及灶地等幾種，另外有數量極少的學田。官田分佈在天津各地，所有權屬於國家，經營方式往往採取佃種、屯種等方式。民田土地屬於農民個人，可以繼承買

〔註1〕 （清）張廷玉等撰：《明史》卷七十七《田制》，北京：中華書局，1976 年，第 1881 頁。

賣，採取的經營方式主要爲小民自種或佃種。

天津靠近京師，土地廣闊，地畝面積較大。明代皇室、王公勳戚、內官大臣以及各宮、苑、監等紛紛在天津圈地置田，各軍事衛所也掌管相當數量之屯田。天津濱海從事鹽業之灶戶頗多，朝廷也給予灶戶一定數量的地畝供其耕種。這些地畝均屬官田，面積廣大。官田名目眾多，佔據大面積的耕地，至中後期甚至形成兼併之勢，激化與人民的矛盾。終明之世，官田在天津長期與民田並存，造成天津田土多元化現象。《寶坻縣志》稱：「則壤成賦各以境分。其有區別於一境中者，《禹貢》謂之『錯』。若寶坻之田賦，其諸下中三『錯』乎！」〔註 2〕便道出了當地寶坻田土的多樣化。官民二分的田土制度以及其多元化對明代天津的土地制度和賦役制度均有深遠的影響。

一、莊田

天津各地官田以皇莊，牧馬草場，諸王、公主、勳戚、大臣、內監賜乞莊田，屯田，灶地幾種爲主，形成官民田土縱橫交錯之局面。皇莊、諸王、公主、勳戚、大臣、內監賜乞莊田在所有制性質上有相同或相似之處，又有統稱其爲莊田者。這幾種莊田佔有大量耕地，《明史》稱「爲民屬者，莫如皇莊及諸王、勳戚、中官莊田爲甚。」〔註 3〕嘉靖初年，夏言奏勘莊田時，「奉例親詣河間查勘皇莊及皇親功臣莊田，共勘過各項田土二十萬九百一十九頃二十八畝，退斷過侵佔民地二萬二百二十九頃二十八畝，累年豪奪隱占之弊始得除焉。」〔註 4〕莊田數量之大，由此可見一斑。《寶坻縣志》認爲明代莊田之制極爲不善，略述其影響爲：

> 明洪武初，賜勳臣、公侯、丞相以下田，多者百頃，親王千頃。
> 時莊佃已多倚戚捍禁者。嘗召諸臣戒諭之。仁、宣兩朝，乞請寖廣。
> 至英宗時，而諸王、外戚所在侵奪。復辟後，中官叨非分之賜，御監開進獻之門。畿內乃騷然矣。憲宗以沒入曹吉祥地爲皇莊，皇莊之名自此始也。其後莊田遍郡縣，管莊官役招集群小，稱莊頭伴當，甚至占房產，斂財物，污婦女。稍與分辨，輒被執縛，民罔不盡傷。
> 孝宗納尚書李敏言，戒飭莊戶，命凡侵牧地悉還之。又定制，獻地

〔註 2〕 （清）洪肇楙等纂修：《寶坻縣志》卷五《賦役》，第 258～259 頁。
〔註 3〕 （清）張廷玉等撰：《明史》卷七十七《食貨一》，第 1886 頁。
〔註 4〕 （明）樊深撰：（嘉靖）《河間府志》卷十三《寓賢志・公寓》，上海：上海古籍出版社，1981 年，第 7 頁。

王府者戍邊，民害稍蘇。武宗侈汰，增皇莊至三百餘處。諸王、外戚奪民田者無算，其患復熾。世宗知民困，四十餘年中頗裁汰之。及神宗而又甚焉。王府官及諸閹丈地徵稅，旁午於道，漁斂慘毒，殆不忍聞。流極以至熹宗，逆璫亂政，東廠橫行，民不聊生，而國亦亡矣。蓋莊田之不善若此。考邑舊志，則境有仁壽宮，有汝王、景王、涇簡王府，有永淳公主、附馬謝永福、長公主、附馬鄔諸所，以及定國公、建昌侯、錦衣衛指揮皆有莊，而牧廠監地都爲中官所盤踞，此地之困於莊田，遑待問哉！〔註5〕

可見，因有莊田之制，諸王、外戚、內寺等趁機侵奪民田、魚肉百姓，使得民不聊生。莊田制之惡端可見一斑。

　　莊田之首即是皇莊，鄭克晟先生在《關於皇莊的幾個問題》一文中對皇莊進行了系統地論述，認爲皇莊包括皇帝的莊田、皇太后的莊田（又稱宮莊，即仁壽、清寧、未央三宮莊田）、皇太子莊田以及由王莊改爲皇莊的莊田四部分。鄭克晟先生同時認爲皇莊土地來源有四，一爲侵佔民田，二爲兼併牧馬草場地，三爲奪還勳戚莊田，四爲「奸民」的投獻，五爲王府辭還地。〔註6〕明代皇莊始於成化初年〔註7〕，天津境內的皇莊始建於正德年間，有皇帝莊田和宮莊兩種：

　　　　（正德元年二月）丙子，監察御史王時中奏眞定、河間等府設立兩宮皇莊，又分遣官校管理。巡撫憲臣論之、戶部及臺諫爭之、府部諸大臣又會議而申請之，陛下以爲奉順慈闈，事非得已，似以是爲孝也。臣以爲孝莫大於得四海之歡心，若與民爭利致其怨讟，詎足以爲孝乎？宜革皇莊之名，將地給民承佃，照例納銀。所在有司每年查收解部，貯之太倉以供餉邊賑饑之用。如兩宮有不時之需，請裁定數目，撥送內府轉進收用。官校止勿復遣，則國體以正而聖孝俞光。上不聽命，如前旨行之。〔註8〕

儘管有多位官員力諫，明武宗還是固執己見，在天津設立了皇莊。此後，皇莊在天津各地均有設立，佔有田畝數量也較大。嘉靖元年派夏言等查勘各地皇

〔註5〕　（清）洪肇楙等纂修：《寶坻縣志》卷十六《集說》，第810～811頁。

〔註6〕　鄭克晟：《關於皇莊的幾個問題》，《文史》1981年第十輯。

〔註7〕　（清）張廷玉等撰：《明史》卷七十七《食貨一》載：「憲宗即位，以沒入曹吉祥地爲宮中莊田，皇莊之名由此始。其後莊田遍郡縣」，第1888頁。

〔註8〕　《明武宗實錄》卷十，正德元年二月丙子條。

莊，夏言建議「盡削皇莊及各宮莊田之名……一切改爲官地」〔註9〕，得到採納。此後皇莊作爲專有名詞少見於記載，但實際上一直存在。史稱「戶部尚書孫交造皇莊新冊，額減於舊。帝（世宗嘉靖）命核先年頃畝數以聞，改稱官地，不復名皇莊，詔所司徵銀解部。然多爲宦寺中飽，積逋至數十萬以爲常。」〔註10〕是知皇莊只是改名爲官地，仍然長期存在。宦官內寺亦趁機侵吞、中飽私囊。嘉靖元年，皇莊差管內官侵佔民田。上命逮問內官家人，地畝當入官者召民開種，徵銀解部。〔註11〕同年十二月辛卯，「命戶部以寶坻縣李子沽莊仍給還仁壽宮」〔註12〕。靜海縣在嘉靖時期有「仁壽宮莊田一千一百一十四頃一十六畝八分，清寧宮莊田四十八頃，以上每畝徵銀三分。」〔註13〕由於皇莊之特殊地位，其利益一般不容侵犯。如正德二年，英國公張懋家僕趙文才占民開墾熟地，民人遂將地畝獻爲皇莊。趙文才佔地不聽撥付，最後皇帝「詔執（張懋之子）銘及（勘地官員胡）雍、（杜）萱等下鎮撫司考訊，懋令自具罪狀。」〔註14〕有時甚至可以將勳戚莊田奪爲皇莊，正德末年便將建昌侯張延齡、慶雲侯周壽在寶坻縣把門城、李子沽等地田宅「並奪爲皇莊」〔註15〕。

在記載中可見到天津有大量諸王、公主、勳戚、大臣、內監莊田等。如王府莊田有：「（嘉靖四十四年九月乙未）詔給景恭王妃王氏養贍祿米歲一千五百石，並原賜寶坻、玉田、豐潤等縣苑洪橋等處莊地一千五百二十餘頃，福順、吉慶二店條稅銀仍以給之。」〔註16〕公主莊田有：「賜仁和長公主武清縣利上屯地二百九十四頃。」〔註17〕勳戚莊田有：「（天順二年三月癸卯）賜惠安伯張琮順天府武清縣空地五十餘頃，從其請也。」〔註18〕正德二年三月癸丑，「以順天府武清縣，保定府慶都、清苑二縣，廣平府清河縣空地合二千二百二十八頃九十畝有奇給賜皇親都督同知夏儒，從其請也。」〔註19〕內監

〔註9〕 （明）夏言：《夏桂洲先生文集》卷十三，《四庫全書存目叢書》集部第74冊；（清）張廷玉等撰：《明史》卷七十七《食貨一》，第1888頁。
〔註10〕 （清）張廷玉等撰：《明史》卷七十七《食貨一》，第1889頁。
〔註11〕 《明世宗實錄》卷二一，嘉靖元年十二月丁酉條。
〔註12〕 《明世宗實錄》卷二一，嘉靖元年十二月辛卯條。
〔註13〕 （明）樊深撰：（嘉靖）《河間府志》卷八《財賦志·官莊》，第24頁。
〔註14〕 《明武宗實錄》卷二八，正德二年秋七月戊申條。
〔註15〕 《明世宗實錄》卷二十，嘉靖元年十一月丁未條。
〔註16〕 《明世宗實錄》卷五五〇，嘉靖四十四年九月乙未條。
〔註17〕 《明孝宗實錄》卷二一八，弘治十七年十一月丙申條。
〔註18〕 《明英宗實錄》卷二八九，天順二年三月癸卯條。
〔註19〕 《明武宗實錄》卷二四，正德二年三月癸丑條。

田有：「（正德八年五月乙未）以武清縣北汪莊官地七十餘頃給東廠管業。廠舊有莊地五十畝，歲收子粒爲修理刑具等用。至是太監張銳復請益，上特從之。」〔註20〕在寶坻縣七里海，御用監甚至有上萬頃的荒地：

> 寶坻縣七里海有荒地二萬一千五百六十餘頃，計二百五十二里。隨時旱澇，占者無常。先是，太監汪直立莊於其中，相傳爲御用監公物，而民墾其內者亦千四百六十餘頃。至是有水退地百餘頃，奸民投獻內監，欲奪民久業併入之。民疏之闕下，户部奏遣主事柴儒往勘。儒還報曰：民之久業，輸糧、飼馬、煎鹽、出稅、養生、喪死於其中，不宜漁奪，惟水退堪熟地可入本監耳。然其他荒蕪閒地尚當聽民漁獵樵採，乃稱陛下恤民之意。上曰：地既勘明，其如擬撥給內監，毋再奏擾。余悉與民，亦毋許豪猾兼併。〔註21〕

大臣莊田一般多爲武官和內臣所有，內官田如「（弘治九年二月辛酉），以故太監白俊武清縣莊田七十六頃有奇賜神宮監太監陸愷，從其請也。」〔註22〕「（弘治九年閏三月癸酉）以故太監覃昌武清縣莊田六十四頃賜神宮監太監陸愷。」〔註23〕武官田如「（成化二十年秋七月乙巳）賜錦衣衛帶俸指揮使邵華薊州金水屯莊地一千九百餘畝。華先請隆平縣地，尋厭其鹹薄，辭還官。至是復請金水屯閒地，遣官勘實，且言內有一百四十餘頃乃居民世業，詔並與之。」〔註24〕

皇莊以外的莊田田土來源一般是官田中的無主官地、牧馬草場、屯田以及強佔民田等等。如隆慶四年二月，「以寶坻縣仇鸞沒官田六百一頃補還景府賜田額，聽其自行徵糧，不爲例。」〔註25〕其中，牧馬草場爲莊田田土的主要來源對象，成化九年夏四月便將太監劉永誠侵佔並更授郕府「河西地三百五十二頃二十一畝仍給御馬監爲牧馬草場。」〔註26〕不僅如此，也有直接將牧馬草場撥賜作爲莊田者，嘉靖三十七年「賜嘉善公主薊州牧馬草場地二千五百九十五頃。」〔註27〕莊田奪佔軍士屯田的現象也屢見不鮮。宣德五年，

〔註20〕《明世宗實錄》卷一〇〇，正德八年五月乙未條。
〔註21〕《明世宗實錄》卷八二，嘉靖六年十一月壬辰條。
〔註22〕《明孝宗實錄》卷一〇九，弘治九年二月辛酉條。
〔註23〕《明孝宗實錄》卷一一一，弘治九年三月癸酉條。
〔註24〕《明憲宗實錄》卷二五四，成化二十年七月乙巳條。
〔註25〕《明穆宗實錄》卷四二，隆慶四年二月戊申條。
〔註26〕《明憲宗實錄》卷一一五，成化九年夏四月戊辰條。
〔註27〕《明世宗實錄》卷四五六，嘉靖三十七年二月庚辰條。

天津右衛指揮呂升「奪官軍屯田一千九十餘畝與（武定侯郭）玹，軍民失業」
〔註28〕，後呂升及郭玹家人皆被逮治。民田面積廣大，更是成為勳戚們巧取
豪奪的對象。成化四年，「大慈恩寺西天佛子箚實巴奏乞靜海縣樹深莊地一段
為常住田，詔許之，不為例。」〔註29〕後經勘查，發現所奏皆民田，還民耕
種。正德十六年皇親沈傳、吳讓受奸民投獻，「蠶食侵佔延袤百里，履畝而稅，
貧民採捕魚蛤者皆令輸租，不堪其擾。」〔註30〕

　　皇莊以外的莊田可以通過賜予，請乞等方式獲得。主動賜予莊田的情況
不多，一般藩王之國時會有賜予，如萬曆十一年「賜潞王通州等處抄沒莊宅，
照原租十分減一徵收。」〔註31〕王公勳戚們獲得莊田的最主要方式是不斷地
請乞奏討，然後由朝廷被動地賜予莊田，如「（宣德元年三月己亥）行在戶部
言駙馬都尉宋瑛奏求白河邊廢地牧馬，其中間有民田四十七頃。上曰……須
遣人覆勘，如果皆是廢地，與之，但有民田，勿與。」〔註32〕由請乞獲得的
莊田在王公勳戚們獲得莊田來源中占絕大多數。弘治時期，慶雲侯周壽便多
次奏討莊田。弘治六年，「皇親慶雲侯周壽請承買寶坻縣官地一千二百頃，得
旨令不必承買，準於內撥五百頃與管業，餘七百頃仍留別用。」〔註33〕在奏
乞莊田時，勳戚們往往表現出貪得無厭、欲壑難填的特點。有假借名義申請
換田者，如弘治七年「皇親瑞安侯王源之母阜國夫人段氏奏以原賜高陽縣田
一百頃還官，而乞興府辭退武清縣田六百頃為業。戶部言興府辭退田他日當
改給親王出府者，非勳戚家所宜請。上命高陽田不准辭，別以肅寧縣洋東澱
田二百頃益之。」〔註34〕也有假裝承買實為奏討者，如弘治十年周壽又詭言
想買上文寶坻縣留作別用的七百頃田，「上命悉以賜之。」〔註35〕更多的則是
明目張膽不斷討要者，如成化十年，「隆慶長公主初奏求武清縣草場三百餘頃
與之，既而又奏乞灤州及玉田、豐潤二縣閒地四千餘頃」〔註36〕。嘉靖三年，
永福長公主請寶坻、武清縣地千餘頃，戶部尚書秦金便稱：「公主前已給有莊

〔註28〕　《明宣宗實錄》卷六三，宣德五年二月己卯條。
〔註29〕　《明憲宗實錄》卷五十，成化四年春正月庚寅條。
〔註30〕　《明世宗實錄》卷四，正德十六年七月己未條。
〔註31〕　《明神宗實錄》卷一三六，萬曆十一年二月辛丑條。
〔註32〕　《明宣宗實錄》卷十五，宣德元年三月己亥條。
〔註33〕　《明孝宗實錄》卷八十，弘治六年九月丙午條。
〔註34〕　《明孝宗實錄》卷九三，弘治七年十月乙亥條。
〔註35〕　《明孝宗實錄》卷一三一，弘治十年十一月辛亥條。
〔註36〕　《明憲宗實錄》卷一三一，成化十年秋七月壬戌條。

田，未及旬月復有此請，若戚里之家互相仿傚，則盡畿內之地不足以供之。」
〔註37〕明言公主之貪婪無狀。王公貴戚之所以如此肆無忌憚，最根本的原因
還在於皇帝對他們的包庇和縱容，成化十六年，皇親錦衣衛指揮王源侵佔民
田千二百二十頃有奇，可耕者三百六十六頃，中多貧民開墾成熟之地。六科
都給事中王坦等上言將地還民，「有旨：此事已令該部處置，未報。若等不諳
事體，違理進言，本當究治，姑宥之。」〔註38〕成化十九年錦衣衛千戶姚福
員奏乞霸州、武清縣空閒田地，「事下戶部委官勘報，俱係撥賜公主及軍民屯
種徵糧者。覆奏福員妄請、霸州民李玉等妄報，俱應究治。上命法司罪玉等
如律，而釋福員不問。福員，安妃姚氏兄也。」〔註39〕由上可見皇帝對勳戚
之偏袒包庇。正是這種包庇，使得王公勳戚敢於不斷奏討，以致終明之世莊田
在天津為患甚重。不過，勳戚們的請乞也會遭到拒絕，嘉靖三年「錦衣衛帶俸
指揮僉事文榮奏求河間府靜海縣莊田，有旨：待明年秋後勘明議處。」〔註40〕
同月戊申，「駙馬都尉鄔景和為永福長公主請七里海葦澱地，戶部言公主賜地
已逾千四百餘頃，前地不過三十餘頃，皆貧民佃以為業，不當奪之。上從部
議，報罷。」〔註41〕

　　由於官民田土的錯綜複雜以及莊田經常侵佔官民田土，造成莊田與官、
民、軍之間矛盾重重，甚至莊田主之間也多有爭田互控之現象。因莊田而起
的矛盾主要表現在以下幾個方面：首先，莊田主之間互相侵佔田土，紛爭不
已。如弘治十七年，慶雲侯周壽與建昌侯張延齡等爭永清縣義河，寶坻縣把
門城、老鴉口以及玉田縣、香河縣等處田，以致奴僕相毆，最後「壽得地二
千頃，延齡得地一萬六千七百五頃有奇，而銘止得原賜地二百二十頃云。」
〔註42〕正德三年，錦衣衛百戶郭勇靖海縣莊田二所，「為百戶張琮等所侵者一
百四十五頃七十二畝」〔註43〕。其次，朝中官員多對勳戚奏乞莊田不滿，認
為莊田應該受到限制，而王公勳戚們又奏討侵佔無已，便容易引發王公勳戚
與朝廷官員之間的矛盾。如景泰五年，戶部官員劾奏前軍都督府同知黃玒怙

〔註37〕《明世宗實錄》卷四三，嘉靖三年九月甲子條。
〔註38〕《明憲宗實錄》卷二〇四，成化十六年六月辛亥條。
〔註39〕《明憲宗實錄》卷二三八，成化十九年三月甲寅條。
〔註40〕《明世宗實錄》卷四四，嘉靖三年十月癸巳條。
〔註41〕《明世宗實錄》卷四四，嘉靖三年十月癸巳條。
〔註42〕《明孝宗實錄》卷二一〇，弘治十七年四月甲寅條。
〔註43〕《明武宗實錄》卷四一，正德三年八月辛巳條。

寵奏乞霸州、武清縣民人承種耕地，結果「詔復宥玹，但令田地仍與民住種。」〔註44〕正德十三年，天津兵備副使胡文璧也因爲得罪皇莊中官而被「降爲陝西延安府照磨。」〔註45〕第三，莊田對軍民田土的侵佔，大大激化了與軍民之間的矛盾。這方面的記載最多，影響也最爲嚴重。成化二十一年，錦衣衛帶俸指揮同知萬祥占屯軍地，「屯軍以耕種歲久，乃糾眾毆傷祥家人。下巡按御史勘實，俱治以罪，遂以其地賜祥。」〔註46〕《明武宗實錄》更直言其時「畿郡賜田既多，小民多失業云。」〔註47〕

　　賜給王公勳戚等的莊田往往會作爲世業，但也有一部分莊田會由於田主的辭退或去世等原因還官作爲官田。如弘治七年「命以原賜故御用監太監白俊武清縣莊田七十六頃還官。」〔註48〕也有因爲犯罪而將田土沒收入官者，嘉靖十七年將張鶴齡、張延齡順天莊田，「原係奏討者九處，計一千四百餘頃，查數追沒入官。」〔註49〕莊田入官以後一般會重新進行分配，或賜與他人，或給民佃種。招民佃種是莊田較爲普遍的耕種方式，洪武舊例畝徵銀三分，後徵銀多寡不等。如弘治七年「命興王辭還原賜武清縣田六百八十七頃有奇招民佃種，畝徵銀三分以備內府之用。」〔註50〕弘治十年「戶部請以壽王辭還舊賜涿州、良鄉、永清、大興、固安、寶坻、宛平及劉武營莊田共五百四十三頃有奇召民佃種起科。從之。」〔註51〕也有將辭退莊田賦稅改作備邊銀者，天啓七年「上命屯田御史將景府遺下寶坻等縣原額及撥補各養贍子粒銀兩俱令該縣照數改作備邊銀兩，其武清縣塌河澱等處原業，行三府承奉司查見徵額數，發縣入冊。」〔註52〕莊田遇到災傷，也會按例蠲免賦稅，「如遇災傷，視軍民田例蠲免。」〔註53〕嘉靖二十年還以地土鹻薄，除豁天津衛以及仁壽、清寧二宮在寶坻、武清、靜海等地的莊田賦稅，「議通州、大興各州縣入官地銀及府州縣備補各宮災免銀補足蠲豁之數。議上，報可。」〔註54〕

〔註44〕《明英宗實錄》卷二三九，景泰五年三月壬子條。
〔註45〕《明武宗實錄》卷一六五，正德十三年八月丁亥條。
〔註46〕《明憲宗實錄》卷二六九，成化二十一年八月己丑條。
〔註47〕《明武宗實錄》卷四〇，正德三年秋七月辛酉條。
〔註48〕《明孝宗實錄》卷八五，弘治七年二月癸未條。
〔註49〕《明世宗實錄》卷二一一，嘉靖十七年四月丁卯條。
〔註50〕《明孝宗實錄》卷九三，弘治七年十月癸亥條。
〔註51〕《明孝宗實錄》卷一二九，弘治十年九月壬子條。
〔註52〕《明熹宗實錄》卷八十一，天啓七年二月乙巳條。
〔註53〕《明武宗實錄》卷一〇二，正德八年秋七月丙子條。
〔註54〕《明世宗實錄》卷二五〇，嘉靖二十年六月丙辰朔條。

二、牧馬草場

明代在兩畿魯豫等地劃撥大量的牧馬草場供養馬之用，其中天津的牧馬草場數量頗多。牧馬草場本爲放養牧馬而設，如天順四年「御馬監太監劉永誠奏，青草方茂，各馬坊馬當如例赴武清縣等處草場牧放。」〔註55〕牧馬草場地土主要來自無主官地，也有劃撥、侵佔民田而得者。弘治十八年會勘薊州草場時：

> 　大理寺左少卿張泰、錦衣衛都指揮韋順、巡撫都御史周季麟會勘薊州草場地土，四月中奏上所處事宜，言其地通計四千九百四十餘頃。御馬監草場在侯家營者已足舊額八百頃一十畝之數，爲團營委官賈昂所侵者三百二十五頃五十七畝，在青店莊者今實有五百一十四頃五十八畝。團營草場屬之三千營者今實有九百二十一頃四十七畝，又以侯家營界內萱港官地五十四頃及民人所侵官地五十頃並附餘地十六畝補之。屬之五軍營者今實有一千五百六十頃三十五畝，附餘地五十八頃二十三畝。屬之神機營者今實有五百一十三頃一十二畝，附餘地一百四十五頃七十五畝。各草場侵佔民田屯地九百三十七頃四十九畝並附餘地皆宜給軍民爲業，仍封土濬濠以定其界，立碑深刻以紀其數，則官民各有所據，而爭端可杜。〔註36〕

由中可見，牧馬草場有被軍官所佔者，亦有侵佔民田、屯地者。終明之世，天津的牧馬草場與軍民田地以及莊田之間相互侵佔從未間斷。除去非法的侵佔外，也有官方認可和操作的將小民耕種之地劃撥爲牧馬草場之行爲，如嘉靖時將武清縣牧馬草場召佃者皆還官爲御馬草場。〔註57〕牧馬草場侵佔民田，除影響人民生活外，有時也會導致社會不穩定。正德十六年，因此前崔黃口地被入官爲草場，「民無所蓄殖，遂嘯聚爲盜。亡命者因憑藉而起，所在鹵掠。」〔註58〕不過，牧馬草場侵佔民田現象相較於莊田來說並不十分嚴重。侵佔牧馬草場較多的是王公勳戚等。明代中後期勳戚等對牧馬草場的侵佔愈演愈烈，嘉靖十四年駙馬都尉鄔景和占收武清三角澱壩東馬房草場地漁課，上僅「切責景和而宥之」〔註59〕。隆慶二年大臣稱，「祖宗時牧馬草場在薊州、

〔註55〕《明英宗實錄》卷三一四，天順四年夏四月癸丑條。
〔註56〕《明武宗實錄》卷二，弘治十八年六月丙寅條。
〔註57〕《明世宗實錄》卷一三一，嘉靖十年十月壬辰條。
〔註58〕《明武宗實錄》卷六，正德十六年九月乙丑條。
〔註59〕《明世宗實錄》卷一七一，嘉靖十四年正月庚辰條。

霸州、固安、新城、雄縣、香河等處，近爲勳戚奏討侵沒，存者無幾，宜視舊籍查復。」﹝註60﹞萬曆時，寶坻縣令袁黃記述道：「馬房官地宦官勳戚視爲利藪，莊頭人等倚勢作威，侵耕占奪，其弊無窮」﹝註61﹞。當地農民對牧馬草場土地的侵佔也不在少數，正統九年，靜海、青縣官軍草場地被逃民占住耕種，「致令軍士草束無處堆積」﹝註62﹞。成化十六年，天津等八衛由於軍士逃去，遺下草場多被青縣軍民盜種，「令退地還官，每畝追草三十束以補其數。」﹝註63﹞萬曆三十年「牧馬草場寶坻等地方原一千三百餘頃，被豪民侵墾殆盡」﹝註64﹞。有時亦有官府將牧馬草場撥給小民耕種者，如正統十一年將天津等衛官軍草場耕熟者一百三十餘頃，撥付逃民附籍者耕種﹝註65﹞。

　　牧馬草場在天津地土中佔有很大比例，但明中後期以後，由於被莊田侵佔或軍民占種，面積不斷縮小。萬曆時期，天津牧馬草場狀況如下表所示：

表 3.1　萬曆天津牧馬草場表

項目\州縣	原額養馬地（頃）	原額寄養馬	勘明荒地	荒地減馬	奉例減馬	實該編養馬戶	匹馬編地（頃）
武清縣	1221.5	1745	504	720	485	540	1.329
寶坻縣	1237.2	2049	70.356	116	890	1043	1.119
薊州	675.5	1351	50.5	111	410	830	0.747

資料來源：（萬曆）《順天府志》卷三

　　由上表可知，天津馬政是趨向於衰落的。養馬額經過各種縮減，與原額相差甚大。養馬編地由 74 畝至 132 畝不等。實際上，天津各地牧馬草場應遠遠不止上表所列。武清縣嘉靖時期有馬房十一，分別爲在監馬房、壩大馬房、壩東馬房、壩北馬房、金盞馬房、義河馬房、鄭家莊馬房、湯山馬房、天柱馬房、北草場馬房、黃土坡馬房，佔地 4764.13 頃。﹝註66﹞萬曆年間寶坻縣令

﹝註60﹞《明穆宗實錄》卷二十，隆慶二年五月癸丑條。
﹝註61﹞（明）劉邦謨、王好善輯：《寶坻政書》卷八，第 385 頁。
﹝註62﹞《明英宗實錄》卷一一七，正統九年六月癸巳條。
﹝註63﹞《明憲宗實錄》卷二一〇，成化十六年十二月辛未條。
﹝註64﹞《明神宗實錄》卷三百七十，萬曆三十年三月丁丑條。
﹝註65﹞《明英宗實錄》卷一三七，正統十一年三月己丑條。
﹝註66﹞（明）楊行中纂輯　劉宗永校點：（嘉靖）《通州志略》卷二《建置志・囿苑》，第 38～39 頁。

袁黃曾經專門清查牧馬草場，其境內牧馬草場土地詳見下表：

表 3.2　萬曆寶坻縣牧馬草場表（單位：頃）

馬房＼項目	清查過地	原額地	查出地	見在牧馬草場地	徵收子粒地	軍民自首地
駒子馬房	1249.19	1131.7635	117.4265	1038.28	134.45	76.04
天柱馬房頓丘	242.27	253.03				
天柱馬房二	3184.13	3240		2955.51	44.64	186.21
湯山馬房一	1231.36	1231.20	0.16	1183.30		47.70
湯山馬房二	432	432		232.92〔註67〕	77.04	121.01
義河馬房一〔註68〕	156.45	117.65	38.80		49	35.52
義河馬房二	4848.683	4968		4689.413	52.50	103.1
金盞甸馬房一〔註69〕	2964.25	2819.666	144.59	2381.61	384.99	97.62
金盞甸馬房二〔註70〕	113.866	105.272	8.593		45.20	11.22
兔北馬房	4837.42	5344.35		不詳	不詳	94.66
兔南馬房〔註71〕	315.43	294	21.43		41.25	
北高馬房	644.47	584.15	60.32	550.74	65.1	28.63
總計	20219.519	20521.0815	391.3195	13031.773	894.17	801.71

資料來源：《寶坻政書》卷八，第 385～391 頁。

由上表可以看出，萬曆時寶坻縣牧馬草場數額相當之大，達到兩萬餘頃。其中，天柱馬房有一處草場，因各項數字無法相合，單列於此：「天柱馬房駝堤寺草場清查丈量過地五百十頃九十九畝七分，內有錦衣衛草場地一百五十頃，見在牧馬地三百六十頃九十九畝七分，牧馬不到荒地二百二頃六十一畝

〔註67〕此處含牧馬不到地。
〔註68〕含牧馬不到草場地 71.84 頃。
〔註69〕含太平侯張勢占還官地 100 頃。
〔註70〕含牧馬不到草場地 57.446 頃。
〔註71〕含牧馬不到草場地 274.18 頃。

七分，本監徵收子粒地四十二頃五十六畝，清查出軍民自首地一百十五頃八十二畝。」〔註72〕各處馬房人丁居住房屋也佔用部分土地，未列入上表，如天柱馬房二各莊村居住房屋人丁六十五戶，佔地七十七畝；湯山馬房一各莊村居住房屋人二十九戶，佔地四十六畝；湯山馬房二各莊村居住房屋人四十戶，佔地一頃三畝；義河馬房一各莊村居住房屋人三戶，佔地九畝；義河馬房二各莊村居住房屋人共二百十九戶，佔地三頃六十七畝；金盞甸馬房店村居住房屋人十三戶，佔地三畝五分；兔北馬房各莊村居住房屋人一百二十五戶，佔地七十畝。〔註73〕雖然查出了 391 頃土地，但清查出的總額仍比原額要少 300 多頃，可見當時牧馬草場還是有部分被各色人等侵佔。但這部分侵佔的田土數額不是很大，占原額的 3.376%左右，被侵佔的馬房土地主要在天柱馬房頓丘、天柱馬房二、義河馬房二、兔北馬房等處。徵收子粒地和軍民自首地主要為耕地，約占當時牧馬草場地的 8.387%。徵收子粒地是將牧地變價佃種，徵收子粒銀兩入官的做法。是知牧馬草場地被小農占住耕種的數額也具有相當的數量。寶坻縣子粒地有 894 頃之多，相較之下，靜海縣的徵收子粒地則並不是很多。嘉靖時靜海縣只有「草場三十三頃八十七畝五分，徵銀五十九兩六錢四分五釐」〔註74〕，由此可以看出天津牧馬草場主要集中在武清、寶坻、薊州幾個最靠近京師之處，靜海縣牧馬草場面積應該較上述三地少。從寄養馬匹數量上也可看出，靜海牧馬草場數量應不是很多，靜海縣「原額養馬九百八十四匹」〔註75〕，比薊州的 1351 匹還少了許多。

明代養馬制度有官養和民養兩種，南炳文師在其《明代兩畿魯豫的民養官馬制度》一文中，指出民養官馬制度變化分為戶馬、種馬、寄養馬三部曲。〔註76〕早期天津地區養馬以戶馬、種馬兩種為主，「馬養於民，宋王安石保馬法也。永樂初，設太僕寺於北京，十二年令北畿民計丁養馬，五丁養一，免田租之半。薊州以東，每軍飼種馬一，置草場於畿內。」〔註77〕到明中晚期，養馬制度以寄養馬為主，農民每養一匹馬，允許有一定數量的免糧地，「每養

〔註72〕（明）劉邦謨、王好善輯：《寶坻政書》卷八，第 387 頁。
〔註73〕（明）劉邦謨、王好善輯：《寶坻政書》卷八，第 385～391 頁。
〔註74〕（明）樊深撰：（嘉靖）《河間府志》卷八《財賦志·草場》，第 28 頁。
〔註75〕（明）樊深撰：（嘉靖）《河間府志》卷八《財賦志·馬政》，第 30 頁。
〔註76〕南炳文：《明清史蠡測》，天津教育出版社，1996 年，第 117 頁。
〔註77〕（清）周家楣等修，繆荃孫等纂：（光緒）《順天府志》卷五十二，第 476～479 頁。

馬一匹，免徵糧地五十畝」〔註78〕。但這個數額並不固定，時有增減。牧馬草場在明代有大量從事農業活動，如上文所述，或被小民侵佔為耕地，或有專門的徵收子粒地和軍民自首地用於耕作。

三、屯田和灶地

明代地方上普遍實行承宣布政使司、提刑按察使司、都指揮使司管理地方的三司制。其中都指揮使司分別下轄數量不等的衛所，衛所官兵一般都分配有一定數量的屯田，「邊地三分守城，七分屯種。內地二分守城，八分屯種。每軍受田五十畝為一分」〔註79〕，稱為軍屯。但五十畝之額並不固定，往往會在現實中有所變通，萬曆年間梁城所部分軍丁每人分三十八畝，「（梁城所）並沿海墩臺之地亦為御用監侵奪……（萬曆）十七年東，前道高將本所守墩軍募足一百名，清查本所屯地，每名給地三十八畝耕種，作為口糧」〔註80〕。明代天津的屯田主要包括天津三衛、梁城所以及武清縣通州左衛等幾個衛所的屯田。明後期天津各地衛所屯田大致狀況為：嘉靖時期「天津衛原額地九千二百二頃四十三畝八分零」〔註81〕；武清縣「通州左衛屯地三處，坐落武清縣河東筐兒港等處地方，營房坐落通州高麗莊地方；通州右衛屯地八處……後所二處，一處武清縣沙河屯，一處香河縣新莊屯；定邊衛……中所武清縣地方，前所寶坻縣地方，後所武清縣地方。〔註82〕大量屯田在天津的存在，對天津農業開發有重要的促進作用，推動著天津農業的發展。明孝宗弘治年間時任禮部尚書的丘濬在其《舟次直沽簡彭彥實同寅》一詩中對天津衛所的屯田描述為：

> 潞河澄徹衛河渾，二水交流下海門。
>
> 直北回看龍關迴，極東搖望蜃樓昏。
>
> 孤城近水舟多泊，列戍分耕野盡屯。

〔註78〕（明）楊行中纂輯、劉宗永校點：《（嘉靖）通州志略》卷四《貢賦志·馬政》，第60頁。

〔註79〕（清）張廷玉等撰：《明史》卷七十七《田制》，中華書局，1974年，第1884頁。

〔註80〕（明）劉邦謨、王好善輯：《寶坻政書》卷十《防倭初議》，《北京圖書館古籍珍本叢刊 史部·政書類》第48冊，第400頁。

〔註81〕（清）沈家本 榮銓等修，徐宗亮 蔡啓盛纂：（光緒）《重修天津府志》卷二十八，第577頁。

〔註82〕（明）楊行中纂輯 劉宗永校點：（嘉靖）《通州志略》卷八《兵防志·屯營》，第59頁。

我有好懷無處寫，欲沽樽酒對君論。〔註83〕

天津最早的屯田見於洪武年間，「（魏國公徐達）以沙漠遺民三萬二千八百六十戶屯田北平府管內之地，凡置屯二百五十四，開田一千三百四十三頃……武清縣一十五屯二千三十一戶；薊州一十屯一千九十三戶」〔註 84〕，是為民屯。此後屯田活動陸續不斷，多為軍屯。永樂年間設河間府同知、通判各一員，薊州同知、判官各一員，「專理屯田之務」〔註85〕。宣德年間命行在戶部同兵部各遣官與都督陳景先經理山海至薊州屯田〔註 86〕。嘉靖年間議將空閒屯田分區撥給，輸銀備邊，「戶部覆給事中趙灼及御史潘清宣等議處賦役五事……一近邊永平、豐潤、玉田、遵化、薊州、密雲等州縣頻年被虜，屯田、民地間多閒曠。宜酌量分撥各區，聽自行耕牧，以備軍資。三年成熟，照今屯糧事例，每畝徵銀三分，輸部備邊……得旨俱允行。」〔註 87〕明代中期以後，由於侵佔或軍丁鬻賣、拋荒，天津的屯田往往荒廢或不存。後期這些現象更加明顯，如武清縣「然承平日久，軍政漸弛，屯種之田，轉相鬻賣」〔註88〕。萬曆時「（梁城所）有屯田百分，每分歲納屯糧二兩七錢，軍逃田荒，年累徵比。」〔註 89〕後寶坻知縣袁黃清出百分屯田給軍耕種。由於屯額的缺失以及對屯田的侵佔，導致屯田賦稅多所拖欠，如萬曆七年「薊遼總督楊兆、巡撫陳道基奏薊州等衛所關營屯地歲減屯糧、草束、折色軍餉銀乞行除豁。不許。部覆奏內屯地所減歲餉八萬八千有奇，但據御史鄭宗學勘查、參政辛應乾覆查之，止少銀四百餘兩。且自萬曆元年、四年兩經閱視，未有言及拋荒。屯糧曾不三年，豈應虧餉至此？年來又有增墾糧銀，前項地畝原非不堪耕種，中間豈無豪民姦猾旗甲欺隱捏報？若據將欠糧盡豁，則前項拋荒屯地永無開復之期，而侵沒詭計終無首正之日矣。於是命查各該屯地，將增墾徵納屯糧三百四十餘石、地畝增銀六十餘兩逐年抵補。其拋荒等地共一千五百四十餘頃，行各兵備道嚴督掌屯等官各率屯軍，設法開墾、耕種，補納。」〔註90〕覆查結果

〔註83〕 （清）薛柱斗等：《新校天津衛志》卷四《藝文》，第 207 頁。

〔註84〕 《明太祖實錄》卷六十六，洪武四年六月戊申條。

〔註85〕 《明太宗實錄》卷一二〇，永樂九年冬十月乙巳條。

〔註86〕 《明宣宗實錄》卷五四，宣德四年五月丙辰條。

〔註87〕 《明世宗實錄》卷五一四，嘉靖四十一年十月乙卯條。

〔註88〕 （明）楊行中纂輯 劉宗永校點：（嘉靖）《通州志略》卷八《兵防志·屯營》，第 157 頁。

〔註89〕 （明）劉邦謨、王好善輯：《寶坻政書》卷十二《感應篇》，第 456 頁。

〔註90〕 《明神宗實錄》卷八三，萬曆七年正月癸酉條。

只少銀四百餘兩，而奏內卻要減八萬八千多兩，可見大量屯田被隱占。拋荒地也有一千餘頃，從中可以看出明中後期以後屯田被拋荒、侵佔隱藏現象之嚴重。

天津附近瀕臨渤海，盛產食鹽。鹽業是明清時期天津的支柱型經濟之一，有許多專職生產鹽的人口居住在這一地區，稱爲灶戶。國家給灶戶分配一定數量的土地，作爲其糊口之用，「明初仍宋、元舊制，所以優恤灶戶者甚厚，給草場以供樵採，堪耕者許開墾，仍免其雜役，又給工本米，引一石。」〔註91〕由於天津鹽場較多，灶地亦多。據萬曆年間的袁黃記載，當時寶坻一縣的灶地即有一千餘頃：「如寶坻灶地新舊一千二百餘頃，每畝九釐，便可增銀一千一百七十餘兩」〔註92〕可見灶地在天津田土中也佔有相當的比例。給灶戶的土地一般有灶地、草蕩地、灘地三種，「區畫瀕海地土給灶戶以爲恆產，名爲灶地；樵採草芻、煎辦鹽課者，名爲草蕩；斥鹵不毛之地，刮鹻取土、盤煎池曬資以成鹽者，名爲灘地。官鍋止辦鹽課，絕無民糧。其灶戶自置民地名爲灶產者，照常辦納糧馬，免其雜差。」〔註93〕草蕩地和灘地，由於灶戶長期的開墾和改造，大量變爲耕地，也成爲灶地的一種。

隨著時間的推移，民田與灶地之間互相買賣、混占的現象不斷增多，原有草蕩地、灘地開爲耕地者也不少。爲釐清賦役，明代曾多次對灶地進行清查，萬曆十年巡鹽御史曹一夔題准對灶地清查：

> 長蘆灶地灘蕩與民地疆界混淆，糧差互派。議令運司會同有司官弔取黃、灶二冊並鹽法志書，先查舊時灶地灘蕩原額若干、新置民地名爲灶產者若干，率同里長、鑲總分別丈量。某鹽場坐落某處、見今實在灶地若干、灘若干、附場灶地若干、離場零星灶地若干、置買民地若干，各照頃畝，區別界限四至與原額增減數目，每戶類爲一總。如附場刮土、樵採、煎曬去處，灶戶自行開墾成田，照例止辦鹽課，免其雜派差徭。其零星地土離場稍遠與民地相雜，雖係灶種，照例辦納錢糧、應當馬頭等役。若民佃灶地，即納灶課。所有灶戶原買民地轉賣與民者，逕行開入有司納糧當差。至各場有無

〔註91〕 （清）張廷玉等：《明史》卷八十《食貨四》，第1937頁。

〔註92〕 （明）袁黃：《兩行齋集》卷六《閱視八議‧理鹽法》，《袁了凡文集》第十冊，北京：線裝書局，2007年，第1182頁。

〔註93〕 （清）沈家本 榮銓等修，徐宗亮 蔡啓盛纂：（光緒）《重修天津府志》卷三十二，第637頁。

　　官鍋，悉因鍋面大小，分別額徵多寡數目，則灶地、蕩灘、鍋，指

　　掌可分矣。〔註94〕

上述引文敘述較詳，從中可見有置民地爲灶產者，有開墾草蕩地、灘地者，
有將灶地給民佃種者。嘉靖十二年又再次進行清查，「御史鄧直卿奏爲各場灶
灘所以刮土淋鹵，草場所以刈草煎鹽，皆係官地，不得開墾變賣。近來界限
不明，以致豪強越界侵耕，煎辦無地，課額多累。查照弘治元年題准事例，
委差運司會同府佐正官清查還官，築立界堤，分撥灶民管業。如有侵佔、典
賣，照依侵佔盜賣官田例坐罪」〔註95〕。

　　綜上，明代官田之所以在天津大量存在，主要有以下幾個原因。首先，
地理位置距離京師較近，各種田土採取就近設置的原則，既實用又方便。如
牧馬草場的大量設置，縮短了寄養馬到京師的距離，方便取用。各種莊田的
存在更是如此。勳戚、宦官們奏乞田土，自然不會遠離居住地所在。莊田靠
近京師，也有更大的便利。其次，天津空地較多，人口數量稀少，也爲官田
大量存在提供了現實條件。第三，屯田、灶地等官田的設置，與天津自身獨
特性有關。作爲重要的鹽產地，需要大量灶戶在此勞作，自然需要分配他們
相當數量的灶地以維持生活。地近京師以及各處衛所的設立，也不可避免地
需要分撥軍士許多屯田。總之，天津的地理位置以及自身獨特性和擁有廣闊
的土地，是明代官田得以長期存在並發展的原因。民田由於其土地所有制與
經營方式較爲單一，在此不再贅述。

第二節　清初圈地運動及其影響

　　清兵入關後，爲解決官兵生計問題，清廷議定將近京地畝及前明無主荒
地圈給東來官兵，圈地由此始興。圈地運動的巔峰在順治初年，「（順治）四
年，圈順直各州縣地百萬九千餘晌，給滿洲爲莊屯。」〔註96〕圈地從順治年
間一直持續到康熙初年，在天津各地圈佔了大量的田土。如寶坻縣所圈地畝
情況見下表：

〔註94〕　（清）沈家本　榮銓等修，徐宗亮　蔡啓盛纂：（光緒）《重修天津府志》卷三
　　　　　十二，第 638 頁。

〔註95〕　（清）沈家本　榮銓等修，徐宗亮　蔡啓盛纂：（光緒）《重修天津府志》卷三
　　　　　十二，第 638 頁。

〔註96〕　（民國）趙爾巽等撰：《清史稿》卷一二〇《食貨一》，第 3495 頁。

表 3.3　順治康熙年間寶坻圈地表

年份＼條目	面積（頃）	來源
順治二、三、四年	4417.36885	民地
順治三、四、六、七年	1515.32346	民地（民人投充）
順治三年	982.23146	補民宮地、馬房地
順治三、四年	1169.47256	額外宮邊府地
順治三、四年	1903.557927	額外駒子、金盞、牧監地
順治四年	461.873	灶地
康熙四、六、七、十二	27.1	民地
康熙二十二、二十三年	43.8	開荒地
積年圈給	719.501	查出、斷出、墾荒等地

資料來源：（乾隆）《寶坻縣志》卷十六

　　上述表中圈地總計 11240.228 頃，可見當時在寶坻境內圈地面積相當之大。天津三衛被圈佔的地畝占三衛地畝的大部分，「中所圈佔撥補投充絕荒地二千二百四十頃五十六畝五釐二毫五忽，左所圈撥投充絕荒二千四百四十頃二十一畝九分三釐五絲一忽，右衛圈撥投充絕荒地一千四百五十頃四畝四分三釐九毫一絲。」〔註97〕三處所圈撥投充田地約為 6133 頃。「天津衛原額屯地九千二百二頃四十三畝八分五釐九毫四絲六忽，內除蠲荒、圈撥、投充外，實在退出歸回開墾共地三千一百八十三頃四十二畝四分七絲」〔註98〕，原天津三衛將近三分之二的土地被圈撥投充而去。薊州地畝也被大量圈佔，「民地原額五千五百頃二十八畝二分，實在民地四千三百四十八頃六十八畝七分三釐，內圈去地二千三百七十四頃三十二畝三分三釐，帶去投充地一千九百三頃七十二畝四分一釐四毫，實存剩地七十頃六十三畝九分八釐六毫」〔註99〕。後人稱薊州圈地為「薊州境內強半旗莊，所司土地紛紛圈撥，遂致疆里混淆，恆產之家歎無立錐」。董廷恩在薊州任時「勵精查核，得其不應圈撥者三千五百五十頃有奇，申明農部，諒公愛民之深，允示永停取撥。」〔註100〕不應圈撥者便有三千餘頃，可見當時

〔註97〕　（清）薛柱斗等：《新校天津衛志》卷二《賦役》，第 73～78 頁。

〔註98〕　（清）徐可先：（康熙）《河間府志》卷七，第 35 頁。

〔註99〕　（清）張朝琮　鄔棠：（康熙）《薊州志》卷三《田賦》，第 8～9 頁。

〔註100〕　（清）張朝琮，鄔棠：（康熙）《薊州志》卷八《碑記》，第 65 頁。

蓟州所圈地畝面積也很大。靜海縣「原額民、灶、差莊併入額籽粒及額外葦、課葦、白河淤籽粒共地六千二百九十九頃八十八畝七分二釐一忽，內除斶荒、圈撥、投充、刷坍水湑外，實在退出歸回並開墾共地三千四百五十七頃四十四畝五分五釐二毫七絲」〔註101〕，圈撥投充等地也將近一半左右。

天津地區大量地畝被圈佔，造成了很大的不良影響。首先，圈地是清初天津戶口大量減少的原因之一。因爲地畝被圈，造成小民無以爲業，大量流移。康熙《河間府志》記載天津「原額三等九則人丁六千四十二丁，內除節年編審老弱逃亡外，實在並節年編審新增九則人丁三千三百一十五丁」〔註102〕，以致「戶分繁簡，丁稽登耗，衛自屯所圈撥之後，日見凋零，司民牧者當以滋培招徠爲首事」〔註103〕，指出天津三衛人口由於圈撥減少，要以「滋培招徠爲首事」。寶坻縣「慨至明季兵火頻仍，遂見耗廢。崇禎年間，以原額三十二里減至二十六里。國朝圈佔之後，二十六里又減至二十里。地以人充，里由戶減，繼此而日增月蕃，惟良牧斯民者是恃耳」〔註104〕，明言戰火和圈地造成當地戶口減少。蓟州「人丁原額各則不等，共一萬一千九百一十一丁半，內除逃亡投充人丁一萬四百四十一丁半，存剩人丁一千四百七十一丁。」〔註105〕除去圈地直接造成的戶口減少，圈地間接使得大量人戶投充旗下，也對州縣額內編戶數量造成影響。在賦役征派時因人丁不足，往往會捉襟見肘。寶坻縣清初「戶口計民灶丁猶一萬六百有奇。時值圈佔，民有乘時權利，冒厥田疇而投名旗下者二千三百一十九丁……用後水旱頻仍，民鮮生計，流亡轉徙於四方者，又九千四百五十六丁矣。一坻民也，一去於投充，再耗於轉徙，所餘之民，僅得十一於千百耳。況寶坻往往有大役，諸如剝船、堤夫之類，一時劇集，在昔以十民供一役，今則一民而供十百徭矣。欲片刻貼席，其可得乎？」〔註106〕靜海縣「原額下下民灶人丁八千八十五丁，內除節年編審老弱逃亡投充外，實在並節年編審新增共丁九百四十一丁。」〔註107〕實在人丁只有原來十分之一稍多，圈地投充所帶來戶口減少相當嚴重。

其次，大量地畝被圈佔也使得朝廷在土地分配上遇到了很大的問題。如

〔註101〕 （清）徐可先：（康熙）《河間府志》卷七，第 67 頁。
〔註102〕 （清）徐可先：（康熙）《河間府志》卷七，第 35 頁。
〔註103〕 （清）薛柱斗纂修：《新校天津衛志》，第 93 頁。
〔註104〕 （康熙）《寶坻縣志》卷二《里甲》，第 8 頁。
〔註105〕 （清）張朝琮 鄔棠：（康熙）《蓟州志》卷三《戶丁》，第 5 頁。
〔註106〕 （康熙）《寶坻縣志》卷三《戶口》，第 11 頁。
〔註107〕 （清）徐可先：（康熙）《河間府志》卷七，第 35 頁。

在給漕船相應的贍船地畝時，便遇到了無地可分以致船數不足的境況：

> 順治初年定，漕船至天津起駁，分運至通，設紅駁船六百隻。
> 每船給田十頃，收租贍船，免其徵科。因地畝被圈，船未足數，至
> 十三年尚缺六十八隻。議將州縣連年退出地畝並圈剩夾空地畝嚴催
> 補足，每隻每年給修艙銀五兩，令本縣河官督修。〔註108〕

　　第三，圈地引起大量關注民生的官員的注意，他們不斷上疏請求停止，造成圈地官員與反對圈地官員之間矛盾重重。這部分官員不斷上疏，陳言圈地的危害，要求妥善處理圈地，使人民安居樂業。如康熙五年，王登聯和朱昌祚等會勘薊州等地八旗圈佔地畝。王登聯上疏指出當時「所在田地極目荒涼，民間之待圈者寸壤未耕，旗下之待圈者半犁未下。」圈地導致民間無法順利開耕，影響農作。旗下官丁也常常嫌所圈之地貧瘠而不肯收受，相互爭執。民人聞說圈地後，「有米糧者已糶賣矣，無積蓄者將轉徙矣，樹木折為柴薪，雞犬咸已變易矣。」但又由於逃人令嚴，甚至因為丁地相依，有「地去而丁不除，賦稅免而徭尚在」者，使得百姓去留兩難，困窘萬分。〔註109〕朱昌祚在其奏疏中也極言圈地之害，各旗圈佔土地後，為了土地肥瘠不均爭執不休，遣官員重新查勘，「被圈夾空民地，百姓又哭愬失業，殆無虛日……各旗都統同章京、牛錄帶領披甲壯丁，沿鄉繞村，棲止廟宇草舍，曠日持久守侯行圈。」圈佔驚民、害民可見一斑。民人最慘的，「有稱新經被圈地之家，既令搬移別住無從投奔者；有稱時值嚴寒，扶老攜幼既遠徙他鄉，又恐地方官疑以逃人，不容棲止者；有稱祖宗骸骨父母丘冢不忍拋棄者」。〔註110〕然而儘管二人言辭懇切，但由於觸犯權貴，最後都被處死：「王登聯（康熙）五年冬，以撥圈旗地擾民，密疏請令各安舊業。言甚痛切，忤鰲拜意，論死，旗民哀之。朱昌祚，康熙四年授三省總督，五年抵任。會鰲拜圈地議起，遣部臣會同督撫經理，旗民囂然，咸泣訴失業。昌祚上疏極陳其不便，鰲拜怒，革職逮問，矯旨竟予立絞。」〔註111〕康熙八年，給事中趙之符上疏：

〔註108〕　（清）沈家本　榮銓等修，徐宗亮　蔡啓盛纂：（光緒）《重修天津府志》卷二十九，第602頁。

〔註109〕　（清）洪肇楙等纂修：《寶坻縣志》卷十七《藝文上》，第871～876頁。（清）吳翀　曹涵：《武清縣志》卷十《章奏》，頁39～42。

〔註110〕　（清）洪肇楙等纂修：《寶坻縣志》卷十七《藝文上》，第863～871頁。（清）吳翀　曹涵：《武清縣志》卷十《章奏》，頁34至頁39。

〔註111〕　（清）沈家本　榮銓等修，徐宗亮　蔡啓盛纂：（光緒）《重修天津府志》卷四十，第147頁。

　　竊惟今日小民之失業者，無如近畿州縣新經被圈地畝之苦。念直隸地方，甫經去歲水旱之餘，蒙我皇上目擊顛連，曲加拯恤，賦稅全蠲，多方賑濟；煢煢孑遺，始獲存活，以至今日。因而揭借種資，竭力南畝，惟冀二麥告登，庶可少延殘喘。不謂青苗在地，驟然圈給旗丁，東作徒勞，西成絕望，尺地一椽，皆非所有，流離轉徙，民命奚堪……比因八旗地畝，水沖沙壓，往往另圈撥給。在朝廷，優恤旗兵，良非得已，但目今換給之舉，有不必以圈佔苦民者……乃曾不通盤打算，未見實有不敷之處，一經請旨，俄而此縣報圈地矣，俄而彼縣又報圈地矣。間與滿州地界相連者，已經圈給矣；即與滿州地界相遠者，亦復圈給矣。自春徂夏，圈撥靡已……伏請特沛德音，諭令新圈地畝盡行歸民復業……更祈頒諭中外，永不再圈民地，庶百姓從此安居樂業，皇仁普被於無疆矣！……隨奉上諭：「……比年以來，復將民間房地圈給旗下，以致生民失業，衣食無資，流離困苦已極，深爲可憫。以後圈佔民間房地，著永行停止。其今年所圈房地，俱著退還民間。爾部即速通行曉諭，照朕加惠生民至意。」。〔註112〕

趙之符疏中仍然反映了圈地之無休無止，使小民流離轉徙。趙之符上疏以後，康熙八年下旨停止圈地運動。此後圈地運動基本上徹底消除，天津地方田制也逐漸趨於穩定，而不似清初之動盪。到乾隆時期，農業經濟才恢復，「第自圈地多而恆產少，爲士者率以硯田餬口，迄今培養百年，乃有起色」〔註113〕。

　　除了下旨停止圈地運動外，康熙親政後還下旨將部分所圈之地退還給民，稱爲旗退地畝：「聖祖親政，諭停止圈地，本年所圈房地俱退還。又以張家口、山海關等處曠土換撥各地，並令新滿洲以官莊餘地撥給，其指圈之地歸民，是爲旗退地畝。」〔註114〕但旗退地畝僅占圈佔地畝極小一部分，如寶坻縣「各旗退交輸租地共五十五頃二十二畝七分六釐四毫一絲一忽，此現在徵收數也」〔註115〕，連所圈地畝的零頭都不到。薊州直到康熙末年，撥補

〔註112〕天津市地方志編修委員會辦公室等編著：《天津區縣舊志點校 武清縣志 靜海縣志》，天津社會科學院出版社，2008年，第118頁；同見（清）洪肇楙等纂修：《寶坻縣志》卷十七《藝文上》，第558～563頁；（清）吳翀 曹涵：《武清縣志》卷十《章奏》，頁21～24。
〔註113〕（清）洪肇楙等纂修：《寶坻縣志》卷七《風物》，第364頁。
〔註114〕（民國）趙爾巽等撰：《清史稿》卷一二○，第3495頁。
〔註115〕（清）洪肇楙等纂修：《寶坻縣志》卷十六《集說》，第809頁。

並開荒入籍等各項民地才「三千一百二十二頃八十八畝三分六釐一毫四絲」
〔註116〕，與原額相差一千餘頃。為了緩解矛盾、安置人民生活生產，圈地之
後，往往以別地的田土撥補給當地百姓：「（順治）二年，令民地被指圈者，
速籌補給，美惡維均」〔註117〕。雖說要求美惡維均，但在實際中往往做不到。
如寶坻縣，多是將肥腴地畝圈給之後再將明代低窪貧瘠官地撥補：

　　　　寶坻地勢窪下，明初止有民灶地七千餘頃，其中肥瘠相半。後
　　因民力漸饒，許百姓開墾荒田，定例三年後入冊徵糧。所墾有宮邊、
　　八馬房、工部廠、御用監等名。名為官地，皆墾之藪澤荒穢之中，
　　歲入不得高阜地之半，以當時止徵墾荒入冊之糧，無他雜擾，故民
　　得以佃種。迨國朝順治二、三、四年間，連將民灶膏腴地圈給旗下，
　　又本地投充之民除已地帶投外，又將民間素所知肥腴者，圈之殆盡，
　　而坻民遂失本業矣。彼時他州縣被圈者，猶以別縣高阜地抵補，獨
　　寶坻因有官地之名，不復補之。別縣遂將窪薄官地補給失業之民。
　　是名雖官地，其實皆最瘠鹵而不堪者。亦民父若子、祖若孫，世營
　　之產耳。以民補民，偏枯殆盡，民地有補而官地之民又將何賴？況
　　地既不堪，而糧宜量減，乃歲照未圈丈之民灶膏腴地，克納正供，
　　不亦異乎？〔註118〕

寶坻膏腴之地或被圈給旗下、或被民人投充，而將本地低窪官地撥補，卻要
按膏腴地納稅，使得人民窮困。除了以本地官地撥補外，往往會用其他州縣
地撥補。武清縣圈佔地畝也較多，便將德州衛地撥補：「順治四年，將德州
正左二衛四十八屯及拋荒之民地補還民人，謂之撥補。其糧仍於德州正左二
衛徵解。其地或租或種，聽民自便……康熙三十年，直撫郭世隆軫念小民爭
端不息，定為官徵官解，添入考成，具題，奉有：『這事照該撫所題，著議
定例具奏』之旨。經九卿會議，而處分之例始定，各行遵守，永杜分爭。官
膺其勞，而民享其逸矣。計共撥補德州正左二衛屯等地六百八十六頃八十八
畝四分七釐四毫，除士民自行耕種取租外，每歲計官徵官解租銀九百七十五
兩八分八釐七毫二絲五忽四微。」〔註119〕由上可知，撥補的田土可自行耕

〔註116〕　（清）張朝琮　鄔棠：（康熙）《薊州志》卷三《田賦》，第9～12頁。
〔註117〕　（民國）趙爾巽等撰：《清史稿》卷一二〇，第3494頁。
〔註118〕　（康熙）《寶坻縣志》卷三《賦役志》，第12頁。
〔註119〕　（清）吳翀　曹涵：《武清縣志》卷二《撥補》，國家圖書館藏清乾隆7年刻本。

種或佃租與他人。一般來說，這種撥給的土地往往直接由當地百姓佃種、業主收租：

> （康熙）二十三年（格爾古德）疏言順天、永平、保定、河間等府民田圈作旗產者向以別州縣之地撥換，仍聽彼處民人佃種，令業戶收租供職。遇佃種不償，則額賦無出。其佃地所屬州縣因錢糧考成無涉，不爲催租，致受撥之地多有積逋，官民俱累。請自後令佃地所屬州縣代爲徵解，仍按未完分數與奏銷一例處分。疏下部議行。〔註120〕

從中可見當時撥補的其他州縣土地採取的生產形式如下：所有權歸受撥補民人，土地則由撥補地區當地民人佃種、交租給土地所有人。然而這種土地異地所有經常造成「民居此而地居彼，是以抗租交控膠葛不休」的情況〔註121〕。故而爲了避免這種情況，康熙二十三年格爾古德上疏請由所在州縣代爲徵解。

清初圈地運動打破了明代天津地區官田占主要地位的土地所有制格局，而逐漸形成清代官田、旗地、民田並存的土地所有制結構。在圈地運動進行後不久，天津地區土地所有制仍帶有明顯的明代印記，主要表現在賦役徵收上。隨著圈地運動的結束以及明代官田的消失，天津地區官田數量在清代大量減少，屯地、灶地等各種官田一方面沿襲明代制度，另一方面也在不斷變化，形成清代新的土地制度和經營方式。

第三節　清代土地制度與經營方式的變遷

入清以後，隨著明代原有土地制度逐漸遭到破壞，清代新的土地制度開始形成。民田在天津土地中佔據主要地位。沿襲明制的屯田、灶地等，在土地制度和經營方式上也多有變化。

一、屯田的民地化

明後期以後，天津衛所屯田便多荒廢，屯糧減少。衛所屯丁在清初改爲專職漕運，屯田給衛所軍士佃種，而非明代軍丁份田之舊，「明之設衛也，以屯養軍，以軍隸衛。洎軍政廢而募民兵，屯軍始專職漕運，無漕者受役不息，屯戶大困。清因明之舊，衛屯給軍分佃，罷其雜徭。順治元年……改衛軍爲屯丁……雍正二年從廷臣請，並內地屯衛於州縣，惟帶運之屯與邊衛無州縣

〔註120〕　（光緒）《重修天津府志》卷四十，第 148 頁。
〔註121〕　（清）洪肇楙等纂修：《寶坻縣志》卷五《賦役》，第 262 頁。

可歸者如故。九年，令屯衛田畝可典與軍戶，不得私典與民。」〔註122〕屯軍由於專職漕運，慢慢失去其軍事性質。雍正九年准許屯田田畝可典與軍戶，也使屯田具有了一定程度的私有性，因而屯田開始逐漸向民地轉化。屯田向民田轉化表現在兩個方面，一是屯地開始具有私有化的性質，二是耕種屯地的屯丁身份也開始由兵丁向民戶轉化。但此時的屯地仍有其特殊性，可典與軍戶而不得私典與民。

康熙、雍正時期，改革地方制度，衛所往往被併入附近的州縣，或者直接改爲新設的府、州、縣。衛所官兵或者成爲地方綠營兵，或者專司漕運，或者轉做其他雜務，去向不一。天津三衛屯田的民地化趨勢，便是與清初地方行政制度改革趨勢相統一。康熙四年將天津原有屯田歸併靜海縣納糧，屯田民地化趨勢進一步加強〔註123〕。

清初天津三衛的屯田面積較明代大大減少，賦稅額度也遠不如從前，天津境內漕運兵丁情況大致如下：

> 直隸省通州、天津二所屯地，每畝徵租銀自二分至一錢不等，地方官按年徵收，交該幫所按丁均勻散給。

> 通州所一百九十二頃，坐落順天府屬之通州、三河、武清、香河、平谷，天津府屬之滄州、青縣等州縣境內。天津所八十四頃九十畝零，坐落天津府屬之靜海、青縣、南皮、滄州等州縣境內。順治十三年題定每丁撥給五十畝，其通州所原存地畝未足者，將天津閒地撥補。

> 按查天津運船十七隻，每船軍旗十二名，共屯丁二百零四名。每丁撥給屯田五十畝，共撥給地一百二頃。通州所運船二十隻，屯丁二百四十名，每軍授田五十畝，共撥給地一百二十頃。又辦料船十二隻，屯丁一百四十四名，該地七十三（三應爲二之誤）頃，共一百九十二頃。清查衛地，止存退出夾空香火地四十一頃七十二畝零，不足之數原請以附近保安、宣府地土撥補。因屢經撥補別項，不便再行撥動，將坐落天津等處空閒地土查明撥補贍運。〔註124〕

此時的屯地表現出向民地過渡的趨勢。一方面所有人爲軍丁，而且每軍授田50

〔註122〕 （民國）趙爾巽等撰：《清史稿》卷一百二十《食貨一》，第 3499～3500 頁。

〔註123〕 （清）薛柱斗纂修：《新校天津衛志》卷二《賦役》，第 80 頁。

〔註124〕 （清）沈家本 榮銓等修，徐宗亮 蔡啓盛纂：（光緒）《重修天津府志》卷三十，第 615 頁。

畝，明顯有明代屯田遺風。另一方面，屯地卻交由各地人民租種，收取一定的租銀，可見此時屯地所有權與實際使用權已經分離。雍正三年，改天津衛爲州，將原有軍事轄制改爲民政區域，是天津地方行政區劃的一大轉變。此時劃入部分武清、靜海的臨近土地歸天津州：「雍正三年改衛爲州，（莽鵠立）疏請以天津舊轄之竈遠屯民分隸各州縣，而天津百里內村莊向屬武清、靜海者俱改歸天津。」〔註125〕雍正九年天津設府，天津漕運屯地則多散落在新設的天津府境內。由於軍事建制的撤銷以及屯丁身份的模糊，屯田性質也逐漸淡化。此後雖然乾隆年間曾多次清查漕運屯田，但屯田民地化趨勢已不可復返：

> 乾隆十七年諮準：滄州代徵通州、天津二幫缺額屯地。今清查、丈出通運屯地二十四畝零，每畝照原徵屯租，銀共九錢零，連前徵租地共三十九頃二十七畝零。又丈出津運屯地三頃三畝零，每畝照原徵科則，共銀十五兩，連前徵租地，共四十九頃一十一畝零。均於是年徵租入奏。其青縣代徵通幫缺額屯地，俟查丈追出另諮。

> 二十年諮準：南皮縣代徵天津幫原額贍運屯地三頃七十二畝零，內除奏報徵租地二頃二十五畝零外，實缺額地一頃四十六畝零。今查出地六十一畝零，應照原徵科則，每官租銀五分，共銀三兩，造入十九年奏冊報部。至該縣代徵缺額無著屯地尚有八十五畝零，查出另諮。〔註126〕

> 二十四年議准：直隸轄通州左、右兩所坐落三河等州縣原額屯地一百九十四頃二十三畝三分五釐六毫，每畝原租銀自一分至一錢不等，議令每畝加增自三、五、六釐至一分三釐、一分五釐、二分及三分五釐不等。天津幫左、右兩所坐落青縣、滄州二州縣原額屯地八十四頃四十畝八分二釐，每畝原租銀自三分至六分不等，議令每畝加增自五釐至一分不等，交地方官按年徵收關解該所，散給各軍以資贍運。〔註127〕

可見乾隆時期天津原衛所的軍丁身份多已轉換爲漕運幫丁，加上屯田散落各地以及面積的大大縮小，屯田已完全不復明代時的景象。

〔註125〕（清）沈家本 榮銓等修，徐宗亮 蔡啓盛纂：（光緒）《重修天津府志》卷四十，第 158 頁。

〔註126〕（清）沈家本 榮銓等修，徐宗亮 蔡啓盛纂：（光緒）《重修天津府志》卷三十，第 615 頁。

〔註127〕（清）沈家本 榮銓等修，徐宗亮 蔡啓盛纂：（光緒）《重修天津府志》卷三十，第 616 頁。

二、灶地的合併與裁歸

清代天津灶地屬長蘆都轉運鹽使司管理，分隸青州分司之下各場。由於清代青州分司各場灶多所裁撤和歸併，灶地歸屬也不斷變更。康熙十八年至雍正十年時，青州分司所轄諸場分別為：興國場、富國場、豐財場、濟民場、蘆臺場、越支場、石碑場、歸化場。在天津境內的有興國場、富國場、豐財場和蘆臺場。乾隆以後，濟民場、越支場、石碑場、歸化場四場逐漸廢棄。興國場初在靜海縣鹹水沽，雍正時移高家莊，後移天津；富國場初在靜海鹹水沽，後移天津；豐財場在葛沽，蘆臺場雍正時在寶坻縣蘆臺鎮，後析出寧河縣，歸寧河縣蘆臺鎮。〔註128〕由於場灶的興廢不一，也造成各場灶所屬灶地不斷變遷，但在整個清代，天津灶地數額變化波動並不大。

雍正年間，興國場併入明時所設厚財場灶地。四場灶地具體情況見下表：

表 3.4 雍正四年天津灶地表

場灶 ＼ 地畝	原額灶地（頃）	新增灶地（頃）	原額草蕩地（頃）
興國場	331.302959	0.21	17.90443
興國場並厚財場地	159.226414	0.46	11.37
富國場	463.1233333	6.2	38.73
豐財場	297.3212494	0.26	52.27
蘆臺場	537.64585	2.4	無
合計	1788.6198057	9.53	120.27443

資料來源：（雍正）《長蘆鹽法志》卷六

說明：因草蕩地雖名為取草煎鹽之用，但往往有開發為耕地者，故將草蕩地附入。此外灘地主要為曬鹽之用：「曬必資於灘，故灘有價。煎必資於鍋，故鍋有價」〔註129〕，故不列入。

上表中雍正初年天津灶地有 1788 頃之多，加上新增和草蕩地等，接近 2000 頃，灶地面積相當之大。到乾隆初年，灶地數額並沒有變化，乾隆四年所刊《天津府志》中所記載與雍正志基本相同，詳見下表：

〔註128〕 （清）萃鶘立等修：（雍正）《長蘆鹽法志》卷三，《中國史學叢書初編》第 43 冊，臺北：學生書局，1966 年，第 161～177 頁。（清）黃掌綸等纂 劉洪昇點校：《長蘆鹽法志》卷八《場灶》，北京：科學出版社，2009 年，第 135～136 頁。

〔註129〕 （清）黃掌綸等纂 劉洪昇點校：《長蘆鹽法志》卷十二《賦科下》，第 226 頁。

表 3.5　乾隆四年天津灶地表

場灶 ＼ 地畝	原額灶地（頃）	新增灶地（頃）	原額草蕩地（頃）
興國場	331.302959	0.21	17.90443
興國場並厚財場地	159.226414	0.46	11.37
富國場	643.1233133	6.2	38.73
豐財場	297.3212494	0.26	52.27
合計	1430.9739357	7.13	120.27443

資料來源：（乾隆）《天津府志》卷十三。

上表中，僅富國場的灶地增加較多，其他的大致與雍正四年相同。

蘆臺場在寧河境內，而天津又有設州立府之舉，不隸天津府。但《寶坻縣志》記載乾隆時「地原額五百三十七頃六十四畝五分八釐五毫，新增二頃四十畝。灘原額二百二十二副半。鍋原額三十一面。草蕩地無。」〔註130〕可見乾隆初年蘆臺場灶地數額並無變化。乾隆後期，《寧河縣志》所記載灶地大小略有變化：蘆臺場灶地 369 頃 96.34 畝，每畝額徵銀 0.004654 兩。豐財場灶地 104 頃 89.95 畝，每畝額徵銀 0.002748 兩，草蕩地 41 頃 25.5 畝，每畝徵銀 0.0025636 兩。興國場灶地 7 頃 58.255 畝，每畝徵銀 0.00348 兩。草蕩地 1 頃 51.049 畝，每畝徵銀 0.002675 兩。〔註131〕因乾隆《寧河縣志》所記載僅爲各場坐落寧河縣內灶地情況，無法對各場灶地總面積做出估計。但根據嘉慶九年時天津各場灶地數目可以看出，灶地數目的變化波動依然很小。變化情況見下表：

表 3.6　嘉慶九年天津灶地表

場灶 ＼ 地畝	原額灶地（頃）	新增灶地（頃）	原額草蕩地（頃）
興國場	317.37134	0.21	17.90443
興國場並厚財場地	159.226414	0.46	11.37
富國場	605.1292862	6.20	42.97
豐財場	256.8978	0.26	52.27
蘆臺場	537.64585	2.4	無
合計	1876.2706902	9.53	124.51443

資料來源：（嘉慶）《長蘆鹽法志》卷十二。

〔註130〕　（清）洪肇楙等纂修：《寶坻縣志》卷五《賦役》，第 304 頁。
〔註131〕　（清）關廷牧修，徐以觀纂：《寧河縣志》卷五《賦役志・場灶》，第 19～21 頁。

通過對比上列三表可以看出，從雍正初年至嘉慶九年，天津新增灶地和草蕩地基本保持舊額，僅富國場草蕩地略有增加。灶地中，興國場、豐財場灶地乾隆以後有所減少，蘆臺場保持不變。富國場灶地在乾隆初年增加後，嘉慶時期略有減少。從中可以大致看出，清政府對灶地控制很嚴，才能使得灶地數目能夠如此穩定。清朝曾多次清查灶地以加強控制，如「（順治十六年）田六善查出北廠石碑灶地虛額包課、蘆臺場欺隱、越支場影佔地共一千七百四十五頃九十五畝六分九釐五毫。」〔註132〕雍正三年經莽鵠立疏請，嚴灶地之禁：

> 大理寺卿仍管理巡鹽御史莽鵠立疏言：長蘆灶地因久未清查，圖冊無存，難以遵守，以致民灶爭控不已。請照民地之例，將灶戶灘地或有從前售與民人者，無論典賣均許其回贖。無力者許見種之，名報明鹽法衙門註冊，認納錢糧，勿得隱匿，俟原業灶戶有力之日再行回贖。如有失迷侵佔，一經查丈得實，斷歸灶業，嗣後不許私行典賣。如有侵佔，照欺隱錢糧律治罪。但灶地界連兩省，相應題明，交直省督臣、山東撫臣專委地方大員督各州縣會同分司場官，凡民地、灶地錯雜之處細加丈量。將灶灘、灶地另造魚鱗清冊，四至畝數、佃戶姓名開載圖籍，呈報督撫並臣衙門，分送部科查核。遇該州縣、場員升遷、更換，務將冊籍遞相交代，永遠存案。下部議行。〔註133〕

清廷對灶地控制雖然較嚴格，但由上表也可看出灶地數額在嘉慶朝已經開始出現鬆動，只是這種鬆動並未影響大局。

道光以後進一步對灶地進行調整，將興國場歸併豐財場，並將富國場散出各地者分別劃撥各州縣，各地灶地數額發生變動。劃撥後的灶地分佈狀況大致爲：「豐財場，在葛沽，天津縣屬場……灶地二百五十六頃八十九畝七分八釐，每畝按徵課銀。新增灶地二十六畝，每畝按徵邊布銀。草蕩五十二頃二十七畝，每畝按徵課銀……（又並興國場原額）灶地三百十七頃三十七畝一分三釐，又原並厚財場地一百五十九頃二十二畝六分四釐一毫，每畝按徵課銀。新增灶地二十一畝，又原並厚財場四十六畝，每畝按徵邊布銀。草蕩十七頃九十畝四分四釐三毫，又原並厚財場蕩十一頃三十七畝，每畝按徵課

〔註132〕　（清）莽鵠立等修：（雍正）《長蘆鹽法志》卷三，第 143 頁。
〔註133〕　（清）沈家本　榮銓等修，徐宗亮　蔡啓盛纂：（光緒）《重修天津府志》卷三十二，第 641 頁。

銀。」〔註134〕富國場裁歸各縣的灶地以天津縣所得最多，「直隸天津縣道光十一年以富國場裁歸縣屬，按額徵課……灶地三百六頃三十四畝五分四釐二毫，每畝按徵課銀。新增灶地六頃二十畝，每畝按徵邊布銀。新首灶地十一頃十二畝五分，每畝按徵地銀。草蕩三十六頃九十一畝，每畝按徵課銀。新首草蕩四頃二十四畝，每畝按徵課銀。灘地二十四畝三分，每畝按徵課銀。」〔註135〕同年富國場裁歸靜海縣的灶地面積爲「灶地九十八頃七十四畝九分三釐四毫，每畝按徵課銀。草蕩一頃八十二畝，每畝按徵課銀」，裁歸滄州的爲「灶地四頃七十畝八分八釐三毫」，南皮縣「灶地一百三十五頃二十八畝四分九釐八毫」，鹽山縣「灶地二十一頃四十二畝八分六釐二毫」，慶雲縣「灶地八頃八十四畝八分五釐七毫」，道光十二年又裁歸青縣灶地「九頃四十五畝七釐八毫」〔註136〕。通過將道光時期灶地與此前歷朝對比也可發現，直至道光時期，灶地總額仍舊變化不大。故清代天津場灶雖屢經調整，但灶地總額穩定，爲此時一大特點。

三、學田普遍設立

明代學田較少，見於記載的有三處，二處爲天津衛的學田，一處爲寶坻學田，主要由個人捐贈而來。根據現存有關清代學田的資料，清代天津各地學田的設立較明代普遍。清代學田包括官學田、書院田以及義學田等，天津各地均有存在，「專資建學及贍恤貧士，佃耕租而租率不齊」〔註137〕。不過學田在明清天津土地數額中所佔比例較小，屬於官田的一種。此外學田不入政府賦役，「學田、籍田雖不入賦役，而一以造士，一以勸農」〔註138〕。

官學田在學田中相對數量最大，設立時間也較長久。天津最初的官學田是繼承明代衛所學田：「一坐落天津河北武清縣，納糧地八十一畝六分，係前任天津道石聲諧捐俸銀一百五十七兩九錢五分。一坐落尖山，共地二十六頃，係天津衛學生員侯倬義捐。屢被侵佔，於康熙九年蒙天津道毛（壽登）、清軍

〔註134〕（清）沈家本　榮銓等修，徐宗亮　蔡啓盛纂：（光緒）《重修天津府志》卷三十二，第 641～642 頁。
〔註135〕（清）沈家本　榮銓等修，徐宗亮　蔡啓盛纂：（光緒）《重修天津府志》卷三十二，第 643 頁。
〔註136〕（清）沈家本　榮銓等修，徐宗亮　蔡啓盛纂：（光緒）《重修天津府志》卷三十二，第 643～646 頁。
〔註137〕（民國）趙爾巽等撰：《清史稿》卷一二〇，第 3497 頁。
〔註138〕（清）洪肇楙等纂修：《寶坻縣志》卷五《賦役》，第 285 頁。

廳章（國佐）斷明歸學。」〔註139〕靜海縣學學田「灘子頭村六頃十五畝，王
家莊二頃二十一畝，歲租均歸儒學經理」。〔註140〕官學田面積一般不是很大，
如天津衛學田才二十餘頃，其他武清、寶坻、寧河和薊州等地的官學田亦是
如此。寶坻縣學田在乾隆時「原額學田四十七頃二十八畝二分，內學院田一
頃二十一畝，徵銀八兩六分六釐，穀一十二石二斗七升六合。儒學田四十三
頃三畝三分，除年久迷失三十七頃六十三畝九分，現存五頃三十九畝四分，
徵銀九兩二錢七分二釐四毫。又康熙十一、十二、十三、十四等年開荒地三
頃三畝九分，徵銀五兩七釐六毫八絲。共地九頃六十四畝三分，徵銀二十二
兩三錢四分六釐八絲，穀一十二石二斗七升六合，由藩庫奏銷。」〔註141〕天
津其他地方的學田，「武清縣學田，其地四十畝，坐落乂光村、南王家鋪；
寧河縣學田，南孟家莊地八十七畝，園地七畝，國朝乾隆三十三年置。薊
州學田，糧地一頃二十畝，坐落關廂里密河莊，河荒地六十五畝，坐落桑
園莊。〔註142〕上述武清縣學田只有四十畝。寶坻縣原有四十餘頃，後不知不
覺喪失以致僅餘九頃多。薊州學田不到二頃。這些都說明學田在天津地畝中
所佔面積相當之小。

　　清代天津各地書院田大量出現，反映了其時文教的發展，是清代的特色
之一。天津各地書院建立較晚，多爲乾隆以後所建。天津輔仁書院便是道光
七年所建，有自己的田地：「輔仁書院，在城西北文昌宮旁，舊爲海潮庵。道
光七年縣人侯肇安等捐建，天津道金洙撥款生息，知府陳彬、知縣沈蓮生捐
貲置地，收租爲歲用經費。」〔註143〕當事人金洙所撰《輔仁書院碑記》記述
道：

　　　　道光七年，歲在丁亥之春。余自保陽觀察天津，下車未久，值
　　郡人士重修文昌宮落成……時郡守陳公捐施地九百餘畝，邑令沈公
　　捐施地二百餘畝，歲入其租用助膏火。就廟旁海潮庵立爲輔仁書院，

〔註139〕（清）薛柱斗等：《新校天津衛志》卷三《崇祀》，第152頁。
〔註140〕（清）沈家本 榮銓等修，徐宗亮 蔡啓盛纂：（光緒）《重修天津府志》卷三
　　　　十五，第692頁。
〔註141〕（清）洪肇楙等纂修：《寶坻縣志》卷五《賦役》，第285～286頁。
〔註142〕（清）周家楣等修，繆荃孫等纂：（光緒）《順天府志》卷六十二，第585～
　　　　586頁；（清）關廷牧修，徐以觀纂：《寧河縣志》卷三《建置·學宮》，第5
　　　　頁。
〔註143〕（清）沈家本 榮銓等修，徐宗亮 蔡啓盛纂：（光緒）《重修天津府志》卷三
　　　　十五，第687頁。

甄定生童額數八十名，酌議條規，入則學規十六則，交執事人等遵
　照辦理。議甫定，郡人士請記於余以示將來。〔註144〕

靜海縣書院田無記載。書院田出現最多的在武清、寶坻、薊州和寧河幾地。
武清縣慶成書院乾隆間邑人曹涵父「添買地一百八十畝，合成三頃，取給膳
修，書院亦立焉」〔註145〕，奎文書院「道光五年知縣劉體仁以流抵舊宅購置，
揆治東大士廟歸公田六百五十餘畝爲膏火資」〔註146〕。寶坻縣泉州書院「道
光十五年知縣許瀚、咸豐六年武生白龍田輸捐置田畝，歲收息租制錢一千七
百二十八緡，銀二十兩。」寧河縣渠梁書院「乾隆四十四年侍讀吳肇元建……
大學士杜立德捐地三段，一在文昌祠左，園地十二畝七釐五毫；一在祠後窪，
園地六畝一分二釐五毫；一在東窪，園地九畝三分三釐五毫。」〔註147〕薊州
漁陽書院，「在薊州廣福寺西，乾隆五十七年知州劉念拔立祠以致崇報（梁肯
堂）……嗣奉梁公命改作書院……膏火地一頃七十五畝二分一釐……後歸入
洗心書院……洗心書院亦坍塌無存，所有書院膏火歸入義學。」〔註148〕從文
中可以看出，各地書院田的來源多爲官紳置地。

　　除了官學田、書院田外，義學田也在清代大量出現。義學田有官設者，
有捐助者。天津義學田設立於康熙年間，「（義學）一在西門內城隍廟東，一
在河東，一在東門內，一在北門內大儀門口，俱康熙四十七年天津道李發甲
詳建。有地在葛沽，歲入租銀、租米支給四館。」〔註149〕這塊義學田詳細地
畝及租入如下：「葛沽地共五頃一十一畝七分二釐，內房身場園地七十二畝三
分六釐，除建屋外，淨園地五十四畝五分，共納租銀二十二兩三錢二分。莊
房八十二間，除倒壞房及官房、碾房、空房、莊頭住房不起租外，實起租房
五十八間，每間租銀六錢。內撥莊頭每間工食銀五分，並完地糧銀四兩八錢
二分，每年實收租銀二十七兩八分。水稻地四頃十三畝九分六釐，內除無租
硬地四十五畝六釐，又撥莊頭工食地三十畝，實起租稻地三頃三十八畝九分，
每年納租米九十三石二斗五升。雍正四年天津道每畝減租米五升，每年實收

〔註144〕　（清）沈家本　榮銓等修，徐宗亮　蔡啓盛纂：（光緒）《重修天津府志》卷三
　　　　　十五，第687頁。
〔註145〕　（清）吳翀　曹涵：《武清縣志》卷十二《序》，頁7～8。
〔註146〕　（清）周家楣等修，繆荃孫等纂：（光緒）《順天府志》卷六十二，第589頁。
〔註147〕　（清）周家楣等修，繆荃孫等纂：（光緒）《順天府志》卷六十二，第589～590頁。
〔註148〕　（道光）《薊州志》卷三《建置》，第22頁；（光緒）《順天府志》卷六十二，第593頁。
〔註149〕　（清）沈家本　榮銓等修，徐宗亮　蔡啓盛纂：（光緒）《重修天津府志》卷三
　　　　　十五，第688頁。

租米七十六石二斗五升二合五勺。」〔註150〕天津義學田爲官方設置，靜海縣義學田則爲徐廷本個人所捐，「廷本成立，克承父志教授，省衣節食，置本邑後補屯田民地二頃零五十八畝五分，遵遺命輸義學爲諸生膏火資。」〔註151〕武清、寶坻等地義學田也多爲個人所捐設，如武清縣義學「有田百畝，在縣治東北郭邱家莊里三甲，並李氏捐助。」寶坻縣義學「一在縣西街，康熙二十二年重建，邑人趙興治捐田一頃，知縣路坦有記」。〔註152〕

綜上所述，清代天津學田面積雖然不大，但呈現出普遍設立並以多種方式存在的特點。書院田和義學田多是由官方設立或士紳捐助，其中士紳捐助爲書院學田的重要來源。如薊州洗心書院乃爲「且酌撥地畝並亭北一帶水田歲中所入爲修脯之資」〔註153〕，漁陽書院「其經費向恃薄田數十畝，每歲約得制錢十餘緡，又爲義學之用。今則除修葺之外，餘銀二千五百兩，發商生息，歲可得三百金，以充膏火之費」〔註154〕。武清慶成書院「雍正二年封太史曹傳建設，內學田三頃」〔註155〕。寧河渠梁書院「香火園地三段共二十七畝五分三釐五毫，係大學士杜立德自捐」〔註156〕。以上無不說明士紳捐助對書院田存在的重要作用。儘管書院田數量不大，但其普遍設立以及官方、士紳對其的支持是天津當地文教事業發展和繁榮不可或缺的因素。

除上述地畝外，天津當地還曾經出現名目不一的其他地畝，如窯柴地、屯墾地等。「(窯柴地) 弘治五年修城，奏復之，每年抽分蘆葦並收子粒共計價銀貳百伍拾餘兩，收貯在官，均支造磚。查得窯柴地土先年郭、烏二爵奏討莊田，自行收租，後於隆慶三年奉例追奪還官，改爲進宮及備邊等項，各官舍佃種聽三衛徵收關解，靜海解府匯解，於順治十二年歸併靜海縣，每畝

〔註150〕 （清）朱奎揚 張志奇 吳廷華：(乾隆)《天津縣志》卷八《學校志》，第83頁。
〔註151〕 （清）沈家本 榮銓等修，徐宗亮 蔡啓盛纂：(光緒)《重修天津府志》卷四十三，第259頁。
〔註152〕 （清）周家楣等修，繆荃孫等纂：(光緒)《順天府志》卷六十二，第599～600頁；（清）吳翀 曹涵：《武清縣志》卷十一《碑記》，頁25～26。
〔註153〕 （民國）仇錫廷等纂修：《薊縣志》卷十《藝文志·雜著·洗心書院碑記》，第695頁。
〔註154〕 （民國）仇錫廷等纂修：《薊縣志》卷十《藝文志·雜著·重修漁陽書院碑記》，第704頁。
〔註155〕 （清）吳翀 曹涵：《武清縣志》卷一《學校》，國家圖書館藏清乾隆7年刻本。
〔註156〕 （清）丁符九、談松林：(光緒)《寧河縣志》卷三《建置·書院》，《中國地方志集成·天津府縣志輯》第6冊，第174～175頁。

徵銀壹分，抵補本縣不敷銀兩。」〔註157〕屯墾地：「康熙中，招墾天津兩翼牧地，計畝二萬一千五百餘。乾隆時，丈直隸馬廠地振業貧民，命曰恩賞官地。」〔註158〕屯糧地：「（黃崖關）邊儲屯糧地三頃四十九畝七分。（將軍石關）邊儲屯糧地五十五畝一分。」〔註159〕

八旗圈地、屯田、灶地、學田等等均爲官地。隨著時間的推移和社會的發展，官民田土逐漸趨於定型。民地開始在天津地區土地結構中佔據主導地位，並形成清代天津新的賦役內容。後修方志將天津民田賦稅情況概括如下：

> 田賦所出，莫非民地。然析言之大較有九，一曰民地，別旗圈
> 地而言也；一曰船地，昔運南漕船戶受地，船裁則收地入額，亦謂
> 之收地；一曰兌補地，蓋民地被圈補，以官屯者也；一曰備邊地，《會
> 典》所云山邊、水邊、草邊者是，東安縣有水邊，餘難盡析，備充
> 邊餉，故名；一曰續邊地，初侵自網戶，而續經核出，其科視邊地
> 例；一曰馬房地，即明牧馬廠，廠廢而地墾；一曰夾空地，此訂《賦
> 役全書》後所丈出者，報墾之界於旗民兩地亦爲夾空；一曰衛地，
> 即明燕山、神武、永清、彭城、騰驤、金吾六衛之地。衛除而地復
> 屬民；一曰增地，則爲備邊，馬房等地之已荒復墾者。〔註160〕

是知清代田賦主要來源包括了民地、船地、兌補地、備邊地、馬房地、續邊地、夾空地、衛地、增地等不同名號的地畝，逐漸形成了以民田爲主體的賦稅形式。

〔註157〕（清）薛柱斗等：《新校天津衛志》卷二《賦役》，第81頁。
〔註158〕（民國）趙爾巽等撰：《清史稿》卷一二○，第3498頁。
〔註159〕（清）張朝琮 鄔棠：（康熙）《薊州志》卷二《公署·關隘》，第49頁。
〔註160〕（清）周家楣等修，繆荃孫等纂：（光緒）《順天府志》卷五十一，第427頁。

第四章　賦役與農業負擔

　　明代天津官田爲主、民田爲輔，在賦稅上也表現出官田所徵收賦稅多於民田之現象。明後期隨著賦役制度的改革，官民田土徵銀成爲趨勢，此爲明末天津賦稅徵收特點之一。在賦役徵收中較爲突出的是——明代天津徭役負擔相當繁重。天津當地承擔著各式各樣繁複的徭役，一直延續到明末。到清代，隨著天津衛所的實土化以及農業地畝的劃割，天津農業負擔呈現出了新的特點。早期殘留有明顯的明代痕跡，同時兼具受清代圈地所影響而形成的旗地特色。清初，較爲困苦小民的則是剝船徭役之苦。

第一節　明代官民田土賦役與徵銀趨勢

　　《明史》中將明代賦役制度概括爲：「冊有丁有田，丁有役，田有租。租曰夏稅、曰秋糧，凡二等。夏稅無過八月，秋糧無過明年二月……役曰里甲，曰均徭，曰雜泛，凡三等。以戶計曰甲役，以丁計曰徭役，上命非時曰雜役，皆有力役，有雇役。」〔註1〕此處主要是指民田，而大量官田由於所有者和土地性質的差異，採用形形色色的賦役徵收方式。明後期各處官田一般給民佃種，採取洪武舊制，每畝徵銀三分，如弘治十年以採草不便，將天津等八衛官軍在興濟等縣「草場地二千八百八十餘頃給民耕種，畝徵租銀三分，歲以十月解部，候官軍該關草時，每束給銀五釐，令買草飼馬。」〔註2〕寶坻縣「（宮莊馬房等地）俱係各佃戶承種，常年選編地多有力之家自收自解，中間並不失額。」〔註3〕隨著嘉靖、萬曆年間一條鞭法的逐漸推行和普遍，天津地區的賦役狀況變化

〔註1〕　（清）張廷玉等：《明史》卷七十八《食貨二》，第1893頁。
〔註2〕　《明孝宗實錄》卷一二二，弘治十年二月癸酉朔條。
〔註3〕　（明）劉邦謨、王好善輯：《寶坻政書》卷四《賦役書》，第339頁。

較大。最明顯的便是賦役由徵收實物和各役徵銀並行逐漸向統一徵銀轉變，反映了這一時期實物地租向貨幣地租轉化的趨勢。上述變化有兩個表現，一是以銀兩為單位來折算賦役的徵收，二是賦稅中夏稅、秋糧部分折銀的出現。

天津衛、天津左衛、天津右衛三衛屯田由於性質特殊，賦役徵銀方面表現不太明顯。軍士屯田初「畝稅一斗，（洪武）三十五年定科則，屯田一分，正糧十二石，貯屯倉，聽本軍自支，餘糧為本衛所官軍俸糧。」〔註4〕後天津三衛屯田賦稅多有變化，正統十二年準改鈔為納米，「直隸天津右衛所千百戶弟男歲負地畝鈔貫詔準納米，每畝視民田起科，徵米五升三合五勺，草一束亦折五升，於本衛上倉。」〔註5〕十四年「命天津、武清二衛屯地鈔改徵米，每畝五升三合五勺，不納米者折草一束。」〔註6〕嘉靖三年曾以天津地畝貧瘠，請免賦稅，不得行，「巡撫都御史劉麟言天津三衛新增地畝多為鹵磽磅確，不足以辦子粒，請皆罷免。戶部言屯田舊額僅千餘頃，弘治中雖增五倍，而所減子粒視舊亦三之二，勢不得盡蠲，請下撫按及兵備副使驗實奏處。從之。」〔註7〕嘉靖時期「天津衛原額地九千二百二頃四十三畝八分零」〔註8〕，實際的屯田地畝遠遠小於此數，根據嘉靖、萬曆時期方志記載，可見當時天津三衛屯田概況：

表 4.1 嘉靖萬曆時期天津衛所屯田表

衛所 ＼ 名目	地畝（頃）	徵糧（石）	黑豆（石）	新增銀（兩）	丁地銀（兩）
嘉靖 天津衛	391.57	4293.1575			
嘉靖 天津左衛	326.66	3697.1985			
嘉靖 天津右衛	173.04	3166.179			
萬曆 天津衛	1053.3539	4248.43	34□.11	890.052	4039.3962
萬曆 天津左衛	665.44	2917.615	254.698	460.024	4029.38852
萬曆 天津右衛	639.5121	3142.453	213.25	440.826	3565.53
萬曆 海防水陸營	80	16000			

資料來源：《嘉靖河間府志》卷八《財賦志·屯田》；《萬曆河間府志》卷五《財賦志·屯田》。

〔註4〕 （清）張廷玉等：《明史》卷七十七《食貨一》，第1884頁。
〔註5〕 《明英宗實錄》卷一六〇，正統十二年十一月辛亥條。
〔註6〕 《明英宗實錄》卷一七八，正統十四年五月甲午條。
〔註7〕 《明世宗實錄》卷四三，嘉靖三年九月壬戌朔條。
〔註8〕 （清）沈家本 榮銓等修，徐宗亮 蔡啓盛纂：（光緒）《重修天津府志》卷二十八，第577頁。

由上表可以看出，無論嘉靖還是萬曆時期，實際屯田數額均遠遠小於原額九千二百二頃。萬曆時期天津屯田面積遠較嘉靖時期多，乃是萬曆九年清丈屯田所致，「（萬曆十年）屯田御史王國題清丈過北直隸各州縣軍衛關營共二百七十處，應豁虛增地一千一百四十頃六十七畝有奇，浮銀三千七百四十二兩有奇，浮糧六百五十石有奇。另起科地九千六百七十三頃九十七畝有奇，增銀五千四百七十八兩有奇，增糧三百三十四石有奇。達官故絕另科備邊地四百四十三頃七十四畝有奇，徵銀八百一十三兩有奇。」〔註9〕兩個時期稅收名目也不相同，新增銀是「稅餘田以爲存留之用，名曰新增糧」〔註10〕，後改徵銀，所徵地畝多爲清丈所查出之地。海防水軍營爲萬曆二十九年汪應蛟在此興屯所設，「坐落葛沽、白塘口等處，原額兵二千五百名，內除哨柁桩等役五百名不屯外，實屯田兵二千名。每名授田四畝，每畝納水稻二石。（自三十四年起亦有多少不等，遇歲歉申請豁免。）」〔註11〕。當時新設的還有天津左右兩營，坐落何家圈，萬曆三十五年因收穫不足，申允罷種，任從長蘆兩營官兵盡皆採樵。

賦役徵銀在武清縣、寶坻縣、薊州、靜海縣等地表現較爲明顯。對比有關嘉靖和萬曆年間天津賦役徵收的記載，便可以看出上述變化。嘉靖年間，武清縣、寶坻縣賦役徵收狀況爲：

> （武清縣）官民地，二千七百四十三頃四十八畝四分四釐四毫，夏稅小麥八百七十石一斗四升一合六勺二抄三撮六圭四粒，秋糧粟米二千二十五石四斗八合四勺五抄五撮一圭六粒，馬草九萬一千四百二束六分六釐一毫，農桑絲折絹四十二匹四十七分五釐，人丁絲折絹一百二十四匹一丈八尺，武清衛原額屯糧一千九百五石五斗二升八合一勺。

> 力差銀二千五百六十五兩五分，銀差銀二千五百一兩九錢七分。

> （寶坻縣）官民地八百六十一頃六十三畝□分五釐二毫四絲，夏稅小麥四千六百二十三石五斗四升五合五勺三抄七撮四圭，人丁

〔註9〕 《明神宗實錄》卷一二五，萬曆十年六月壬子條。
〔註10〕 （明）樊深撰：（嘉靖）《河間府志》卷八《財賦志·屯田》，第21頁。
〔註11〕 （明）杜應芳修、陳士彥　張文德纂：（萬曆）《河間府志》卷五《財賦志·屯田》，第46頁。

絲折絹三百二十三匹。官民田地二千二十頃四十七畝三分五釐五毫六絲，秋糧粟米一萬八百四十一石七斗七升二合九勺二抄六圭，稻米五十三石五斗，稻草一千束，穀草一十九萬八千九百六十七束二分一釐五毫六絲。農桑絲官民地四十二頃五十一畝五分，農桑絲折捐一百六十二匹二丈七尺八寸九分二釐六毫，地畝花絨三百三十九斤一十五兩五錢六分。

力差銀三百六十四兩八錢一分二毫，銀差銀三千五百九十一兩六錢二分五毫三絲一忽。〔註12〕

可見嘉靖時期官民田土多徵本色，「役」則照舊增收銀兩，各種「役」也尚未與地畝合併徵收。根據《寶坻政書》，萬曆中期寶坻賦役徵收時，夏稅秋糧開〔註13〕始部分折銀，而且以銀爲核算標準。寶坻舊額民地六千八百八十四頃五十畝，每畝徵銀二分一釐一毫五絲，實際民灶地八千四十五頃九十一畝五分五釐，每畝徵銀一分四釐九毫〔註14〕。畝徵銀由於或加派、或減免，賦稅偶有變化。

表 4.2　萬曆中期寶坻賦役表

税名 ＼ 分類	總徵銀額(兩)	本色豆（石）	徵銀（兩）	地畝數額（頃）
夏稅	680.9244	961.9895	300.328	8045.9155
秋糧	1123.6956	1532.07	510.7787	
馬草	1954.265	4510.6625	150	
宮莊地	3810			1900.4729〔註15〕
給爵地	3897.2959			1325.7082
馬房地	8584.3365			3458.664
銀力二差	9407.2572			
里甲經費	2687.4915			

資料來源：《寶坻政書》卷四，第336～339頁。

〔註12〕（明）楊行中纂輯　劉宗永校點：（嘉靖）《通州志略》卷四《貢賦志・田稅》，第57～58頁。

〔註13〕萬曆十五年，袁黃始任寶坻知縣，在任五年。袁黃的門生劉邦謨、王好善將袁黃在任期間的施政文書輯結成書，是爲《寶坻政書》。是知《寶坻政書》所反映者爲萬曆中期之情況。

〔註14〕（明）劉邦謨、王好善輯：《寶坻政書》卷四《賦役書》，第336頁。

〔註15〕此處原文作：「宮莊地共一千九百四十七畝二分九釐，歲徵銀三千八百一十兩」，應有脫字，參照下文，姑做1900頃。

　　以上夏稅秋糧馬草銀額 3758.885 兩，宮莊馬房等官地徵銀 16291.6324 兩，役銀 12094.7487 兩，總計 32145.2661 兩。夏稅秋糧馬草銀占 11.69%，宮莊馬房等銀占 50.68%，役銀占 37.63%。由此可見，寶坻縣賦役徵收中仍是官地為主，民灶等地為輔。役銀是地稅銀的 3.2 倍，反映出當地承擔役之繁重。此時，寶坻縣賦役稅銀的徵收，已經無論本色折色均用銀來表示，賦役折銀這一趨勢已經十分明顯。由上表中也可見，寶坻賦役中有徵收黑豆一項，與天津衛相同，不知起於何時。較早的記載見於萬曆元年，「改納密鎮本色米草為料豆。先是各倉匱乏，民運盡改本色。後漕糧既增，積貯有餘，本色草束徵收不便，輸運又難，閣臣汪道昆曾欲改納黑豆。至是戶部從督撫議，通州及三河、寶坻、密雲、平谷四縣民運除額派內府、光祿寺外，盡改徵黑豆，照所定龍慶、石匣、熊兒谷、鎮虜營各倉上納，計銀一萬七千一百二十兩有奇，該納豆四萬二千八百石有奇。每豆一石定銀四錢，豐收平價照納本色。如年歲不登，徵銀解密雲分司，候給客兵願支折色者。」〔註 16〕在袁黃離任寶坻的當年——即萬曆二十一年所修《順天府志》中，賦役稅額更是直接簡化為用各地徵銀數表示，詳見下表：

表 4.3　萬曆年間武清寶坻薊州梁城所賦役徵銀表（單位：兩）

州縣　名目	武清	寶坻	薊州〔註 17〕	梁城所	分項合計
起運夏稅	562.2762	519.9382	413.6188		
存留夏稅	232.1818	169.548	190.3884		
起運秋糧	878.311	697.943	704.5555		
存留秋糧	532.1829	404.2636	436.3124		11497.0398
起運馬草	2485.815	763.865	518.99		
存留馬草		1190.4	796.45		
起存戶口鹽鈔	200.64〔註 18〕	205.12	58.212		

〔註 16〕《明神宗實錄》卷十八，萬曆元年十月辛亥條。
〔註 17〕明代薊州下轄玉田、豐潤等縣，非僅僅包括現今天津薊州區，而當時現今薊州區的賦役詳情無法從薊州釐出，故直接用薊州賦役情況以作參考，特此注明。
〔註 18〕志書中記載為「起運戶口鹽鈔」，特此注明。

進宮子粒	4643.3295	3810		1118.7914	
馬房子粒	4639.254	8584.3165	6179.03		46171.7888
備邊	840.0036	1032.2722	1106.2518		
給爵	6700.318	3527.1249	3527.1249		
站糧	5087.4426	4457.471	1465.9855		
經費銀	1340.88	2313.3125	2685.5		41923.8491
柴薪銀	12	48	36		
編頭	7919.362	9011.1577	7546.7378		
總計	36073.9966	36734.7326	25665.1571	1118.7914	99592.6777

資料來源：（萬曆）《順天府志》卷三《食貨志》。

上表中，夏稅秋糧二稅占稅收總額的 11.54%，各種役銀經費銀占 42.1%，官地稅銀占 46.36%。明代莊田等官田開始是自行管業，徵納租稅，到中後期由州縣代爲徵收，再分別解送與各勳戚使用。上表不僅反映了上述情況，同時也反映在天津，官地在賦役稅額中佔有相當比重，幾乎將近一半。表中未計入天津三衛等衛所屯田稅額，衛所屯田亦是官田的一種，如果加上屯田所徵收的稅額，官田在賦役徵收總數中所佔的比例則會更大，超過一半以上。

嘉、萬時期賦役制度的這種轉變在靜海縣也有所表現：

> 萬曆四十二年新審人户以丁計者五千五百三十丁（共徵丁銀一千五百五十兩八錢八分），民灶等地以頃畝計者大地五千一百七十一頃九十一畝四分七釐八毫，每大地一畝合小地三畝六分，共小地一萬八千四百七頃三十五畝。

> 萬曆四十二年實徵：小麥一千一百三十二石四斗六升六合，各折不等，共銀九百九十六兩三錢一釐二毫（内起運京邊小麥八百七十一石，折銀七百九十九兩二錢七分五釐，存留小麥五百六十一石四斗六升六合，内除長蘆官倉小麥三百石，折銀一百九十五兩奉文解部濟邊，實徵小麥二百六十一石四斗六升六合，折銀一百九十七兩二分六釐一毫），人丁絲折絹二百九十七匹四丈九寸九分，折銀二百一十三兩三錢九分六釐六毫五絲一忽八微七纖（内起運京邊絹二百八十九匹二丈五尺九寸九分，折銀二百七兩四錢六分八釐五毫二絲六忽八微七纖，存留絹八匹一丈五尺，折銀五兩九錢二分八釐一毫二絲五忽，存留府庫農桑絲折絹三十六匹五尺六寸六分，折銀二十五兩五錢九分六

釐二毫），秋糧二千六百四十五石一斗六升八合八勺，折銀二千二十

八兩九錢五分三釐二毫六絲四忽（內起運京邊糧一千五十九石，折銀

一千二百五兩四錢六分八釐八毫六絲四忽，存留糧一千五百八十六石

一斗六升八合八勺，折銀八百二十三兩四錢八分四釐四毫），京庫地

畝棉花絨二百二十四斤一十四兩，折銀二十四兩四錢八分七釐五毫

（俱起運）。馬草三萬九千三百六十六束六釐七毫，折銀一千六百五

十兩三錢二分九釐六毫七絲（內起運京邊馬草三萬八千五百八十束，

折銀一千六百三十兩六千七分八釐，存留草七百八十六束六釐七毫，

折銀一十九兩六錢五分一釐六毫七絲。）〔註19〕

上文中，夏稅、秋糧、人丁絲絹等均折收銀兩，但同時也記載了原徵本色數
目，反映了轉變過程中原有賦役制度的影子。除上文數額外，靜海縣有新勘
明荒地，也徵收一定的賦稅，「節年奉屯院明文督所屬開墾荒地，每畝徵銀一
分解部充餉備邊，有增無減⋯⋯丈後備荒改備邊銀四兩二錢七分七釐，充餉
銀五十兩九錢四分九毫五絲。」〔註20〕另外，靜海縣還有一定數量的官莊田：
乾清宮莊田六百一頃八畝四分四毫，壽陽公主五百頃，德平伯李十二頃一十
畝八分七釐八毫六絲，錦衣衛正千戶李奈、秦奉六頃九十二畝三分六釐，錦
衣衛都督陸一百七十五頃五十六畝，以上每畝徵銀三分。備邊銀一千三百四
十二兩六錢七分□□□毫九忽九微。〔註21〕莊田每畝徵銀三分，與洪武舊例
同。役銀的徵收數額為：「銀差銀一千九百九十六兩六錢八釐四毫八絲，力差
銀四千三百八十兩七錢。額支銀一十三兩二錢七分五釐，待支銀二百五十七
兩一錢八分二釐九毫，雜支銀三百六十四兩二錢。〔註22〕上述莊田徵銀
3887.26758 兩，備邊銀 1342.67 兩，加上地畝馬草銀約 4913.4791 兩，開墾荒
地銀 55.2265 兩，役銀 7012.0425 兩，萬曆四十二年徵收賦役總額約為
17210.68568 兩。其中，役銀約占 40.74%，莊田、牧馬草場等官田銀徵銀
6935.49375 兩約占 40.3%，民田等徵銀約占 18.96%。從中可以看出，靜海縣

〔註19〕（明）杜應芳修、陳士彥 張文德纂：（萬曆）《河間府志》卷四《財賦志・戶
　　　　口》，第23～35頁。

〔註20〕（明）杜應芳修、陳士彥 張文德纂：（萬曆）《河間府志》卷五《財賦志・屯
　　　　田》，第49～50頁。

〔註21〕（明）杜應芳修、陳士彥 張文德纂：（萬曆）《河間府志》卷五《財賦志・官
　　　　莊》，第53頁。

〔註22〕（明）杜應芳修、陳士彥 張文德纂：（萬曆）《河間府志》卷五《財賦志・徭
　　　　役》，第67頁。

役銀與武清、寶坻、薊州等地相對值差不多，官田所佔比例則小於三地。

綜合以上可以看出，明中後期天津農業有兩大負擔：一是役銀太重，各地役銀在賦役總額中所佔比例很高；二是莊田、牧馬草場等官田佔有大量地畝，制約農業生產發展。武清、寶坻、薊州等地官田佔有比例相當之高，民田等徵收所得賦稅不到賦役總額的 10%，而官田卻達到將近 70%。這就導致了小民耕地有限，卻要負擔相當重的役負，如武清寶坻等地役銀是夏稅秋糧的 3.04 倍，靜海縣役銀是夏稅秋糧等的 2.15 倍。無怪乎當地普受徭役、官地之累而苦不堪言了，如「河間田賦有夏稅，有秋糧，皆一定之正額也。而兼有養馬之費，民之苦於此者猶多也。其後復有池窪魚課之稅，官莊子粒之稅，屯田新增之稅，視前益相遠矣。其站地、餘地等錢又皆自正德以來起之也，孰謂田賦有定耶！」〔註23〕

第二節　明代沉重的應役負擔

上文賦役徵收已可看出，明代天津各地役銀爲正賦的 2 倍以上，役銀無論是從絕對數量上還是相對值上都在賦役中佔有相當的比例。《明史》對明代的役稱：「丁有役，田有租……成丁而役，六十而免……役曰里甲、曰均徭、曰雜泛，凡三等。以戶計曰甲役，以丁計曰徭役，上命非時曰雜役，皆有力役，有雇役……凡役民，自里甲正辦外，如糧長、解戶、馬船頭、館夫、祗侯、弓兵、皂隸、門禁、廚斗爲常役，後又有斫薪、抬柴、修河、修倉、運料、接遞、站鋪、閘淺之類，因事編僉，歲有增益。」〔註24〕天津役種很多，情況複雜，里甲、均徭、雜泛等等負擔很重。洪熙時便有寶坻縣民乞緩征馬鈔之請，「通州寶坻縣民詣闕，自陳所欠孳生馬駒有司責償鈔甚急，乞姑準緩期。上諭兵部尚書張本曰：比令兩歲納一駒，無駒令納鈔，今復乞緩追，即貧可知矣，其緩之。」〔註25〕《寶坻政書》記載萬曆時當地「地窪而瘠，田之低者其價畝不過三分，而常年里長之費反倍之，此窮民所以棄產避役而輕去鄉土也」〔註26〕，直接說明了當時寶坻里役之費很多。《寶坻政書》主要記載袁黃爲寶坻縣令時之事，有許多袁黃調停、減輕當地賦役的情況，是對當

〔註23〕　（明）樊深撰：（嘉靖）《河間府志》卷八《財賦志・驛遞》，第 49 頁。
〔註24〕　（清）張廷玉等修：《明史》卷七十八《食貨二》，第 1893、1905 頁。
〔註25〕　《明仁宗實錄》卷九，洪熙元年九月甲寅條。
〔註26〕　（明）劉邦謨、王好善輯：《寶坻政書》卷四《放免見年里長告示》，第 326 頁。

時里甲、均徭等役重而累民之反映。袁黃剛上任時「委見經費之外，復動里甲，條編之外，又審均徭，實不勝駭愕」〔註27〕。本節便以寶坻縣爲中心，以小見大，考察明末天津沉重的應役負擔。

寶坻縣當時「正賦每畝二分三釐二毫，本不爲重，而當里甲者畝派三四分，故富者以得地爲悔，貧者皆委地而逃。若本縣之役，歲編五百餘名，而庫子、廠夫，當之未有不破家者。先生設法調停，十八年，每畝止派銀一分六釐六毫，而里甲諸費如重夫、重馬、銀魚等項皆悉免派。自正賦外，毫無別派。其役法則悉遵原議，將五百餘名之役盡行放免，本府委之遍行各州縣爲式革。」〔註28〕從中可見沉重的役負造成富毀貧逃之結果，里甲正役多派役銀，戶丁受常役賠累不堪，又時常受雜役等所累。該情況在袁黃上任後一度有所好轉。

袁黃對各役進行了一次大的整頓，具體表現爲：申請革去重夫重馬，其夫馬工食銀止徵四百二十兩貯庫備差，申請將河西務堤夫裁減三十名，所革工食銀四百二十兩抵充前費，不連累小民。袁黃另外清理的各役爲：清軍書手多係市井游民，私占工食銀約三百八十餘兩，袁黃申請革去，以所任之事歸之各里。里甲賠醫獸工食四百二十餘兩，申請汰去二十六名。箭手一百名，私貼工食銀約一千餘兩，申請全部裁去。申請減薊州運糧河河夫三百名，餘下七百名由縣裏自行雇募。通州派取學院搭廠蘆席三千領，申請本縣各行領回一半。會試鄉試場派謄錄編號書手賠銀三年均徵，每年賠銀三十三兩四錢六分六釐，申請革去。河西務通濟廠廠夫五名，以革去銀兩抵補。保定府送決重囚路費並造冊工食銀三十六兩，用廠夫餘剩銀並崔黃口守備衙門廩菜銀抵補。皇木車三輛，增派銀二百四十兩，通州戶部主事衙門票取書辦、造冊紙張工食銀，太僕寺寺丞每年票取工食銀，太常寺祭祀銀，本府督糧衙、軍匠衙門年票取陰陽生工食銀等，用都察院所裁民兵銀抵補，尚缺銀二兩二錢，用密雲渡船銀抵補。〔註29〕此後沿用便行舊例，寶坻縣「歲額徵銀力二差共銀九千四百七兩二錢五分七釐一毫八絲，里甲經費共該銀二千六百八十七兩四錢九分一釐五毫，舊例丁糧兼派，隨正稅起徵，刊刻由票給示，鄉民頗爲稱益。」〔註30〕從征收上便民。

〔註27〕（明）劉邦謨、王好善輯：《寶坻政書》卷四《申請審編減派公移》，第329頁。
〔註28〕（明）劉邦謨、王好善輯：《寶坻政書》卷四《賦役書》，第326頁。
〔註29〕（明）劉邦謨、王好善輯：《寶坻政書》卷四《申請審編減派公移》，第328～335頁。
〔註30〕（明）劉邦謨、王好善輯：《寶坻政書》卷四《申道報撫臺減糧公移》，第339頁。

　　袁黃還多方調停，其對寶坻各種征役的整頓和申免主要在以下幾個方面：嚴格執行一條鞭法，減輕里甲之役，多方措補降低常役負擔，申免上貢之負累等。首先，減輕里甲之役。明萬曆九年開始全面實行一條鞭法之後，各處經費徵銀在官之用，里甲應放歸，而實際上地方官仍不斷索取，「乃今多用鋪戶諸物責取，甚至賣菜傭亦派爲菜戶以供應蔬菜者，其餘可知。」〔註31〕袁黃到任後，凡見年里長皆放歸農，一應買辦，皆支俸現買，寧使稍憂其值。萬曆六年後，因驛站走遞夫不敷，僉派寶坻重夫重馬，里甲一年私賠銀 1200 兩。經過申請，「即申明革去重夫重馬，毫不私派。議夫止存六名，餘二十四名徵銀在官，馬止存一匹，餘九匹徵銀在官，客至即支銀雇募。初蒙本道郭批，議令量增銀三四百兩。職謂沿習舊套，雖增銀亦必不敷，苟能節用，雖少亦足，遂於往□□□驗明始給。職自出行，並不帶扛，佐貳以下相效成風，迄今四年並不乏用，理合定奪。」〔註32〕通過革去重夫重馬、節約用度減輕了里甲負擔。寶坻縣寄養馬「最爲民累。寶坻地卑濕，尤不宜馬，死者接踵，而里胥索賄，繁累殊極」，當時出現大量養馬人戶逃離的情況，「本月初八九日慈恩等里馬頭單忍高、崔應登等各寫狀，係在馬項，將馬五十一匹拴在四城周圍樹上，逃在去訖……又查空戶張兔子等已逃去七十一名」〔註33〕，減輕寄養馬負擔勢在必行。寶坻縣原額每匹馬編地七頃二十畝，後除去灶地之後，民地剩六千七百八十五頃七十八畝，每馬一匹編地六頃五十畝，共馬一千四十三匹。袁黃首先汰去醫獸二十六名，使不得侵漁，後又奏請增加養馬地畝，緩解小民養馬之累。袁黃在對上司的申文中稱，「本縣寄養馬匹一千四十三匹，卑職未到任以前，每地陸頃五十畝養馬一匹，而地有大畝小畝之異，微有不均。今開荒已多，小畝皆爲大畝，而額外又每匹增地七十畝，共七頃二十畝養馬一匹。申明太僕寺少卿唐批准依擬，民病少蘇矣。」〔註34〕用開荒地畝補足，將養馬地小畝全部改爲大畝，並且每匹馬增加養馬地七十畝，變成每地七頃二十畝養馬一匹。除此之外，由于連年水潦，顆粒無收，養馬戶甚至剝食樹皮度日，馬匹倒死變賣所徵紙贖馬價成爲養馬戶的一大負擔。袁黃多次申文，認爲「馬死而重累人，是乃以生人償死馬之命。」〔註35〕，

〔註31〕　（明）劉邦謨、王好善輯：《寶坻政書》卷四《申道報撫臺減糧公移》，第 342 頁。
〔註32〕　（明）劉邦謨、王好善輯：《寶坻政書》卷四《申道報撫臺減糧公移》，第 343 頁。
〔註33〕　（明）劉邦謨、王好善輯：《寶坻政書》卷八《增田養馬公移》，第 382 頁。
〔註34〕　（明）劉邦謨、王好善輯：《寶坻政書》卷四《申道報撫臺減糧公移》，第 341 頁。
〔註35〕　（明）劉邦謨、王好善輯：《寶坻政書》卷八《申免馬戶贖銀公移》，第 385 頁。

請求將亡故逃亡馬戶所欠贖銀豁免。

銀魚爲寶坻縣特產，明代上貢宮廷，「坻產銀魚，甲於坻之諸鮮。其魚必至霜降後，自海蛤山出，逆流北上，薊州溫泉下育子。其色瑩白如銀。近因百物凋耗，亦不多有。明季不時漁取，爲民大害。」〔註36〕明代寶坻縣令胡與之感慨銀魚之供給寶坻帶來的騷擾，認爲銀魚比富春茶魚之供還重：「余爲寶坻凡六月餘，視寶坻銀魚實有類於富春之茶、魚，而居民之不安殆有甚焉者矣！余弗能爲韓公之所爲，要亦服韓公之義也。」〔註37〕有詩歌描述上供銀魚給寶坻農民帶來的危害道：

夏霧銀鮮

夏霧東頭海有神，銀魚霜後貢時新。

大庖止可供多品，薄物何由等八珍。

不惜微膏終潤鑊，獨憐瘠骨重勞民。

年年數罟洿池下，一尾知償幾百緡。

夏霧銀鮮

潮河吞吐海濤回，宮廠黃旗壓境開。

弦頌喧啾無犬吠，卻驚中使打魚來。〔註38〕

「卻驚中使打漁來」，形象地再現了當時徵收銀魚給當地的驚擾。隆慶年間曾罷中使打采銀魚，「詔罷寶坻縣等處採取魚鮮。自今薦新、上供俱令光祿寺備辦，毋得奏遣內官，著爲令。」〔註39〕但到萬曆時又依舊如故。袁黃爲此申述了上供銀魚給寶坻帶來的沉重負擔，上書請求豁免：

切照寶坻縣舊設銀魚廠，常年差內官二員採打銀魚、螃蟹等

物，車輛往回一十六次，勞費鉅萬，額派薊州、三河、玉田、豐潤

等州縣各幫銀三四百不等。隆慶三年間，蒙司禮監李奏准停革。近

年以來因上供難缺，內府人員時來倚索。舊規額派三十里，各出銀

二三十兩不等，徵收供給，民間私賠不計其數。既不能止內官之來，

〔註36〕 （康熙）《寶坻縣志》卷七《藝文志·銀魚說》，第70頁。

〔註37〕 （清）洪肇楙等纂修：《寶坻縣志》卷十七《藝文上》，第902頁。富春之茶：
正德年間韓邦奇痛恨富陽魚、茶上貢累民，作歌：「富陽之魚，富陽之茶，魚
肥賣我子，茶香破我家」。

〔註38〕 （康熙）《寶坻縣志》卷七《藝文志》，第71頁。

〔註39〕 《明穆宗實錄》卷八，隆慶元年五月庚午條。

又無各州縣之協濟，且傳宣日眾，供給益難。卑職從萬曆十六年到任，會士夫耆老詢民疾苦，僉以此爲第一騷累之事。卑職查得各項魚鮮原出海涯，離縣二百八十里，由縣抵京又一百八十里，展轉濡滯，鮮物皆壞。況出魚之地原係御用監所轄，因申本監，請從京師直抵天津海口不過二百餘里，盡令本監莊頭常年取辦，而本縣豁其戶役，似爲兩便。合無立爲成案，永遠遵行，庶人知勸勉，而地方亦得永寧矣。〔註40〕

此處士夫耆老皆以上供銀魚爲第一騷累之事，袁黃爲此上書，後准許免派。

其次，對縣內各役銀可裁省者上報裁省，不可裁省者用他項補足。先是，袁黃申請減免浮稅，查出本縣各役應增共一十九項，共加銀九十一兩六錢。將其中陰陽生、庫子、皁隸等八項共加銀二十七兩，閘夫、橋夫、更夫等十一項增銀六十四兩六錢。應減有密雲道皁隸、快手和本縣鋪兵三項，應減銀九十八兩四錢。將應減銀抵免應增銀，尚餘六兩八錢，以備馬房腳夫加添之用。〔註41〕萬曆十九年，本道對寶坻快手、弓兵、皁隸、庫子等進行裁減，後本府復行加派，「彼此互異，事難遵守」，「本道共裁銀一百四十二兩二錢，本府及戶部等衙門共該增銀一百四十二兩二錢，論民窮財盡，當遵本道原行，論事勢緩急，則本府批增亦爲有見。蓋各役之增，因革正頭，故題請加派。今若不量其繁苦，而一概減之，則人將不樂應役，後必復僉正頭，其勞費更倍於今矣。然十九年現減於民，而二十年復行加派，哀哀窮民，何以堪之。卑職曲爲酌議，就將各役可緩者革除一二，以足前數。如本府新添儒學齋夫、門子各一名，共銀一十四兩四錢。查得齋夫已足，理宜除豁。邠哀王墳戶一名，銀一十二兩。查得墳戶已足，本縣原係多派。已經申請本府抵補外，尚欠銀一百二十五兩八錢，宜將本縣遞解夫三名，銀一十八兩，青衣夫二名，銀一十九兩二錢抵補，尚欠銀七十八兩陸錢，宜於商稅銀內支用，庶不加派以病民，亦不苛刻以費事也。理合報奪。」〔註42〕作爲下級縣令，對上級政令不一實屬無奈，只能將可以申請緩派者如儒學齋夫、門子等除豁，並用解夫、青衣夫以及商稅等其他銀兩抵補。

第三，將雜役可停免者停免，不可停免者減派。寶坻原有協濟通州等處

〔註40〕（明）劉邦謨、王好善輯：《寶坻政書》卷四《申免銀魚公移》，第335～336頁。
〔註41〕（明）劉邦謨、王好善輯：《寶坻政書》卷四《申請減免浮稅公移》，第326～328頁。
〔註42〕（明）劉邦謨、王好善輯：《寶坻政書》卷四《申道報撫臺減糧公移》，第339～340頁。

站糧銀四千四百一十兩九錢九分八釐，每年於糧內兼派，與正稅一同徵收。除此之外，為採辦花板石供京陵運用，增派四輪車四輛、皇木車三輛。袁黃十六年到任，申請將花板石四輪車停免，「其皇木車每輛納銀八十兩，共銀二百四十兩」〔註43〕又以災傷申請免採垛石車三兩，蒙撫院批：「該縣災傷既稱重大，如議豁免夫車。」〔註44〕為疏濬新河，工部在寶坻縣正夫一百九十九名之外復派募夫一千名，經過袁黃題請，止派七百名，「每三十丁共出一丁，不復徵銀在官，但令各里自募，各夫自討，頗為省事。」〔註45〕萬曆十七年，潞王之國，派寶坻人夫一千五百名並供應氈毯等雜項，袁黃因災荒申請「乞將前項氈毯等項盡行豁免」〔註46〕，獲准由附近州縣均派。

最後，規範賦役的徵收，精選屬吏。為防止賦役銀在徵收時出現舞弊現象，創投櫃納銀制度。「本縣徵銀每里僉一大戶置櫃於二門之側，令納戶自投，多收者許令即時口稟以憑責治。所收之銀即令收頭自解，並不拆封。十九年，工部項主事題准官解，本縣即差典史談華類解一次，殊為省便。」〔註47〕當時此制也施行得較為順利。對於屬吏的選擇，袁黃「每里書手親為簡閱，作弊棍徒悉已汰去。」〔註48〕從而不致託之匪人，以滋弊孔，又可以省選擇之煩。

袁黃調停減輕里甲徭役負擔的主要方式有三種，一是向上司申免，二是節約用度，三為廣開財源。申免者，如上文重夫、重馬，花板石車等。節約用度者，除袁黃自己平時減少出行人役外，也注意在經費開銷上處處節省。如大造黃冊時，袁黃便在各個環節節省用度：因新規定州縣止造全冊一本送南京戶部，送北京戶部等處者只用里甲總數，省寫冊工食銀四百九十一兩八錢，原需寫冊工食銀五百九十六兩八錢；用紙向南方商販購買，買紙銀省一百三十五兩，原需買紙銀一百五十兩；包裹黃冊氈條用庫存抵用，省銀十二兩；解冊用銀因改為本府總差官吏分送，省銀二十一兩，原需解冊銀二十五兩；裝釘銀因上交黃冊數量減少，省銀四兩六錢四分，原需用銀五兩；總書工食省銀十二兩八錢；夾板銀省銀二兩；綾絹簿殼省銀四錢八分，原需用銀

〔註43〕　（明）劉邦謨、王好善輯：《寶坻政書》卷四《申道報撫臺減糧公移》，第341頁。
〔註44〕　（明）劉邦謨、王好善輯：《寶坻政書》卷七《申停□採花板石車輛文》，第378～379頁。
〔註45〕　（明）劉邦謨、王好善輯：《寶坻政書》卷四《申道報撫臺減糧公移》，第343頁。
〔註46〕　（明）劉邦謨、王好善輯：《寶坻政書》卷七《申免潞王供用器幣公移》，第372頁。
〔註47〕　（明）劉邦謨、王好善輯：《寶坻政書》卷四《申道報撫臺減糧公移》，第342頁。
〔註48〕　（明）劉邦謨、王好善輯：《寶坻政書》卷四《大造黃冊議稿》，第351頁。

三兩三錢六分。〔註49〕因總書工食銀原需用銀數量不知，除去總書工食銀外，其他各項原需用銀共七百九十四兩六錢六分，經過節省後，實際共該用銀一百二十八兩九錢，節省了六百六十五兩之多。而實際需用的一百二十八兩九錢，袁黃通過庫存七十二兩造冊銀，供應餘銀四十兩六錢七分，額支銀八兩五錢四分五釐二毫抵補，尚缺七兩九錢，用自理紙贖湊補。經過多方節省和調停，等於將造冊銀七百九十四兩多全部免去，節約之成效相當顯著。在開源方面，則通過收開荒之糧來增加收入。袁黃到任「親自規畫，凡草茂土肥者，皆令種穀，其餘則豆麥黍稷各隨其便。鹵薄不堪者，教令開溝引水以瀉其鹹氣。低窪多水者，教令種蘆植葦以盡其地力……行之三年，已有成效。稽之明例，正該起稅之期。又當大造黃冊，合無盡數報官，登之冊籍。近民地者依民地起稅，近灶地者依灶地起稅，而使無一毫隱漏。」〔註50〕經過袁黃的多方處置，使得「昔寶坻正賦每畝徵銀二分三釐二毫，今一分四釐八毫矣。寶坻雜稅輪當現年每畝派銀一錢有奇，今設法調停，盡行蠲免，並現年里長亦不設矣。其餘如開荒田、興社倉之類，不敢殫述」〔註51〕，徭役負擔大為減輕。後世修志將袁黃事蹟概括為：

> 戊子夏，知縣事。是年雨多河溢，民大饑。市間薪粒俱絕，而索逋斌者猶不休，民不聊生，黃惻然憫之。至即借俸以償，所全活甚眾。又其時，民苦浮斌，黃請免以萬計。他若庫子、廠夫、皇木車、花板石及貢銀魚諸費不下數千。黃力為民請命，悉議罷去。雖忤上官不恤也。潞王之國供億不費，黃委曲調劑，事集而民不勞。邑之三岔口，薊水逆入為災，前令丁應詔樑石堵之，薊民弗便也，議覆開。黃以官爭，卒得寢。當下車時，即為文祭神，以十四事約，已而年歲果稔。遇旱潦，禱輒應。每斷囚，諭以福善禍淫之說，因為感泣。一夕，獄牆圮，囚無逸者。其感神格人多此類也。常刊《勸農書》、《水利說》數千言，行之具有成效。及辛卯，西夏、朝鮮相繼用兵，黃條上方略，廷臣交薦，擢司馬郎。將行，囊橐蕭然，惟圖書數車而已。送者皆為掩泣。〔註52〕

〔註49〕 （明）劉邦謨、王好善輯：《寶坻政書》卷四《大造黃冊議稿》，第348～350頁。

〔註50〕 （明）劉邦謨、王好善輯：《寶坻政書》卷四《大造黃冊議稿》，第351頁。

〔註51〕 （明）袁黃：《兩行齋集》卷九《尺牘·上趙定宇書》，《袁了凡文集》第11冊，第1319頁。

〔註52〕 （清）洪肇楙等纂修：《寶坻縣志》卷十一《人物》，第508～510頁。

文中詳細記述了袁黃在任期間在減免當地賦役、教化百姓、發展農業生產等方面所作出的傑出貢獻，高度評價了袁黃的施政行為。

袁黃在局部和小範圍內盡力將各種徭役加以減輕和調停，然而以其一人之力始終無法改變天津徭役負擔繁雜沉重之局面。即如寶坻縣銀魚之供，袁黃在任時雖申請免派，但只起到暫時緩減的作用。萬曆後期，銀魚之供復行，重新騷擾地方，不但依前徵收，甚至擴大徵收範圍，不產銀魚之地亦受其害：「初永樂間設銀魚廠於寶坻縣，隆慶二年停革，惟令光祿寺估計時價以供廟享上用而止，未有差官坐採又徵其稅者。自萬曆二十八年，始命稅監王虎徵收稅課。其後又以張燁、馬堂兩監割分津灣疆界。張燁猶止抽徵寶坻，馬堂貪縱特甚，聽委官康寧並稅及武清等不產銀魚地面，又增葦網等稅目二萬餘兩。既詔歸有司，堂聽康寧謀，奏廟享至重，有司不得越俎，又增入清縣、天津二處一併徵收。寧旨即於各處豎旗設廠，恣行剽奪，遠近騷然。」〔註53〕泰昌年間，銀魚徵收依舊如故，「天津兵備賈之鳳言時事多艱，津海疲累，乞撤銀魚廠太監徐貴，御史盧謙亦以為言。得旨：銀魚係太廟進鮮品物，著照舊採進，不得瀆奏。」〔註54〕同年十一月，才「撤迴天津採取銀魚內官徐貴。」〔註55〕隆慶時，因為寶坻草場庫役俱係棍徒包攬，求索無厭，順天府府丞何起鳴條奏每名加銀三兩六錢，湊足七兩二錢，「解府募役以絕煩擾」〔註56〕，還是通過加派役銀增加小民負擔。萬曆後期寶坻主簿張兆元「省里甲，停撥馬，減更夫……在署二年，所以恤民者甚至」〔註57〕，知縣李景登來寶坻上任時，「地城鹵，野多榛莽，賦役繁雜，民困追呼」〔註58〕，後來知縣李崇一稱當時庫吏之役累民「若庫中少有差錯，更且株連受比。因而傾家傾產者有之，鬻妻鬻子者有之，甚則性命相殉又遺累於子孫者有之」，崇禎時寶坻縣令高承埏也「急為民去其不便者，如草生馬料、新關地額以及剝淺船費，皆力陳得寢」〔註59〕。這些都反映當地役重之局面並沒有得到根本的改善和解決。

各種沉重的徭役負擔在其他地方也是如此。如靜海縣：

〔註53〕《明神宗實錄》卷四百一十九，萬曆三十四年三月庚寅條。
〔註54〕《明光宗實錄》卷二，泰昌元年十月己酉條。
〔註55〕《明光宗實錄》卷三，泰昌元年十一月丁丑條。
〔註56〕《明穆宗實錄》卷二五，隆慶二年十月辛卯條。
〔註57〕（清）洪肇楙等纂修：《寶坻縣志》卷十一《人物》，第510頁。
〔註58〕（清）洪肇楙等纂修：《寶坻縣志》卷十七《藝文上》，第920頁。
〔註59〕（清）洪肇楙等纂修：《寶坻縣志》卷十一《人物》，第514頁。

（力差）縣馬快手二十人，四百兩。兵備皂隸一十人，三十兩。
主事皂隸八人，二十四兩。縣堂皂隸三十四人，一百二十兩。管河
通判皂隸二人，六兩。屯田道皂隸二人，八兩。兵備門子二人，六
兩。察院門子二人，四兩。縣堂門子二人，三兩。縣門子二人，三
兩。太僕寺門子一人，一兩五錢。府館門子一人，一兩五錢。縣倉
斗級六人，一十八兩。縣學斗級三人，九兩。縣學庫子二人，六兩。
縣學門子三人，九兩。縣監禁子六人，一十八兩。縣堂庫子二人，
六兩。縣鋪司兵五十五人，一百六十五兩。縣淺夫九十人，三百六
十兩。縣民壯九十四人，五百六十四兩。

（銀差）共銀一千二百五十兩二錢。

（聽差）共銀二百六兩一錢一分。〔註60〕

從上可見，靜海縣各役名目和數量也不在少數。由於賦役繁重，減免當地負
擔之官員往往便會因此而受到推崇、留下記載，除上文所記各人外，靜海縣
如「王士毅，山西安邑縣舉人，萬曆二十三年任，緩稅斂，除火耗，矜寬清
獄，臨行遮道攀轅，有去思碑。」〔註61〕

　　沉重的徭役負擔造成天津賦役拖欠的現象屢見不鮮，而自然災害的多發
更加劇這一現象的產生。為了應對賦役拖欠情況，朝廷有時不得不多次採取
緩徵和蠲免等方式來加以應對並緩解這一矛盾，如萬曆十年「保定巡撫陰武
卿等題請查過萬曆七年以前拖欠保定府清苑等八州縣草場、京營租粒草料銀
四千八百六十五兩零，協濟順天、河間二府站銀九百四十三兩零，河間府靜
海等州縣驛站夫皂銀五千七百八十四兩零，俱係逃亡貧戶拖欠，應一併蠲免
以需聖澤。兵部覆請，詔曰：可。」〔註62〕「保定巡撫辛自修題清查過保定
府新城縣未完備邊銀四百九十七兩零，係景府等府重複改撥地土，無從征解；
河間府靜海縣、滄州、天津三衛未完八千四百二十八兩零，俱係地方旱災，
花戶拖欠，勢難追徵，應一體蠲免。部覆從之。」〔註63〕有時則會命令催徵
賦稅，「御馬太監邢洪覆奏武清牧地拖欠數多。奉旨：該縣官員乃敢坐視，本
當重治，姑念地方災疲，且不查究，還著撫按官嚴限催解。」〔註64〕明代這

〔註60〕　（明）樊深撰：（嘉靖）《河間府志》卷八《財賦志・徭役》，第40～41頁。
〔註61〕　（民國）白鳳文等修：《靜海縣志・辰集人民部》，第399頁。
〔註62〕　《明神宗實錄》卷一二六，萬曆十年七月庚申條。
〔註63〕　《明神宗實錄》卷一二七，萬曆十年八月戊戌條。
〔註64〕　《明神宗實錄》卷四百六十五，萬曆三十七年十二月己巳條。

種官民二分的田土制度以及深受其影響的賦役制度一直延續到明末清初，甚至在清初仍有很大的影響。不過隨著清代政權的鞏固以及地方制度改革等等的進行，加之賦役制度方面的改革，官田二分的田制和賦役制最終走向了瓦解，此後田制與賦役制便呈現出新的形式和特點。

第三節　清代賦稅徵收與各地特點

清代天津賦役與明代相比有了鮮明的不同，其原因有如下幾種。首先，由於田制的差異，導致清代的賦役與明代有所不同。清代天津田制從清初到中期變化比較劇烈。清初進行圈田並沿襲明代舊制，打破了明代莊田氾濫的局面，以八旗圈地取而代之，所謂「明時王子、附馬、徹侯多食采其中，入本朝而圈給旗人者又過半矣。」〔註65〕隨著政局的穩定，田制逐漸固定下來，與明代相比，也有所變革。清代天津田制的變革主要表現在以下幾個方面，一、旗地的大量圈撥，取代了明代莊田和牧馬草場等的地位；二、衛所屯地逐漸縮減並民地化；三、灶地進行大規模的歸併和整理；四、學田開始大量出現。田制的變革對賦役造成了很大影響，清代天津旗地和旗租的大量出現便是其結果之一。受到清初地方制度改革影響以及各地農業情況不同，清代天津各地賦稅情況也各具特色，總體上呈現爲由清初的動盪轉向雍正乾隆以後的穩定發展。其次，由於清代賦役制度的改革，兩代賦役制度亦有所區別。自從明末實施一條鞭法以後，地丁合一、賦役徵銀之趨勢越來越明顯，清初沿襲此趨勢並逐步發展，康熙年間規定「盛世滋丁，永不加賦」，拉開地丁合一的序幕。雍正年間賦役制度改革，地丁合一，清代天津農業賦役便與明代迥然不同。此外，清代廢衛置縣的地方制度改革運動興起，天津由衛而州而府，梁城所改設寧河縣，這些都使得天津賦役呈現出新的面貌。如乾隆年間武清、寶坻、寧河、薊州等地的田賦改由四路同知督察，其更改始末緣由，史籍中記載如下：

> 督察者四路同知。初轄自霸昌、通永二道，其改四路同知爲專
> 管自乾隆十九年直隸總督方觀承奏、經戶部議定始……東路同知轄
> 通、三河、武清、香河、寶坻、寧河、薊七州縣……霸昌、通永二道
> 爲兼管，隸霸昌道者西路、南路、北路，隸通永者爲東路……涿州、

〔註65〕　（清）洪肇楙等纂修：《寶坻縣志》卷五《賦役》，第258頁。

良鄉、昌平、順義、懷柔、通州、三河、薊州八州縣不徵耗羨，房山
每兩耗六分，香河、武清二縣每兩收耗八分，大興、宛平、密雲、平
谷、寶坻、寧河每兩收耗一錢……此皆光緒七年、八年數也。〔註66〕
此外，清代天津各地賦役及新增地畝也均有各自不同特點，以下分地區詳述。

一、天津衛到天津縣地畝賦稅變遷

　　清初天津三衛沿襲明代建置，賦稅徵收具有濃厚的明代衛所制影子。康
熙與雍正年間改革地方制度，天津逐漸由明代非實土衛所轉變為管理地方民
政的府州縣，其賦役徵收方式和數額因而也都有變化。天津衛到天津縣賦役
的變化，反映了地方制度改革和屯地民地化對賦役徵收的影響。

　　康熙初年，天津三衛的賦稅徵收便已顯現出明顯的民地化趨向。天津三
衛改為三所，弱化了明代衛所建置；在賦稅徵收時，也兼有了民地的性質。
如在稅目中有正項地丁銀之說，可見此時衛所屯田已經開始民地化，但由於
此時衛所建置尚在，稅收中依然有衛所稅收特色，如徵收黑豆等。天津各衛
所在康熙初年地畝稅率並不相同，詳見下表：

表 4.4　康熙初年天津衛所稅率表

條目	衛所	正項地丁銀（分）	新增銀（釐）	粟米（升）	黑豆（合）
中所	徵糧熟地	1.103	2.9027	1.3855	1.1157
	寄莊熟地	2.206	2.9027	1.3855	1.1157
	有人無力荒地	0.4			
左所	徵糧熟地	0.82	1.2395	0.7861	0.6863
	寄莊熟地	1.64	1.2395	0.7861	0.6863
	有人無力荒地	0.4			
	撥補文安納糧熟地	1.4958			
	撥補文安有人無力荒地	0.4			
右衛	徵糧熟地	0.9282	1.63	1	2.3
	寄莊熟地	1.8564	1.63	1	2.3
	有人無力荒地	0.4			

資料來源：（民國）《新校天津衛志》卷二《賦役》

〔註66〕　（清）周家楣等修，繆荃孫等纂：（光緒）《順天府志》卷五十一，第461～462頁。

從表中可以看出，境內寄莊熟地除正項地丁銀外，餘稅率與徵糧熟地相同，寄莊熟地的正項地丁銀爲徵糧熟地的二倍。這一時期，天津衛各項地畝數額見下表：

表4.5 康熙天津三衛地畝表（單位：頃）

地畝＼衛所	中所	左所	右所
徵糧熟地	663.246	762.528	682.071
寄莊熟地	24.408	102.444	47.621
有人無力荒地	44.757	184.204	442.535
文安熟地		45.108	
文安有人無力荒地		69.096	

資料來源：(民國)《新校天津衛志》卷二《賦役》

天津衛各項地丁收入以及總收入情況爲：

表4.6 康熙天津三衛賦稅表

條目	地畝＼衛所	正項銀（兩）	新增銀（兩）	粟米（石）	黑豆（石）
中所	徵糧熟地	731.56	192.12	918.95	74
	寄莊熟地	62.67	8.25	39.37	3.17
	有人無力荒地	17.93			
左所	徵糧熟地	625.27	94.51	599.46	52.33
	寄莊熟地	167.35	12.65	80.22	7.30
	有人無力荒地	73.68			
	文安熟地	67.47			
	文安有人無力荒地	27.64			
右衛	徵糧熟地	633.98	111.18	682.71	156.88
	寄莊熟地	88.43	7.76	47.63	10.95
	有人無力荒地	177.14			
合計		2672.59	426.87	2367.68	304.33

資料來源：(民國)《新校天津衛志》卷二《賦役》

從上述賦稅收入來看，清初康熙年間天津衛所賦稅收入較明代大大減少。一方面是由於兵災加上圈地，使得衛所地畝、人口大大減少；另一方面

也反映了此時衛所職能開始弱化並呈現與民地合流之趨勢。康熙二十三年，天津衛所稅收額度有所增加，「（地畝）共徵正項銀三千四十兩三錢九分七釐，新增銀四百二十九兩五錢一分四釐零，粟米二千三百八十二石零，黑豆三百五石九斗零。（丁）共徵正項銀五百八十二兩一錢。」〔註67〕

　　康熙中後期，衛所制逐漸改革，地畝也不斷變化：「天津衛三所，原額地二千六百四十二頃三十八畝一分三釐。共徵銀二千二百九十七兩九錢六分二釐零，新增銀二百五十九兩七錢五分九釐零」〔註68〕。雍正三年天津設州，九年設府，天津衛所地畝因之又是一變，賦稅徵收內容也由原衛所制向州縣制轉換，「雍正七年，除節年旗圈改撥歸入外，下存民、灶、差莊等地共四千八百四頃三十六畝四分四釐零，共徵銀六千二百六十六兩二分五釐。」〔註69〕雍正八年以前，遇閏加徵丁閏銀「四十兩九錢五分五釐五毫三忽九微五纖五沙四塵七埃六渺二漠一湖二虛，例不徵收地閏。」〔註70〕閏月銀兩只加入起運項下。雍正八年改府後，地畝又相繼與臨近州縣置換，其詳請見下表：

表 4.7　雍正年間天津縣土地變化表（單位：頃）

州縣　　　名目	併入	歸併
滄州	54.899	2344.411
靜海	1375.393	516.443
武清	2068.075	131.727
南皮		520.3241
青縣		992.405
民地	12.9501	13.1426
其他		3.98
合計	3511.3171〔註71〕	4522.4327

資料來源：（乾隆）《天津縣志》卷十二；（光緒）《重修天津府志》卷二十七。

〔註67〕　（清）徐可先：（康熙）《河間府志》卷七，第67頁。
〔註68〕　（清）朱奎揚　張志奇　吳廷華：（乾隆）《天津縣志》卷十二，第110頁。
〔註69〕　（清）沈家本　榮銓等修，徐宗亮　蔡啓盛纂：（光緒）《重修天津府志》卷二十七，第553頁。
〔註70〕　（清）沈家本　榮銓等修，徐宗亮　蔡啓盛纂：（光緒）《重修天津府志》卷二十七，第554頁。
〔註71〕　（光緒）《重修天津府志》卷二十七將「五」誤刻爲「三」，此處更正。另，其中武清縣爲雍正八年、十二年兩次併入，青縣爲雍正八年、十一年兩次歸併。

到乾隆二年地畝基本固定，天津縣的賦稅徵銀情況大致如下：

乾隆二年實在地三千七百九十三頃二十四畝九分四釐零，每畝徵銀不等，共徵銀九千六百五十一兩四錢六分零，遇閏加徵銀三百一十二兩一錢五分零。

又歸剩天津衛宜興府永豐屯張天縱北半五屯上地二十三頃七十一畝四分二釐零，中地三十頃六畝七分五釐零，共地五十三頃七十八畝一分八釐，每畝徵米七合八勺零、豆七勺八抄零，共徵：一米二穀八十四石五斗六升七勺零，豆一石六斗二升二合三勺零。起運銀四千三百八十六兩八錢八分。存留銀五千二百六十四兩五錢八分零。〔註72〕

此外，天津海防清軍廳以及葦課地等其他地畝在清代也經過不斷的整理和調整。海防清軍廳有小部分自有地畝，天、左、右三場，原額地九十八頃一十九畝四分六釐二毫九絲。〔註73〕康熙十六年，清查海防清軍廳地畝，清查後地畝和賦稅情況見下表：

表4.8　康熙十六年海防清軍廳清查地畝表

項目＼地畝	白首地	葦課上地	葦課中地	葦課下地	漁課下地
面積（頃）	10.024	16.278	48.923	95.858	317.845
畝徵（分）	1.4	2	1.5	1	1
計徵（兩）	14.033	32.556	73.385	95.858	317.845

資料來源：（光緒）《重修天津府志》卷二十七，第557頁。

葦課地面積較大，康熙二十七年將葦課、漁科地折入地丁徵收：「原額葦、漁課地二千三百九十二頃二畝九分四釐八毫五絲四微一纖，內葦課上地六百六十六頃四十七畝一釐五毫，每畝徵銀二分，共徵銀一千三百三十二兩九錢四分三釐。葦課中地四百六十九頃七十畝一釐四毫四絲，每畝徵銀一分五釐，共徵銀七百四兩五錢五分一毫一絲六忽。葦課下地七百三十五頃一十二畝一

〔註72〕　（清）沈家本　榮銓等修，徐宗亮　蔡啟盛纂：（光緒）《重修天津府志》卷二十七，第554頁。

〔註73〕　（清）沈家本　榮銓等修，徐宗亮　蔡啟盛纂：（光緒）《重修天津府志》卷二十七，第557頁。

分二釐，每畝徵銀一分，共徵銀七百三十五兩一錢二分一釐。」〔註74〕雍正六年，因挑河除去「葦課下地二十五頃三十畝，漁課下地五百二十頃七十三畝六分九釐」後，「各地共徵銀三千二百六十八兩四分九釐二毫七絲五微四纖一沙。解部。」〔註75〕此後各項葦、漁課並天、左、右三場「共地二千九百五十三頃八十五畝一釐，各徵銀不等，共實徵銀三千七百二十一兩二錢三分二釐。每一兩均攤丁匠銀二錢七釐，共加丁匠銀八百一十五兩五錢一分九釐。遇閏之年，每兩徵閏月銀七釐九毫，共徵閏月銀三十一兩二錢八分一釐八毫。解部。」〔註76〕

二、靜海縣農業的恢復與發展

清初靜海縣也受到圈地運動的影響，地畝多被圈佔，後經撥補略有回升。順治年間，靜海地畝多數以圈佔為主：「原額徵糧民灶等地五千一百七十一頃九十一畝四分七釐八毫。內優免地，六百八十一頃九十四畝九分七釐八毫；行差地，二千九百八頃十一畝；寄莊地，七百四十三頃九十八畝；灶地，八百三十七頃八十七畝五分。順治三年奉旨蠲荒、圈撥、投充共地三千八頃一十六畝六分四釐一毫一絲，順治七年以至順治十八年陸續開墾荒蕪並退出投充地畝收里徵糧，實在民灶等地二千二百八十七頃九十五畝二釐六毫九絲。優免地，六百三十二頃一十□畝九分四釐六毫六忽，每徵銀二分一釐四毫五絲五忽九微四纖四沙六塵七埃一渺，順治十四年奉文，優免地全徵，每畝加徵銀七釐四毫五絲八忽一微四纖。行差地，九百一十七頃九畝七分八釐九毫七絲四忽，每畝徵銀二分八釐九毫一絲四忽八纖四沙六塵七埃一渺。寄莊地，二百二十五頃一十七畝八分三釐四毫二絲，每畝徵銀三分一釐八毫五忽九纖七沙七塵七埃一渺。灶地，五百一十三頃四十九畝四分五釐六毫九絲，每畝徵銀二分九毫四絲三忽三微五纖八沙七埃一渺。」〔註77〕可見在順治年間，靜海縣地畝以被圈為主，圈佔對象為行差地和灶地。雖然經過以後的撥補，

〔註74〕（清）沈家本 榮銓等修，徐宗亮 蔡啓盛纂：（光緒）《重修天津府志》卷二十七，第 557 頁。

〔註75〕（清）沈家本 榮銓等修，徐宗亮 蔡啓盛纂：（光緒）《重修天津府志》卷二十七，第 557 頁。

〔註76〕（清）沈家本 榮銓等修，徐宗亮 蔡啓盛纂：（光緒）《重修天津府志》卷二十七，第 558 頁。

〔註77〕（清）閻甲胤 馬方伸：（康熙）《靜海縣志》卷之二《賦役》，第 26～27 頁。

但順治末年靜海縣地畝仍與原額相差較大。康熙十一年以後，靜海縣地畝開始有所恢復，見下表：

表 4.9　康熙十一年靜海地畝賦稅表

條目 地畝	自首地	葦課上地	葦課中地	葦課下地
行差地	1455.8	2.8915	4209	1.8736
寄莊地	271.2092	3.1860	690.8328	1.8736
灶地	490.7296	2.0943	1027.7335	1.8736
退出行差地	15			
開墾荒差地	88.46			
康熙元年墾地	4.53			
康熙二年墾地	25.891			
康熙三年墾地	41.74122			
康熙四年墾地	5.979			
康熙五年墾地	7.381			
除李誠良地	6.04			
開墾荒莊地	7.9715			
開墾荒灶地	25.3096			
康熙元年墾地	0.5			
康熙二年墾地	4.1			
康熙三年墾地	7.378			
康熙四年墾地	0.3			
康熙五年墾地	38.7141			
除李誠良地	1.51			
子粒小地	52			
天津畸零小地	106.8822	1		
屯田歸回小地	581.527			
屯田折行糧大地	161.53527			
二年、五年墾地	23.46617		138.8219	

資料來源：（康熙）《靜海縣志》卷二

上表稅額名目眾多，反映康熙時期為土地賦稅制度重要調整期。康熙時期，除灶地數額略有縮小外，行差地、寄莊地數額均有所增加，說明圈地運動所帶來的影響在康熙時逐漸恢復。當時行差地、寄莊地、灶地每畝徵閏月銀一釐八毫七絲三忽六微，各地稅則不同：「上地每畝徵銀三分一釐八毫五忽九微□□七塵七埃一渺。中地每畝徵銀二分八釐九毫一絲□□□□四沙六塵七埃一渺。下地每畝徵銀二分九毫四絲□□□□□□八沙七埃一渺。」〔註78〕除上述地土外，靜海縣還有數量不等的其他地畝：

> 河道淤地，四十頃八十二畝一分二釐二毫一絲，除刷坍地畝缺額外，實剩地三十四頃九十四畝九分五釐，每畝徵銀四分，共徵銀一百三十九兩七錢七分八釐。解戶部銀一百兩九錢八分二釐，解總河銀三十八兩八錢一分六釐。

> 葦課地四百八頃，奉文豁免網戶曹義等帶投地五頃六十九畝，又奉文除李誠良地二頃四十五畝入官，止實剩地三百九十九頃八十六畝，每畝徵銀一分一釐二毫五絲九忽六纖八沙六塵二埃五渺，共徵銀四百五十兩二錢五釐一毫一絲八忽三纖九沙二塵五埃，解通州工部。

> 牧地子粒地五十九頃六十四畝五分，每畝徵銀一分，解太僕寺，今改解戶部充餉。

> 康熙四年奉文歸併後府清屯葦白地一百六十二頃五十畝，每畝徵銀一分，共徵銀一百六十二兩五錢。除解工部蘆葦一萬斤、包裹腳價銀二十兩，實剩銀一百四十二兩五錢，又泥溝銀六兩九錢。蘆葦起解工部，錢糧起解戶部充餉。〔註79〕

總體而言，從賦稅及地畝等情況便可看出，康熙初年靜海農業開始有所恢復。這種恢復情況在康熙二十三年時更為明顯。當時靜海縣實在地共三千四百五十七頃四十四畝，地丁二項通共徵銀八千六百二十四兩三錢〔註80〕，雖然與靜海縣原額六千二百九十九頃八十八畝相差甚遠，但較順治和康熙初年又有所增加。靜海縣地畝和賦稅數額的這種持續增加一直沒有間斷，雍正七年時「《賦役全書》：原額地五千一百七十一頃九十一畝四分七釐零。雍正七年，除節年旗圈改撥，下存民灶差莊等地共四千七百六十六頃十九畝八分二釐

〔註78〕 （清）閻甲胤 馬方伸：(康熙)《靜海縣志》卷之二《賦役》，第27～28頁。
〔註79〕 （清）閻甲胤 馬方伸：(康熙)《靜海縣志》卷之二《賦役》，第36頁。
〔註80〕 （清）徐可先：(康熙)《河間府志》卷七，第35頁。

零，共徵銀九千六百七十二兩零。」〔註81〕此時靜海縣的農業發展無論在土地數額還是賦稅數量上都有了很大程度的恢復。雍正年間天津設州升府對靜海縣土地也有所影響，具體情況見下表：

表4.10　靜海縣雍正八年土地變化表（單位：頃）

州縣＼收支	併入	歸併
天津	516.443	1375.394
霸州	175.347	
永清	346.674	

資料來源：（光緒）《重修天津府志》卷二十七

乾隆二年，靜海縣「實在地四千四百二十九頃四十二畝六分六釐零。共徵銀一萬一千九百七十兩四錢七分八釐零，內徵谷九百二十五石四斗五合零，豆三十七石九斗七升二合零。」〔註82〕雍正、乾隆年間得到恢復以後，靜海縣農業的發展一直持續到清末，將清末所修靜海方志中賦役部分列表對照，便可看出：

表4.11　清末靜海賦稅表

地畝＼條目	面積（頃）	畝徵（分）	共徵（兩）
行差地	1862.2513	2.89	5384.5293
莊地	61.1028	3.18	194.3383
灶餘地	738.1414	2.09	1545.9159
屯田中地	11.3795	2.89	22.93
屯田下地	5.7046	2.09	11.9474
更名小地	73.8677	0.7	52.176
牧小地	57.121	1	57.121
水泊小地	277.4533	0.7	195.3825
後府白地	40.919	1	40.919

〔註81〕　（清）李梅賓　吳廷華　汪沆：（乾隆）《天津府志》卷十二《田賦志》，第219～220頁。
〔註82〕　（清）李梅賓　吳廷華　汪沆：（乾隆）《天津府志》卷十二《田賦志》，第219～220頁。

葦課新增地	479.8441	1.12	540.2597
河淤小地	31.3729	4	125.4915
屯地	213.2852	1.39	297.1641
屯餘地	211.2277	0.94	199.4981
鑾儀衛地	85.1464	1	85.1464
馬廠餘地	6.78401	2.09	14.208
民地	69.9849	5.07	354.8748
廠地	103.4541	0.6	62.725
京營地	0.0641	0.3	0.1923
霸州歸併河淤小地	1.8015	4	7.26
永糧差地	231.3632	2.89	668.9655
永灶地	98.4199	2.09	206.1243
永草地	22.691	1	22.691
買回移居就耕淶地	566.2598	1.2	680.644
撥補未經賣出及移居就耕討租淶地	178.7458	1.2	214.8523
恩賞官地內墾熟上地	296.02	2.53	750.543
恩賞官地內墾熟中地	839.3722	1.39	1169.473
恩賞官地內墾熟下地	2083.6326	1.2	2504.5253
河淤改租徵糧上地	42.27	5.07	214.3459
河淤改租徵糧下地	54.45	2.53	138.545
永灶小地	3.164	0.58	1.846
餘小地	153.846	0.58	89.582
餘荒小地	28.47115	徵銀不等	51.282
馬廠余荒小地	207.1185	0.58	122.4931
婁珩等道光二十二年認買奪產案內入官餘荒上地	11.98984	3.18	38.1338
（同上）中地	17.8291	2.89	51.5514
高廷撰等認買歸入書院上地	8.942	3.18	28.441
高廷撰等認買歸入書院下地	8.1824	2.89	23.6589

資料來源：（民國）《靜海縣志·亥集政事部》

　　根據以上統計，靜海縣實在地共九千一百八十二頃九十一畝二分六釐，

共徵銀一萬九千四百九十九兩六分，數字又較乾隆年間增加了許多。雖然記載的是清末時期數字，但也可以看出靜海縣在整個清朝，經歷了由清初的凋敝到農業逐漸恢復的過程。此外，靜海縣還有部分旗租等稅銀的存在：「另案、四次、存退等三項旗租共地三百四十八頃三十四畝零，共徵銀五百六十兩一錢三分六釐，公產租銀五百五十五兩五錢三分六釐。此外有所謂額羨租者，在運河沿岸名曰運租，在子牙河沿岸名曰子租，其租銀與地畝之多寡因係正額以外，故調查難確。」〔註83〕

三、武清寶坻賦稅的明代印記

武清縣在明代由於官地較多，入清以後又屢遭圈地，田土類型多樣、變化不一，因而武清縣賦役情況與天津、靜海等地不盡相同，形成自己名目多樣化的賦役徵收體系。概括言之，明代武清縣官地特色十分明顯：「武邑之田其綱有四，曰民，曰灶，曰宮邊，曰馬房，外有剝船、七衛名目，都若干條，故定賦為二十餘則，而歷年收入開除又復紛繁龐雜」〔註84〕康熙初年，武清賦役情況為「武清縣原額民大地貳千陸百貳拾玖頃柒拾伍畝捌分零，內除明季天津墩臺並逃絕拋荒外，實剩地貳千陸百貳拾伍頃玖拾肆畝柒分零。共徵銀貳萬壹千柒兩伍錢捌分零，除圈投並僉縣虹及補衛虹等地外，實在民、灶、會昌宮澱、馬監並認墾及歸併金燈等地，共肆千貳百柒拾壹頃陸拾捌畝壹分零，共徵銀玖千壹百肆拾伍兩捌錢貳分零。原額人丁共柒千壹百叁拾壹丁，今編審實在行差人丁共貳千陸百零陸丁，共徵銀壹千貳百陸拾柒兩捌錢捌分零。以上地、丁貳項，通實徵銀壹萬肆百壹拾三兩柒錢壹分有零。」〔註85〕但這種記載比較含糊，只說了實剩各項地土四千二百餘頃。乾隆修志條分縷析，將武清境內各種地畝和賦稅分為額內錢糧和額外錢糧兩種。民灶二地之徵收屬於額內錢糧，田畝和賦稅數額為：「原額實在民大地二千六百二十五頃九十四畝七分有奇，屢經開除撥補，實存民大地一百九十七頃九十一畝四分有奇；原額實在灶地九十三頃八十畝四分有奇，收節年查墾地八頃七十七畝七分有奇，實存灶地三十二頃三十七畝一分有奇。民地每畝八分起科地一百

〔註83〕　（民國）白鳳文等修：《靜海縣志・亥集政事部》，第 1284 頁。

〔註84〕　（清）吳翀　曹涵：《武清縣志》卷二《田賦》。

〔註85〕　（清）張吉午纂修、閻崇年校注：《康熙順天府志》卷四《食貨・田賦》，北京：中華書局，2009 年，第 150 頁。

九十五頃八十六畝八分有奇，九分起科地二頃四畝六分有奇。每畝加芝麻、棉花、胖衣銀二毫六絲二忽一微四纖八沙二塵七渺八漠，遇閏每畝加銀二釐八毫七絲一忽七微，灶地每畝四分起科。民灶二項共地二百三十頃二十八畝五分有奇，共徵正加銀一千七百二十兩三錢四分九釐有奇，共攤丁匠銀三百五十六兩一錢五分八釐有奇。」〔註86〕

　　除了宮邊、馬房、御馬監以及剝船等地屬額外，武清地畝經圈佔後所剩也不多。各種地畝面積和賦稅徵收乾隆時期爲：「原額實在宮邊地三千一十四頃八十六畝六分有奇，實存地四百四頃十七畝三分有奇，各項徵銀不等，共徵銀六百九十六兩一錢一分九釐有奇。原額實在馬房地二千四百三十八頃四十六畝四分有奇，實存馬房六百八十九頃四十九畝二分有奇，共徵銀七百四十六兩九錢三分五釐有奇。原額御馬監熟地一百八頃六十七畝六分，實存地十頃九十九畝二分，共徵銀十兩九錢九分二釐。退出告斷地畝除圈丈、歸併天津外，實存民地九十頃六畝七釐七毫四絲，共徵正加銀七百二十二兩二分一錢四分七釐有奇。實存宮邊馬房地六百二十五頃九十七畝八分有奇，共徵銀七百六十四兩六錢一分有奇。」〔註87〕除此之外，又有馬廠地、自首餘地、旗退輸租地等各種地畝，徵收稅則也不盡相同。剝船地數量較多，後逐漸還民。康熙四十年歸併剝船地二千四百六十八頃五十二畝三分有奇，實存民宮馬共地一千四百五十五頃四十二畝五分有奇，共徵銀三千九百八十八兩一分二釐有奇。

　　各衛所在武清境內也有數量不等的土地，通州左衛地一十六頃二十一畝六分，燕山右衛地一百三十七頃三十六畝二分有奇，永清左衛地一百二十頃三十九畝六分有奇，驍驤右衛地八頃二十八畝二分，彭城衛地三頃四十六畝七分有奇，神武左衛地一十五頃七十四畝有奇。金吾左衛地二十六頃七十八畝三分有奇。通州並六衛地共三百二十八頃二十四畝七分有奇，共徵銀四百八十七兩二錢六分六釐有奇，共徵黑豆四十八石五斗四升六勺五抄有奇。此外，康熙三十七年還收大興縣歸併崔黃口原額牧廠地、鑾儀衛地等各種地畝，數額不等。康熙年間額外地租入爲：

　　　　額外共地三千八百七十九頃二十二畝五分六釐六毫，共徵銀七
　　千八百四十三兩四錢四分二釐九毫七絲六忽二微三纖三沙三塵二埃

〔註86〕（清）吳翀　曹涵：《武清縣志》卷二《田賦》。
〔註87〕（清）吳翀　曹涵：《武清縣志》卷二《田賦》。

一渺四漠八湖七虛三澄二清八逡五巡。除旗退地房租銀一百三十兩
八錢四分九釐九毫一絲不攤丁匠外，每兩攤丁匠銀二錢七釐二絲六
忽八微一纖九沙二塵八埃二渺七漠三湖，共攤丁匠銀一千五百九十
六兩七錢一分三釐六毫一絲九微二纖四沙三塵二埃二渺二漠九湖六
虛九澄四清五逡二巡七稜，遇閏每兩攤丁匠閏銀七釐九毫四絲一忽
一微七纖八沙五塵八埃二渺一漠二虛七澄四清。額內、額外地房並
攤丁匠共徵正加銀一萬一千五百一十六兩六錢六分四釐七毫二絲八
忽三微五纖九沙七塵五埃九渺三虛八澄六清八淨三巡二稜，遇閏共
徵，閏日並攤丁匠銀二百二十八兩二分二釐一毫三絲一微三纖四沙
五塵一渺二漠三湖三虛二澄二淨七逡一巡，共徵黑豆四十八石五斗
四升六勺五抄六撮七圭六粟二顆九粒一黍。〔註88〕

清末，武清縣稅收名目仍與乾隆時期大致相同，額度略有變化。光緒所修《武
清縣志》記載了部分地畝變動的情況，略述如下：「民大地實存一百三十四頃
三十九畝，灶地實存三十二頃三十七畝一分有奇；額內民灶二頃共地二百八
頃四十八畝七分有奇，共徵正加銀一千二百二十七兩一錢六分七釐有奇，共
攤丁匠銀二百六十兩一錢三分一釐有奇；宮邊地徵銀四百六十五兩六錢六分
九釐有奇，另有新增墾荒地徵銀三百八十二兩六錢一分八釐有奇；馬房地實
存馬房地一千九十六頃二十畝五分有奇，雍正乾隆時期多有改水草地者，共
徵銀七百三十六兩五錢四分有奇；御馬監地乾隆年間改水草、減租等後，共
徵銀四百五十二兩一錢五分九釐有奇；剝船地散處各處，共徵銀一千五百十
七兩六錢一分六釐有奇；通州左衛、鑾儀衛等六衛地共三百五十四頃十九畝
六分有奇，共徵銀五百二十一兩六錢七分四毫有奇，共徵黑豆四十八石五斗
四升六勺五抄有奇。」

通過對比光緒與康熙乾隆時期賦稅以及田土名目，可以發現：雖然清代
田制已經與明代大不相同，但由於武清在明代靠近京畿，田土構成烙上深深
的明代官民二分的田土制印記，以致於到清代，這種印記仍然無法完全去除，
在賦稅和田畝名稱上深受影響。

寶坻縣與武清縣情況基本相同，在清代賦稅名目和徵收上也體現出這一
特點。清初寶坻地畝經過圈佔之後，小民負擔沉重，「蓋以圈撥之後，地僅存
其卑鹵，既艱於正額之供，而本役之外復代鄰邑，剝運又苦於飛搖之重，累

〔註88〕　（清）吳翀　曹涵：《武清縣志》卷二《田賦》。

此生計坐困。〔註89〕明代銀魚、徵鹽也是貢免而課存。康熙年間寶坻縣賦稅概況為：「原額民地陸千捌百玖拾頃陸拾肆畝柒分貳釐，共徵銀壹萬肆千壹百玖拾肆兩一錢捌分零。除圈、投、僉船等地外，實在民、灶、退圈、開荒、宮邊、馬房、金盞等地，共陸千一百捌頃肆拾肆畝捌分零，共徵銀壹萬貳百柒拾伍兩貳錢捌分零。原額民、灶人丁壹萬柒千陸百貳丁，今編審實在行差人丁共柒千壹百陸拾陸丁，共徵銀壹千壹百三拾兩陸錢貳分。以上地、丁貳項，通實徵銀壹萬壹千肆百伍兩玖錢三釐零。」〔註90〕從此處記載很難看出順治康熙時期圈地情況。實際上，順治至康熙初年，寶坻宮邊、馬房等地經過較大變化。這一時期各地田畝數量及賦額見下表：

表 4.12　順治至康熙初年官田變化與賦稅表

官田	條目	變更 正項銀（兩）	新增銀（兩）	粟米（石）	黑豆（石）
宮邊地	乾清宮地	1869.385	1817.110	52.275	106.54
	梁城所河東乾清宮地	372.934	345.724	27.21	81.63
	邊地	2496.950	2301.713	195.238	295.66
	梁城所河東邊地	685.410	343.705	341.705	448.36
馬房地	馬房地	3748.913	3499.813	249.100	485.74
監地	御用監	620	519.903	30.097	92.29
	內官監	1036.971	1020.784	16.187	48.56

資料來源：（康熙）《寶坻縣志》卷三《賦役志》。

　　上表可以看出，寶坻縣境內絕大多數明代官地被圈佔，僅餘很少的一部分徵稅。寶坻縣額外田在康熙時「實徵銀二千四百九十六兩二錢九分零，實徵黑豆三石七斗七升八合六勺零」，「康熙十二年，官田額外田共實在地二千二百六十一頃四十五畝三分五釐九毫。各起科不等，共實徵銀四千五十三兩七分六釐四毫零，實徵籽粒四十三石七斗四升五合，實徵黑豆六斗八升一合二勺零。寶坻民灶官田額外等地通共實在地五千二頃四十六畝九釐四毫零，通共實徵糧銀八千六百七十九兩二錢四分七釐五毫，通共實徵黑豆三百八十

〔註89〕（康熙）《寶坻縣志》卷三《賦役志》，第 11 頁。
〔註90〕（清）張吉午纂修、閻崇年校注：《康熙順天府志》卷四《食貨·田賦》，第150～151 頁。

二石六斗七合六勺，實徵籽粒四十八石七斗四升五合。寶坻丁地通共徵銀九千六百四十八兩九錢二分七釐九毫零，除本縣扣支官俸役食等銀三千四百三十三兩一錢六分四釐一毫，上解銀六千二百一十五兩七錢六分三釐八毫。」〔註91〕以上除旗圈外，仍留存有明代濃厚的官民田土印記。

乾隆九年以後，寶坻賦役出現一大變化。民灶地、收地、增地等歸入額內，實際上即是將原有宮邊、馬房、剝船等地納入額內，餘下歸入額外，反映出其時這些地畝逐漸撥補歸還人民，由明代官田開始逐漸轉化成為民田，「舊志有宮地、邊地、監地、牧地之分，今遵照乾隆九年《賦役全書》，收、增皆歸額內，餘八百八十八頃一十九畝七分五釐零則為額外，與舊誌異矣。」〔註92〕順治元年原額民地六千八百九十頃六十四畝七分二釐，經圈佔後餘五十七頃九十五畝多，此後直到乾隆九年無開除。順治年間將大量明代官地補還人民，稱為民地，「順治二年三年四年，將宮邊馬房監地補折圈除民地共三千零一頃二十一畝七分四釐二毫六絲一忽，內除四年又圈去地九百八十二頃二十三畝一分四釐六毫，十四年，新增僉派糧船地一百三十頃。康熙四年六年七年十二年，圈去並蓋造營房共地二十七頃一十畝。及雍正九年十年，分歸寧河縣地四百一十二頃七十六畝六分六釐七毫二絲，乾隆二、八兩年開除。雍正四、八兩年，奉開青龍灣、窩頭等河，用地三十一頃十八畝九釐三毫六忽。乾隆九年，實存補民地一千四百一十七頃四十三畝八分三釐六毫三絲五忽。（每畝照民地二分五毫九絲九忽一微九纖九沙七纖一渺起科，遇閏加銀一釐七毫三絲六忽五微一纖二沙七塵九渺四漠。）」〔註93〕順治元年灶地原額八百二十頃九十六畝六分五釐，到乾隆九年實存灶地一百四十八頃七十七畝。補灶地「順治四年，將馬房駒監地補折圈除灶地四百六十一頃八十七畝二分九釐九毫九絲八忽，內除雍正九年分歸寧河縣地一百八十五頃二十九畝四分九釐二忽八微，乾隆九年實存補灶地二百七十六頃五十七畝八分九毫九絲五忽二微。（每畝照灶地八釐一毫六絲二忽一微五纖起科。）」〔註94〕乾隆九年時，民灶共地一千九百頃七十五畝，徵正加銀三千三百八十七兩，黑豆一百七十五石一升。〔註95〕民灶二項地畝仍較原額少許多。此時，新增收地、增

〔註91〕　（康熙）《寶坻縣志》卷三《賦役志》，第 13～14 頁。
〔註92〕　（清）洪肇楙等纂修：《寶坻縣志》卷五《賦役》，第 266 頁。
〔註93〕　（清）洪肇楙等纂修：《寶坻縣志》卷五《賦役》，第 261～262 頁。
〔註94〕　（清）洪肇楙等纂修：《寶坻縣志》卷五《賦役》，第 264～265 頁。
〔註95〕　（清）洪肇楙等纂修：《寶坻縣志》卷五《賦役》，第 265 頁。

地等亦歸入額內，「收地者，收舊時所充紅剝船地而歸之正額者也。初寶坻派紅剝船百二十，入國朝雖量減，猶存百有三隻，每隻給地十頃，免其賦。時方圈給後，民多失業，重以雇役，包賠幾焦然不能以終日。聖祖仁皇帝側然憫之，於四十年裁之，復以其地還民。積弊既除，舊疆復廣，德莫厚焉。小民由此有起色矣。〔註96〕由此可見，收地其實便是剝船地裁歸後變成的民地。乾隆九年實存收地九百三十二頃三十五畝八分三釐四毫，約徵銀一千六百五十二兩八錢九釐，黑豆一十四石七斗三升。〔註97〕這部分收地科則及土地構成見下表：

表 4.13　乾隆九年寶坻收地賦稅表（徵稅單位：畝）

地畝＼賦稅	面積（頃）	起科（分）	芝棉胖衣加增銀（毫）	黑豆（合）	閏銀（釐）
民地	16.226	2.0599	1.6487	9.8358	1.7365
民地	130	2.0599			1.7365
開荒民地	43.943	2.0599			1.7365
金盞地	75.152	1.65			
宮地	103.825	2.04			
邊地	502.242	1.51			
駒子地	60.97	2.7			

資料來源：（乾隆）《寶坻縣志》卷五《賦役》。

增地指「合開荒、香火及官邊監牧之類，以積漸而增益之，乃得足乎曩額。」可見增地來源之一為明代官田。自順治十年起至乾隆九年止，寶坻增地除去圈去、退歸、分歸寧河以及開河用地等，實存增地一千九百八十二頃六十八畝二分五釐六毫五絲五忽七纖三沙四塵。數見下：

表 4.14　乾隆九年寶坻增地賦稅表（徵稅單位：畝）

地畝＼項目	時間	面積（頃）	起科（分）	芝棉胖衣加增銀（毫）	閏銀（釐）
開荒民地		657.138	2.0599		
僧道香火地	順治十年	13.745	2.0599		
香河退補民地	順治十年	27.055	2.0599		
開荒灶地		57.174	0.8162		

〔註96〕　（清）洪肇楙等纂修：《寶坻縣志》卷五《賦役》，第 266 頁。
〔註97〕　（清）洪肇楙等纂修：《寶坻縣志》卷五《賦役》，第 268～269 頁。

自首開荒民地	雍正九年，乾隆三、四年	9.93	2.0599		1.7365
水草地		111.454	1		
御用監地		2.702	3		
邊地		143.863	1.514		
河東邊地		9.545	1.312		
馬房駒子地		78.732	2.7		
金盞地		28.186	1.65		
牧地		46.44	1.033		
工部地		0.905	3		
宮地	雍正二年、乾隆七年	0.315	2.039		
馬廠地		722.556	0.4		
隱占燊澱地	康熙三十年	0.975	3		
開荒老民地	乾隆元年、五年	0.592	2.0599	1.6487	1.7365
移歸香河寄糧地	乾隆五年	45.747	2.0599		1.7365
開墾補民地	乾隆五、六、七等年	25.635	2.0599		1.7365

資料來源：（乾隆）《寶坻縣志》卷五《賦役》。

　　乾隆九年，寶坻額內地「通前民地、灶地、收地、增地共四千八百一十五頃七十九畝一分一釐四毫六纖七纖三沙四塵，各則徵銀不等。共徵正加銀七千六百四十四兩二錢七分六釐六毫五絲五忽七微八纖一沙六塵四埃二漠九湖三虛七澄五清，每兩均攤丁匠銀二錢七釐二絲六忽八微一纖九沙二塵八埃二渺七漠三湖，共均攤丁匠銀一千五百八十二兩五錢七分二毫八絲一忽七微六纖三沙六塵九埃七渺二漠八湖七虛四澄九清七淨一逡一巡，黑豆一百八十九石七斗五升八合四勺七抄六撮一圭四粟九顆三粒八黍二稷六糠一粃八粞。」〔註98〕

　　額外地，「餘地也。按明時餘地最多，今則入於旗圈者什之二，入於補民者什之七。」〔註99〕乾隆九年寶坻額外地包括明季餘地，退出斷出開荒地，叛產工部開荒葦地，開荒籽粒地，退出開荒查出地，衛地，旗退輸租地等。

〔註98〕　（清）洪肇楙等纂修：《寶坻縣志》卷五《賦役》，第268～274頁。
〔註99〕　（清）洪肇楙等纂修：《寶坻縣志》卷五《賦役》，第275頁。

除旗退輸租地不攤丁匠銀，每兩均攤丁匠銀二錢七釐二絲六忽八微，共攤丁匠銀共均攤丁匠銀三百四十八兩八錢一分二釐七毫，徵黑豆四石三斗六升九合一勺，高粱四十四石三斗一升二合。詳細情況見下表：

表 4.15 乾隆九年寶坻額外地表

額外地 ＼ 條目	地畝名稱	面積（頃）	科則（畝／分）	徵銀（兩）	黑豆（石）
明季餘地	邊地	18.9922	1.5144	464.16297	
	駒子地	88.1055	2.7		
	金盞地	94.4191	1.65		
	牧地	40.3914	1.033		
退出斷出開荒等地	英王退圈地	3.41	起科及黑豆俱照民地	754.9274	3.0975
	退圈民地	355.1687	起科同上		
	香河縣退回御用監地	5.428	3		
叛產工部開荒葦地		80.228	3	240.684	
開荒籽粒地〔註100〕		36.672			
退出開荒查出地	民地	0.65	芝棉胖衣銀及黑豆閏銀俱照民地	222.69843	1.2717
	荒民地	104.78556	起科同上		
	荒民地	3.15	起科、閏銀同民地		
	灶地	0.75	起科及黑豆俱照灶地		
永清左衛地		1.597	1.5	2.3955	
旗退輸租地〔註101〕		55.22764		129.29495	
合計		888.197561		1814.16242	4.3691

資料來源：（乾隆）《寶坻縣志》卷五《賦役》

〔註100〕每畝徵高粱一倉升，共徵子粒高粱三十六石六斗七升二合。
〔註101〕另徵高粱七石六斗四升。不攤丁匠銀。

對比乾隆九年寶坻縣額內、額外地便知，此時寶坻額內地已經占境內地畝的多數。無論從稅收數量上還是所佔面積上，都具有絕對的優勢。地畝在乾隆時期，已經基本完成明代官民二分田制向清代民灶爲主田制的轉換，田制、稅收均趨於穩定。

四、寧河縣的土地開發與賦稅

寧河明末清初爲梁城守禦千戶所，田土性質類似天津衛屯田。雍正九年析出以後，始具有民政性質。改縣以前，梁城所地畝較少，設縣後一併歸入寧河縣徵收：

> 梁城所額內地畝宮地、邊地、屯地、新增貼軍共地一千五百二十八頃七十四畝三分八釐，内乾清宮地三百七十二頃九十三畝四釐，内於順治二三四年分補民地三百四十五頃七十二畝四釐，實剩宮地二十七頃二十一畝，每畝三分起科，在寶坻縣入額徵糧。

> 河東邊地三百四十七頃三十五畝三分六釐，於順治二三四年份全補民地訖。

> 又河東邊地六百八十五頃四十畝九分八釐，内於順治二三四年分補民地三百四十三頃七十畝四分九釐，實剩邊地三百四十一頃七十畝四分九釐，每畝徵銀一分三釐一毫二絲一忽三微二纖，在寶坻縣入額徵糧。

> 屯地新增貼軍共地一百二十三頃五畝，内節年共圈去地二十五頃五十七畝五分，實剩屯地九十七頃四十七畝五分，每畝一分五釐起科。

> 額外地畝

> 原額康熙元、二、十三、十六、二十五等年開墾限滿，入糧地一十五頃九十一畝一分，每畝一分五釐起科。

> 以上梁城所額內額外共地一百一十三頃三十八畝六分，每畝徵銀一分五釐，共徵銀一百七十兩七分九釐，於雍正九年九月内裁所改縣徵收。〔註102〕

〔註102〕 （清）關廷牧修，徐以觀纂：《寧河縣志》卷五《賦役志‧田賦》，上海圖書館藏乾隆四十四年刊本，第5~6頁。

除去歸併衛所地畝外，到乾隆時期，寧河縣又納入部分寶坻縣地畝並且有大量新開墾、徵租地畝，體現出寧河新設縣之注重土地開發特色。詳見下表：

表 4.16　乾隆四十四年寧河歸入各項地畝及賦稅表

地畝 ＼ 條目	地畝類別	面積（頃）	徵銀（分）	黑豆（合）
寶坻縣歸入地	民地	12.58488	2.07648	9.08358
	民地	457.60238	2.05992	
	灶地	324.84747	0.81622	9.08358〔註 103〕
	籽粒地〔註 104〕	13.453		
	監地	33.21625	3	
	開荒水草地	56.30346	1	
	馬房駒子地	4.69188	2.7	
	牧地	7.8486	1.033	
	香河縣退回圈地	3.672	3	
	河東宮地	27.21	3	
	開荒宮地	175.8833	2.0389	
	開荒邊地	376.7482	1.3121	
	邊地	115.50555	1.5143	
	金盞地	1.24848	1.65	
	水草官地	1081.01544	0.4	
開墾認買歸併奏改地畝	雍正九年認墾恩賞官地	69.45	0.4	
	雍正十一年認墾恩賞官地	0.2	0.4	
	乾隆五年認買恩賞官地	1.1333	2.0599	
	香河縣歸併入額徵糧地	13.595	2.0599	
	乾隆六年開墾恩賞官地	0.7	2.0599	
	乾隆七年開墾恩賞官地	2.07285	2.0599	
	乾隆八年開墾恩賞官地	1.5607	2.0599	
	乾隆八年開墾恩賞官地	0.52	1.5	

〔註 103〕僅 205.236 頃徵黑豆。
〔註 104〕每畝納高粱一升。

乾隆十一年開墾恩賞官地	54.882	0.4	
乾隆十二年開墾恩賞官地	1.98	2.0599	
乾隆十六年開墾恩賞官地	8.383	0.4	
乾隆十七年開墾恩賞官地	10.23	0.4	
乾隆十七年開墾恩賞官地	0.5	2.0599	
東堤頭奏改水草地	458.63112〔註105〕	0.4	
乾隆十九年認墾恩賞官地	23.94726	0.4	
乾隆二十二年開墾恩賞官地	36.363	3	
乾隆二十二年開墾地	2887.537	1	

資料來源：（乾隆）《寧河縣志》卷五《賦役志》

　　以上額內、額外、寶坻縣併入地以及開墾、認買、歸併、奏改各項，通共地六千五百三十四頃二畝八分五釐，各則徵銀不等，共徵正加銀六千五百六十六兩三錢三分六釐，每兩均攤丁匠銀二錢七釐二絲六忽八微一纖九沙二塵八埃二渺七漠三湖，共均攤丁匠銀一千三百五十九兩四錢七釐，遇閏加徵地閏銀五百九十三兩九錢八分七釐，丁閏銀五十二兩一錢四分七釐。共徵黑豆一百九十七石六斗六升六合四勺（解送通州），共徵子粒高糧一十三石四斗五升三合（存倉候文撥解）。〔註106〕除上述地畝，乾隆年間寧河縣還有一部分的徵租地畝：

　　　　河灘淤地二頃一十二畝四分六釐（坐落潘兒莊、淮魚澱二莊），每畝徵租銀三分，於十一月內解交通永道庫。

　　　　入官地九十一頃八十三畝八分八釐（坐落大從莊等處），每畝徵租不等，共徵租銀五十九兩五錢三分八釐。又房間莊窠徵租銀八兩六錢六分，歷年於奏銷時解交藩庫。

　　　　入官無租荒地一十九頃八十六畝一分七釐，乾隆三十八年據民人馬中驥認墾地五頃三十一畝，八年後始行議租。

　　　　廣恩庫置買大港莊地三十頃二畝一分，內熟地二十五頃二十畝五分，每畝徵租銀一錢二分，城薄地四頃八十一畝六分，每畝徵租銀七分，於每年八月內解交藩庫。

〔註105〕　內有58.12435頃照灶地每畝納黑豆九合八抄三撮五圭七粟八粒。
〔註106〕　（清）關廷牧修，徐以觀纂：《寧河縣志》卷五《賦役志·田賦》，第11～12頁。

以上徵租各地內入官並廣恩庫地畝，本係糧地，糧銀在於租內
扣出，仍歸地糧起解。〔註107〕

通過上述資料可以看出，寧河縣設立以后土地有將近一半來自寶坻分歸，另
外多數則是通過認墾等方式開發取得。相較於武清、寶坻等地原有大量熟田，
寧河則顯示出天津後設州縣在農業發展上的一個特點，即大面積的農業土地
開發成為主流。

五、薊州賦役情況

由於清初兵災和圈地，薊州人丁也多所減少，賦役受到影響。康熙初年
地畝和所徵收賦役數額：「原額民地伍千伍百頃貳拾捌畝貳分，除學田、香火、
義冢、邊屯、無主老荒、節年圈投外，實在存剩民地並撥補、退出開荒及額
外屯衛等地，共肆千壹百肆拾伍頃陸拾畝陸分有零，並草房拾玖間半，共徵
銀柒千玖百貳拾兩壹錢柒分有零。原額人丁壹萬壹千玖百壹拾壹丁半，今編
審實在行差人丁肆千肆百玖拾壹丁，共徵銀壹千三百三拾壹兩貳錢三分有
零。以上地、丁、草房三項，通實徵銀玖千貳百伍拾壹兩肆錢捌分柒釐零。」
〔註108〕康熙末年所修《薊州志》記載薊州原額人丁一萬一千九百一十一丁，
內除逃亡人丁一萬四百十一丁半，存剩人丁一千四百七十一丁。自順治九年
起至康熙四十年止歷年編審新增查出復業退出為民等項共人丁四千二百三十
九丁〔註109〕，與上文記載相近，也可見薊州人丁經歷了清初的大量減少和逐
漸恢復的過程。康熙末年各則人丁共徵銀一千一百三十八兩六分二釐四毫，
徵閏銀一百三十八兩二錢八分四毫六絲五忽九微，另有三衛歸併人丁徵銀一
百二兩三錢二分，供丁徵銀三十三兩三錢九分二釐六毫，總共各項人丁徵銀
一千二百七十兩七錢六分五釐〔註110〕。對上述記載，可見康熙年間薊州人丁
銀變化不大，人丁數額增加也不是很多。

康熙末年田賦徵收及變革情況為：民地原額五千五百頃二十八畝二分，
實在民地四千三百四十八頃六十八畝七分三釐，每畝徵銀二分一釐二毫九絲
四忽九微九纖，共徵銀九千二百六十兩五錢二分五釐二毫五絲六忽六微六纖

〔註107〕（清）關廷牧修，徐以觀纂：《寧河縣志》卷五《賦役志・田賦》，第13～14頁。
〔註108〕（清）張吉午纂修、閻崇年校注：《康熙順天府志》卷四《食貨・田賦》，第
152頁。
〔註109〕（清）張朝琮 鄔棠：（康熙）《薊州志》卷三《戶丁》，第5頁。
〔註110〕（清）張朝琮 鄔棠：（康熙）《薊州志》卷三《戶丁》，第6～7頁。

二沙七塵。順治十二年，奉文加徵芝麻棉花胖衣，每畝加銀八絲一忽九微三
纖五沙六塵二渺，共加增銀三十五兩六錢三分一釐二毫三絲一忽一微八纖三
沙五塵二埃五渺四漠。後經撥補圈佔投充，薊州實際存剩地七十頃六十三畝
九分八釐六毫。照萬曆間中地起課，每畝徵銀二分一釐五毫，共徵銀一百五
十一兩八錢七分五釐六毫九絲九忽。每畝加增銀八絲一忽九微三纖五沙六塵
二渺，共加增銀五錢七分八釐七毫九絲一忽九微四纖五沙四塵二埃九渺五
漠。陸續撥補實存地一千一百九十九頃一十七畝六分五釐六毫，各徵銀不等，
共徵正加銀二千一百六十六兩五錢五釐五毫。開荒等地一千八百五十三頃六
畝七分一釐八毫，共徵正加銀三千五百二十一兩一分七釐九絲。〔註111〕可見，
經過順治年間的圈佔和撥補投充等，薊州原額地畝縮減較少，民人不得不以
新開地畝補充。到康熙末年，薊州各種地畝加起來有三千一百二十二頃八十
八畝三分六釐，徵銀五千八百一十五兩七分九釐。仍然遠遠沒有恢復到原額。
此外，薊州也有小部分的額外地畝，徵銀不多，在此不再贅述。

　　薊州丁銀在清代變化不大，「雍正二年將丁糧攤入地糧內，徵收得銀千八
百八十兩九錢六分三釐，閏年增銀七十二兩九錢四分。又房十九間半，每間
徵銀一錢，共徵銀一兩九錢五分。又丁匠銀攤入地糧內一千七百八十七兩二
錢九分八釐。」〔註112〕到道光時期「額內額外並受補屯衛共徵丁銀一千二百
四十六兩九錢三分八釐」〔註113〕。隨著地畝數額歷朝不斷變化，道光時民地
「四千二百六十三頃三十四畝三分五釐一毫，共徵銀八千六百四十三兩六錢
五分，原例不攤丁匠銀，後攤丁匠銀一千七百八十七兩二錢九分八釐，通共
徵銀一萬四百三十二兩九錢二釐。」〔註114〕

　　由上可見清代薊州地畝賦稅在經過初期圈地的影響之後，在康熙年間逐
漸恢復，此後不斷發展。在清代呈現出穩步前進之狀態，波動不是很大。

六、旗租與其他地畝賦稅

　　除各地民灶等田租稅，天津其他地畝也在賦稅徵收制度中扮演一定角
色。如河工經費銀便有出於河地者：曰河淤地租。乾隆十年奏定，一夫授地
六畝五分，一畝徵租三分、六分有差，貯之道庫為河工黏補之用。曰防險夫

〔註111〕　（清）張朝琮　鄔棠：（康熙）《薊州志》卷三《田賦》，第8～12頁。
〔註112〕　（民國）仇錫廷等纂修：《薊縣志》卷五《賦稅·清之地丁錢糧》，第481～482頁。
〔註113〕　（道光）《薊州志》卷五《賦役志》，第24頁。
〔註114〕　（道光）《薊州志》卷五《賦役志》，第62頁。

地。自乾隆二十年改北六工二十號爲下汎，二十號已下舊河淤地撥給北埝三汎防險民夫，每戶六畝五分，每畝徵租三分六分有差。嗣是二十號已上至郭家務亦淤有灘地，撥給兩岸五、六工，南岸四工防險夫。曰柳隙地租。南上、中汎麻地租，即柳園隙地濫觴也，益以堤幫、堤隙凡七十六頃五畝一分五釐又二十五里有奇，歲徵銀八百二兩一錢四分九釐三毫，錢千一百二千八百三十二文。曰葦場地租。雍正四年郭家務改河，水利府動帑二千八百六兩三錢一分四釐，買武清范甕口民葦場地四十六頃七十七畝一分九釐，以爲挖河築堤之地。十一年堤旁產葦，丈計一頃十五畝有奇，年刈草三萬斤，充擰綯用。乾隆十六年改移下汎，河身涸出，蓄葦爲歲搶之需。河淤餘地一頃九畝，除河身堤坑柳陰地八頃九十一畝，實地三十八頃九十四畝。嗣以地薄減租，每年徵銀七百二十八兩四錢三分有奇。〔註 115〕但影響最大、持續時間最長者，當屬天津各地的旗租。清初圈地後旗租在天津廣泛存在，光緒《順天府志》對旗租進行了系統地總結和說明：

> 旗地猶明莊田，即古者采地遺意也。國初八旗王公、官員、兵丁分地，附近京師宗室莊田一萬三千三百三十八頃四十五畝有奇，官兵圈地十四萬一百二十八頃七十一畝，凡地十五萬三千四百六十七頃十六畝有奇。厥地不僅隸順天，而順天府境之地被圈爲多，存退、另案、屯莊、莊頭、三次、四次、奴典、公產，所謂八項旗租也。此外又有廣恩庫、鑾儀衛、馬館、西河黑地升科，儲備軍餉。海防、香燈、博通、普濟等地徵租，或報府，或不報府，錄可稽者。志旗租。

> 旗地租大較有八，一存退地。此順治初旗人圈地也。指圈之地有餘，交官徵租，謂之存；圈後還官徵租，謂之退。自乾隆十一年始冊報，名曰存退。一另案地。雍正三年戶部諮，令將內務府交出旗圈餘地又八旗報抵虧公之地又察抄入官房地交地方官徵解，自七年始，另立一案，名曰另案。一屯莊地。旗屯承種霸州、固安縣、永清縣。此三州縣外，尚有新城縣，非順天府屬。井田合已，未長租者每戶分田一百二十五畝，歲輸屯穀十二石五斗，令地方官徵解。自乾隆十七年，戶部定爲例，始名曰屯莊。一莊頭地。內務府莊頭退出地畝，交地方徵解。自乾隆二十二年戶部諮準，始專案冊，報名曰莊頭。一三次贖地。八旗地私自典賣與民，動帑贖回，起乾隆

〔註 115〕　（清）周家楣等修，繆荃孫等纂：（光緒）《順天府志》卷四十，第 248～250 頁。

十年，訖十二年，謂之初次。起十三年，訖十五年，謂之二次。起十六年，訖十八年，謂之三次。厥後定章並冊造報，名曰三次。一四次贖地，起乾隆十九年，訖二十五年，徵解如三次例，而自爲一冊，名曰四次。一奴典贖地。八旗人私自典地與旗奴，動帑贖地。起乾隆十九年，訖二十三年，交地方官徵解，專冊造報，名曰奴典。一公產地。八旗地私典與民，發覺入官，交地方官徵解，專冊造報，名曰公產。二十四州縣有無互見。〔註116〕

上述記載雖爲順天府情況，但天津境內狀況大多相似。武清、寶坻、寧河、薊州的旗租由東路同知督察：「督察者四路同知，東路轄通、三河、武清、香河、寶坻、寧河、薊，州縣凡七，而漷邑州判所管旗租地附之」〔註117〕。旗租以薊州、武清、寶坻三地最多，徵租地畝、種類也最爲豐富。薊州在清代康熙六年後，「實圈佔八千三百四十七頃七十九畝四分六釐七毫，共存民地爲二千一百一十五頃三十八畝九分二釐三毫四絲。民旗兩地相較爲四與一之比。」民國時對薊州旗租進行了清理，從中可見薊州旗租大概。薊州旗租有七項：（一）三次贖地，共二十四頃零三畝五分八釐，園基地七畝二分七釐，草房四十八間半，共徵租銀二百七十六兩七錢三分九釐。（一）四次贖地，共三百七十五頃九十八畝四分二釐五毫，園基地三頃六十四畝八分五釐，墳地七畝九分八釐，草房九百二十六間半，柴樹二百零二棵，共徵銀四千八百二十一兩三錢四分八釐。（一）奴典贖地，共一百八十二頃八十五畝一分一毫，又園地九十八畝七分，基地二十八畝八分五釐，坑地七畝，瓦草房六百五十九間半，共徵租銀二千四百三十二兩三錢八分八釐五毫。（一）公產地，共一百二十頃九十三畝二分三釐九毫，墳地二十一畝八分，園地二十三畝一分三釐五毫，土草房九十九間半，共徵租銀一千二百六十六兩二錢三分四釐七毫。（一）另案地，共四百三十六頃二十一畝五分五釐二毫一絲八忽，場園地一頃零九畝三分九釐，場園地三塊，果樹二百二十五株，草房一千八百四十一間，共徵租銀五千八百五兩八錢二分九釐一毫。（一）莊頭地，共六十六頃九十七畝九分，共徵租銀三百八十九兩一錢七分。（一）存退地，共一百八十五頃二十四畝一分九毫，房基四處，又房基一畝九分八釐，草房六十七間半，共徵租銀二千四百七十三兩四錢三分五釐九毫。以上七項共地一千三百九十

〔註116〕　（清）周家楣等修，繆荃孫等纂：（光緒）《順天府志》卷五十三，第483頁。
〔註117〕　（清）周家楣等修，繆荃孫等纂：（光緒）《順天府志》卷五十三，第492頁。

九頃四十四畝八分六釐一毫一絲八忽，房三千六百四十二間半，柴樹二百零二棵，果樹二百二十五棵，其始原租不等，並有無租之地，經嘉慶七年、道光五年兩次奉旨均攤核減，徵銀各如上述，共徵一萬七千四百六十四兩九錢四分五釐六毫。

正款之外又有外款，亦分七項：（一）雍和宮香燈旗地二十一頃二十五畝，內有房身地十畝，房基十九分，土房三間，草房三十四間，各徵租不等，共徵租銀二百一十九兩三錢八分八釐六毫，租京錢二百七十五千一百一十文，每年九十月間內務府差員來薊照數收取。（一）永濟庫旗地共七十三頃四十九畝七分四釐，內有園地一畝，草房一百四十六間，各徵租不等，共徵租銀一千四百八兩九錢零四毫，每年九月間差役解永濟庫訖。（一）鑾儀衛旗地共四十一頃一十三畝二分七釐，草房三十七間半，空基一處，各徵租不等，共徵租銀六百三十二兩五錢六分，租京錢四百七十九千七百四十文，每年九月內差役解藩庫訖。（一）西河歲修旗地十九頃八十二畝三分，園地二塊，草房三十八間，空基二間半，各徵租不等，共徵租銀一百八十一兩三錢九分一釐，京錢四百零六千零二十六文，每年冬批解提督府衙門。（一）籌備項下旗地八頃六十畝零二分三釐，園地五畝七分七釐，瓦房三間，草房三十三間，空基四塊，各徵租不等，共徵銀一百五十一兩五錢四分。（一）莊頭項下王良貴退出地十頃零七十三畝九分，坐落豆各莊等處，每年徵薊錢一千零四十五千六百二十文，內有草房十二間半，計四處。（一）園頭項下坐落小地莊等處共地四頃四十八畝七分，每年徵薊錢四百一十千零二百文。七項外款旗地共一百七十九頃五十八畝九分一釐，房二百九十六間半，共徵銀二千五百九十三兩七錢八分，京錢八百八十五千七百六十文，薊錢一千四百五十五千八百二十文。〔註118〕

武清和寶坻旗租數量也較大，且在清末各有七種：

武清縣旗租地凡七：一存退地三百三十四頃十六畝五分二釐。房十六，房基地二頃三畝八分七釐七毫，房基一塊。徵銀一千三百六十一兩四錢八分三釐。一莊頭地七頃三十九畝四分四釐，徵銀二十二兩三錢一分五釐。一另案地四百四十九頃七十九畝九分八釐六毫，房基場園地四頃十九畝一分七釐，房基五百四十七有半，隨房地二十四畝七分三釐四毫，徵銀三千一百三兩一錢一分四釐。又房五百一十六有半，隨房地三十六畝五分五釐六毫，井二木九無租。一三次贖典地十九頃八十四畝一分七釐，房柵十四有半，連地五畝一分八釐，徵銀二

〔註118〕　（民國）仇錫廷等纂修：《薊縣志》卷五《賦稅・清理處》，第489～494頁。

百十二兩四錢五分九釐。一四次贖典地三百二十二頃十五畝四分九釐，房一百十四有半，房基等地一頃九十七畝三分三釐，房地二頃，徵銀三千七百十七兩九分七釐。一奴典地一百三十一頃二十五畝七分一釐，房一百十八有半，場園等地六十七畝八分五釐，徵銀一千二百九十七兩四錢九分四釐。一公產地一百七十二頃八十五畝四分六釐，房基等地一頃四十一畝一分三釐八毫，房五十有半，徵銀一千五百十一兩五錢二分八釐。又房九無租。已上無租而外，凡地一千四百三十五頃四十一畝七分七釐六毫，房六百八十二，房身等地八頃五十五畝二分七釐九毫，房基一塊，額徵銀一萬一千二百二十五兩四錢九分，內除民糧銀十四兩一錢二分，得銀一萬一千二百十一兩三錢七分，解內務府銀二百十七兩八錢六分，司庫銀一萬九百九十三兩五錢一分。〔註119〕

　　寶坻縣旗租地凡七：一存退地一百五十八頃十畝一分九釐三毫一絲，莊窠地基十畝五分二毫，基地十七畝六釐一毫，房一百三十，隨房地二畝三分一釐九毫，徵銀一千三百四十八兩四錢二分四釐。一莊頭地十七畝，徵銀五錢七分六釐。一另案地二百七十二頃九十六畝七分三釐八毫八絲，莊窠房基地五十四畝一分七釐八毫，房二百二十四，土房一百二十六有半，空基三間，徵銀二千三百六十二兩八錢六分四釐。又房一百八十三有半，棚八間有半，無租。一三次贖典地七頃四十六畝九分二釐，徵銀九十一兩五錢三分一釐。一四次贖典地五百七十八頃四十二畝七分七釐三毫，場園房基地四頃五十五畝六分八釐二毫，房棚一千六百五十三有半，徵銀七千五百十二兩二錢八分五釐。一奴典地二百五頃八十三畝一分二釐五毫，場園葦地一頃三十七畝七分七釐一毫，房棚五百七十六，徵銀二千四百六十四兩四分五釐。一公產地一百五十九頃七十八畝三分一釐三毫，場園房基地一頃三畝二分六釐四毫，空基地三畝九分五釐一毫，丈基地五畝七分六釐五毫，莊窠八分，房棚一百十七有半，徵銀一千四百五十三兩四錢四分八釐。又房棚一百三十五有半，無租。已上無租而外，凡地一千三百八十二頃七十四畝六釐二毫八絲，莊窠、房基、場園葦地九十一畝二分九釐三毫，房二千八百四十有一，空基三，額徵銀一萬五千二百三十三兩一錢七分三釐，內除民糧黑豆值銀二十三兩一錢七分一釐，得銀一萬五千二百十兩七分七釐，遇閏除民糧黑豆值銀二十三兩二錢九分三釐，得銀一萬五千二百九兩五分五釐，解府轉解戶部。〔註120〕

〔註119〕　（清）周家楣等修，繆荃孫等纂：（光緒）《順天府志》卷五十三，第487頁。
〔註120〕　（清）周家楣等修，繆荃孫等纂：（光緒）《順天府志》卷五十三，第487～488頁。

　　除上述外，天津各地也均有數額不等的地畝徵收旗租，「天津縣旗地計四百
二十九頃一十九畝七分七釐五毫零，共徵租銀九百九十一兩一錢四分九釐，內
除扣納民糧銀一百八十四兩七錢二釐外，應徵租銀八百六兩四錢四分七釐。津
軍廳旗地計三頃六十二畝，共徵租銀一兩七錢七分一釐。靜海縣旗地計三百四
十八頃三十四畝五釐七毫，共徵租銀五百六十兩一錢三分六釐。」〔註121〕「寧
河縣旗租地凡二：一存退地六分五釐，徵銀一分六釐。一另案地五十二頃二十
四畝九分八釐，莊窠房六十八有半，徵銀六十三兩一錢一分九釐。已上地凡五
十二頃二十五畝六分三釐，房六十八有半，額徵銀六十三兩一錢三分五釐，內
除民糧銀九兩六錢五分六釐，得銀五十三兩四錢七分九釐，解部庫。」〔註122〕
　　上述記載雖為清末天津旗租狀況，但也可見天津旗租之一斑。旗租反映
了清代獨特的賦稅徵收方式，與明代官田相較，具有其在賦稅徵收上的時代
特色和民族特色。

第四節　清代剝船徭役之苦

　　清代地丁合一，徭役徵銀，且少了上貢等項，徭役之苦較明代大大減少。
但徭役仍舊不能盡免，對天津影響最大者，莫如剝船之苦。剝船為倉場衙門
剝運所用，初每船一隻給地十頃，以雇募民船作為補充。武清、寶坻等地所
設剝船最多，民苦最甚。康熙十年，科臣趙之符條奏剝船擾民，指出剝船幾
大不便：「一，民不能分身應船並種地；二，雇船費高且有倒賣之弊，船戶累
賠甚苦；三，應船距離遠，民苦不堪；四，水旱災害船地不得蠲免；五，剝
船地有在他州縣者，徵租不便。」〔註123〕種種不便使得民逃田荒，因此趙之
符奏請徵銀在官備用，但未得行。康熙三十九年倉場侍郎石文桂也針對剝運
之弊上疏請求革去紅剝船，將應船地畝徵銀備用，以備散給運丁剝淺，這樣
可免勒雇民船和盜取漕米之弊。〔註124〕上疏得到準行：「（康熙）三十九年題
准：紅駁船年久破壞，不堪運糧，裁革變價。原給之田按畝起科，歸入地丁

〔註121〕　（清）沈家本　榮銓等修，徐宗亮　蔡啟盛纂：（光緒）《重修天津府志》卷二
　　　　　十七，第 574 頁。
〔註122〕　（清）周家楣等修，繆荃孫等纂：（光緒）《順天府志》卷五十三，第 488 頁。
〔註123〕　（清）沈家本　榮銓等修，徐宗亮　蔡啟盛纂：（光緒）《重修天津府志》卷二
　　　　　十九，第 603 頁。
〔註124〕　（清）沈家本　榮銓等修，徐宗亮　蔡啟盛纂：（光緒）《重修天津府志》卷二
　　　　　十九，第 604 頁。

奏銷。仍照原收租數，分派各省於漕糧項下編徵，解糧道庫支發。運軍漕船過淺之時，自雇民船起駁。」〔註125〕小民得豁五十餘年之積累，無不咸慶更生。在具體執行過程中，卻遭遇將船地增賦且戶部議將底船變價徵收銀兩之舉，小民一時難以應付。因此武清縣知縣胡紹安疏陳剝船爲民累者三並請求蠲免，認爲：「更有苦者，武邑民地旗圈已去八九，止存一二分爲旗所棄之零瘠地畝，而復爲剝船所苦。且船地雖有六處，而武邑偏多，至二百三十八隻。較之五州縣，而武邑已居其四。別邑每船十頃，俱係大地，武清俱係小地，又止三分之一。是派船獨多，免糧獨少。苦中之苦，備詳邑乘。」〔註126〕

康熙五十年，爲減少剝船累民之害，規定不許雇募民船，並承造官船備剝：「上諭：向來南糧入北河後俱係官爲雇船駁運，今將駁船另行備造，則南糧一抵北河即可隨到隨駁。不獨便於轉運，而民船得免官封，商引無虞壅滯。即旗丁等既有官船駁運，較用封雇民船更可節省浮費。船隻成造之後，著分交沿河州縣承管。遇有銅鉛及奉天、河南麥豆等項應需駁運，皆可隨時應用。並著該督嚴飭地方官，此後不得再行封雇民船，致滋擾累。」〔註127〕從經費和制度上都給予剝船更大的保障，剝船之累減緩。當時還規定「楊村至通州每百石給船戶飯米一石二斗，駁價制錢六千文。酌以三千文給船戶，二千文給還旗丁，一千文扣存道庫，爲歲修油艙之用……此後應須油艙每歲酌給銀五兩，每屆三年酌給小修銀二十兩，在於天津道扣存駁價內動用，由各州縣轉發。」從各個方面完善剝運制度。剝船在封河守候時，「駁船每年封河守候約計四個月，每船給津貼銀十八兩，於蘆商彌補帑項按引隨課交銀二錢內動用。至十年排造，亦可以此項作爲商捐，毋另籌經費。」〔註128〕至此，困擾天津各地的剝船之苦，開始逐漸消失。

除剝船外，天津也偶有其他徭役累民之事，但所見比較零散，且多爲短暫一時之困苦。如武清縣採買河工秸稭一項往往在水災發生時進行，「地方官

〔註125〕（清）沈家本　榮銓等修，徐宗亮　蔡啓盛纂：（光緒）《重修天津府志》卷二十九，第 603～604 頁。

〔註126〕（清）沈家本　榮銓等修，徐宗亮　蔡啓盛纂：（光緒）《重修天津府志》卷二十九，第 604 頁。

〔註127〕（清）沈家本　榮銓等修，徐宗亮　蔡啓盛纂：（光緒）《重修天津府志》卷二十九，第 605 頁。

〔註128〕（清）沈家本　榮銓等修，徐宗亮　蔡啓盛纂：（光緒）《重修天津府志》卷二十九，第 606 頁。

正在查水查災，勢難分身，而工程緊要，急如星火。事既不可緩，弊又不及察……一旦派定，令各民人赴縣領價。原差有飯食之需索，鄉地有盤費之科斂，應領之價，民人並不能入手。而奉派秫秸，各各照數運送，道路不特遠近不同，亦且水陸交錯。肩挑背負，匪朝伊夕運至工所……而効力員弁難免瞻徇，折科折價，索費索禮，百弊叢生，不能遂意……其間運送之盤攬，交收之費用，除秫秸白送外，較本價更多。」〔註129〕於是縣令申請預先給價採買，如若不用再由地方官發賣，以免臨時緩不濟急之苦。

　　總體而言，清代徭役之苦已遠遠不似明代為多。除了清初這一過渡階段外，自雍正以後，各種徭役擾民情況便大大減少。此中一個原因是明末以來，賦稅制度改革，將各役精簡之結果；另一原因便是清代攤丁入畝以後，各役多由官方雇募，從源頭上省卻了催徵之事，減輕了小民負擔。

　　綜上所述，清朝取代明朝入主中原以後，新的政治形勢使得清代天津農業田制和賦稅等方面均帶有明顯的時代特色。清兵入關後大量的圈地運動影響了天津固有的地畝構成格局，形成清代民灶與旗地並立之地畝形式。新的田制決定了新的賦稅制度，民灶地和旗地開始成為賦稅徵收的主體。在此過程中，由於明代官田的各種地畝多褪去了其本來之官田色彩，土地民地化成為一個趨勢。這在衛所屯地上表現最為明顯，從各地灶地也可看出端倪，民灶地合併開始成為潮流。此外，圈地運動既破壞了農業經濟，也使得人口大量減少，大大損傷了天津農業發展的元氣；但圈地將膏腴之地圈撥，並將貧瘠窪下之地補還民間，某種程度上對促進民間農業開發具有一定的刺激作用。隨著社會的穩定和發展，圈地的消極影響也慢慢減輕，天津各地農業開始呈現出穩定發展之態勢，為清代中期以後天津農業發展之特點。這種特點表現在幾個方面，一是地畝數額趨向穩定，各地地畝自乾隆以後變化不大；二是賦稅徵收額也開始穩定，波動並不劇烈。其中較為特殊者，是天津和寧河二縣。天津、寧河二縣原為明代非實土衛所，不掌管民政，雍正年間分別建置行政區劃後，兩縣地畝呈現出增長態勢。這既反映了當時經濟進步的一面，也看出設縣等政治措施對當地土地開發的意義。綜觀清代天津農業田制與賦稅不難看出，政局的變化是影響天津農業發展的重要因素之一。

〔註129〕（清）吳翀　曹涵：《武清縣志》卷十《申詳條議》，頁52至頁55。

第五章　農業災害及其應對

　　自產生以來，農業便不得不與水澇、乾旱、蝗蟲等各種自然災害相抗爭。而明清天津氣候的寒冷以及水文、土壤等環境使得天津農業基礎薄弱，很難抵禦各種自然災害的侵襲。天津災害頻發，荒政成為明清兩代關乎天津農業的重要課題之一。為了維護社會穩定和農業生產的順利進行，明清統治者對天津地區的荒政也多所關注和措置。所謂荒政，即為古代應對災荒、救濟災荒的各項法令、政策、措施與制度等。荒政涉及內容十分龐雜，大致可以分為兩大類：一為災前準備，即備荒；二為災後救濟，一般包括賑濟、蠲免賦稅等。另外，官辦與民辦的一些社會保障機構亦為荒政的有效補充。明代已經建立起完備的備荒、救荒制度，包括平時預備、災時救助以及災後撫恤等各個方面，形成一套完整而兼顧各個方面的荒政體系，並在天津災荒發生時起到了一定的積極作用。清代以後，進一步完善荒政制度，加強社會力量的參與，荒政和社會保障在救荒過程中發揮作用更加明顯。

第一節　天津災害概況

　　天津素有「河海要衝」、「九河下梢」之稱，其東依渤海，海河繞城而過。永定河、南運河、北運河、大清河等海河的幾大支流在這裡彙集、入海。複雜多樣的水文條件既是天津有利的地理條件，同時也常常給天津帶來災害。天津地處燕山山脈之南，以平原和窪地為主，地勢由北向南逐漸降低。如此地勢，加上豐富的水資源，天津成了一個天然的蓄水池。明萬曆八年進士苑

時葵稱寶坻：「每淫霖一集，則城可行舟。」〔註1〕正是天津地理環境的最佳寫照。而又由於天津特殊的地理位置，降水量少且比較集中，降水量的不均也易造成旱災。因此，天津自然災害以水旱災害爲主，伴之以蝗災、凍災等其他災害。

　　乾隆年間直隸總督方觀承，曾在其《詳查海口摺》中詳述天津之地理環境，指出天津地區常有水災與其地理環境密切相關。其言道：「自大沽至海口十里，水深一丈二、三尺。海近而水轉淺，海口正東望無涯際，而其中另有港路，水深亦僅丈許。詢問沿河、沿海老民、漁戶及熟諳之汛弁等，僉稱海口之外有橫沙一道，極爲堅硬。東西約寬三十里，南北約長四五十里，謂之攔港沙。沙外大洋潮生則驟高數丈，連爲一片，潮落則沙上水餘數尺。其中水港自丈許漸淺至五六尺、二三尺，洋船乘潮始能出入。至平時出口之水，雖有橫沙攔港，然自津達海，地勢向東愈下，赴壑之勢原無止息。惟是當夏秋之交，橫沙內外海水盈滿，即不免於阻遏。屆白露後十八日，乃復其常，故向有白露前海不收水之說。考之津志，載大沽口兩岸壁陡，一閘中橫，土人謂之海門，咸潮抵海門而止，若天設之以限內外等語，是其生成形勢在昔已然。其海河潮汐自大沽海口西抵天津之三岔口，計一百七十里；又自三岔河北泝七十里抵運河之楊村驛，南泝四十里抵津屬之楊柳青，西泝六十里抵大清河之瘸柳樹。一日潮汐再至，自起至落，常歷兩時。兼以潮起必有東南風隨潮卷水，此南北運、大清、子牙等河夏秋水難暢注，時復倒漾之故也。」〔註2〕海河水系入海口的攔港沙與大沽口兩岸的海門都形成了天然的入海障礙，加之隨潮而起的東南季風，南北運河、大清河、子牙河等便在夏秋之時形成倒漾之勢。如此地理環境導致水澇災害長年累月地困擾著天津。天津其他地方也是由於地勢低窪、水多等原因容易發生旱澇等多種災害。如寶坻縣的自然環境爲：「邑地苦窪，遇雨即澇。厥土黑壤，易生蝗。」〔註3〕又云：「寶邑素稱鹵地，東偏尤屬水鄉。雨暘稍有不時，旱澇於焉見告。」〔註4〕可見寶坻乃是一個自然災害易發之地，水澇災害以及蝗災皆是此地最常見的災害。寶坻地處天津中北部，地勢相對較高。一旦寶坻出現水澇災害，南邊的地區

〔註1〕　（清）洪肇楙等纂修：《寶坻縣志》卷十八《藝文下・憫澇賦序》，第1117頁。
〔註2〕　（清）沈家本　榮銓等修，徐宗亮　蔡啓盛纂：（光緒）《重修天津府志》卷二十，第378～379頁。
〔註3〕　（清）洪肇楙等纂修：《寶坻縣志》卷十七《藝文上・洪侯德政碑》，第926頁。
〔註4〕　（清）洪肇楙等纂修：《寶坻縣志》卷十七《藝文上》，第1098頁。

亦難以幸免。

　　明清兩代，有關天津地區發生自然災害的記載不絕於書。天津各地方志大量關於自然災害的記載是對這種易災多災情況的切實反映。《靜海縣志》所載明代後期不到百年的時間內，靜海縣的自然災害情況至少有數十次之多〔註5〕。又據《嘉靖河間府志》所載，河間府於正統至嘉靖八年之間的各種自然災害亦有十數次〔註6〕。清代見於史籍的自然災害為數更眾。據《寶坻縣志》，順治九年、十年、十一年，寶坻、武清等地連年大水，康熙十八年至乾隆八年六十餘年之間，各種災害有十數次〔註7〕。《薊縣志》所載，自順治八年至道光十年，薊縣幾乎每隔三四年便會爆發一次自然災害，且連年水災時有發生〔註8〕。根據上述幾部方志的記載可以看出，明清兩代天津地區的自然災害以連續、密集為特徵。基本上年年有自然災害的發生，其中以水災、旱災的次數最多，連年大水亦屬常事。

　　明清之世，天津地區水旱災害之慘況不絕於書。天啟二年五月（公元1622年），右僉都御史李邦華巡撫天津，親眼目睹了天津遭遇水災的慘況。李邦華自鳳陽向北行，一路所見乃是「見田間禾黍之盛從所希有」〔註9〕，風調雨順、莊稼生長態勢十分良好的景象。但過了黃河，李邦華便聽聞衛輝、彰德一帶有水患，道路難通。此後，一路道路泥濘，行進艱難。好不容易到了臨清，「一夕而水高三尺，固皆彰德諸流之所注也。然由臨而德，稼事無恙，即故城東光，尚少漂沒。惟交河以東，始不可言狀耳。臣每一泊舟，諸生欣於前，小民號於路，而遼生遼民之僑寓者，尤接踵求賑。州縣官相見，無不以為三十年未有之災。蓋自南皮、滄州、興濟、青縣、靜海、武清直達天津，中間雖不無一二稍獲之地，而十九已付波臣。其甚者漂溺人畜，沖決廬舍，呼號之慘未忍聽聞。乃若天津為眾水交聚，逆潮外漲，河流內壅，城垣低頹，堤岸單薄，四望一壑，真稱海國。而兵民雜處，運艘紛擾，嗷嗷洶洶，殊為叵測。」〔註10〕經過明代兩百餘年的發展，明末天津水災猶是如此之慘，整個明代天津當地狀況可以想見。事實上，自然災害的後遺症不僅僅李邦華所見那麼簡

〔註5〕　（民國）白鳳文等修：《靜海縣志・丑集土地部》，第227頁；（康熙）《靜海縣志》卷之四《典禮》，第97頁。

〔註6〕　（明）樊深撰：（嘉靖）《河間府志》卷七《風土志・祥異》，第26～27頁。

〔註7〕　（清）洪肇楙等纂修：《寶坻縣志》卷十四《拾遺》，第728～731頁。

〔註8〕　（民國）仇錫廷等纂修：《薊縣志》卷八《故事・災祥》，第612～615頁。

〔註9〕　（明）李邦華：《文水李忠肅先生集》卷三《撫津茶言》，第105頁。

〔註10〕　（明）李邦華：《文水李忠肅先生集》卷三《撫津茶言》，第105頁。

單。蝗災爆發後，糧食減產在所難免；水潦災害影響更爲嚴重，除了糧食減產外，還可能造成人員傷亡、房屋與財產受損、自然環境與生活環境不同程度的破壞。如若不能得到有效救濟，不僅災民當下的生活難以保障，而且此後的生活亦可能受到嚴重影響。更爲嚴重的是，無以爲生的災民們還可能因此奮起反抗、發動起義，嚴重破壞社會正常秩序和穩定。明太祖朱元璋即生於災荒之年，率軍起義推翻元朝；明末農民起義亦因各地連年災傷、民不聊生而朝廷又賑濟無力所致。這些事實現狀，都不斷要求明清兩代統治者致力於荒政以保障天津脆弱生態壞境下的民生。

第二節　明代天津荒政

明代荒政處理的一般程序是：當災荒出現，首要環節便是上報災情，朝廷收到災報之後，便會著人勘查災情，然後才是商討如何救災。比如，永樂十二年（1414年），薊州縣上報自前一年水災後縣內稻麥無收，百姓飢饉，明成祖「命戶部核實賑之」〔註11〕。當然這僅是救災的常規程序，實際執行往往會根據具體情況有所變通。如果某地區連年災荒或災情十分嚴重，等候報災、勘查之後再救災難免貽誤災情，因而也有先救災，後報災、勘查的情況。

一般而言，明代天津地區的荒政救濟措施，主要有災前預備、災時蠲免賑濟以及災後撫恤等等措施。災前預備主要是指明代各地普遍建立的預備倉儲制度，在明太祖時期在各地建立，後逐漸普及，成爲明代荒政重要組成部分。災時救助以蠲免、賑濟最爲常見，輔之以折徵、捕蝗以及其他撫恤措施等等。

一、完備的災時救濟措施

明代天津災時救濟措施主要包括蠲免、賑濟、折徵等等方式，其中蠲免、賑濟兩種方式最爲常用。賑濟顯然能暫緩一時的負擔，但所謂長貧難顧，不可能長期實行賑濟。因而，蠲免賦稅往往是歷代重要救荒措施之一，在明代天津地區亦不例外。大明王朝建立伊始便在天津地區實施了蠲免賦稅措施。洪武六年六月（公元1373年），免北平、河間等被災田租〔註12〕。次年六月，

〔註11〕　《明太宗實錄》卷一五八，永樂十二年十一月乙巳條。
〔註12〕　（清）沈家本　榮銓等修，徐宗亮　蔡啓盛纂：（光緒）《重修天津府志》卷七，第151頁。

北平等省蝗災，蠲田租，八月賑河間、廣平、順德、眞定饑，免田租〔註13〕。另外，不僅災荒爆發當年的錢糧可以蠲免，以往所欠的錢糧亦可蠲免。宣德元年，「河間府靜海、獻二縣民一百六十七人奏先因年穀不登，饑窘乏食，永樂間挈家往眞定等處就食。今遇赦還，而連歲所欠稅糧有司追徵不已，乞蠲免。命戶部從之。」〔註14〕不過，此例不能當做普遍適用的定例。這一百六十位災民剛從外埠返回本地，生活尚未安定，又追徵積年所欠稅糧，恐怕難以承擔。有時候亦有免除徭役的做法。憲宗成化六年（公元 1470 年），敕令堂上官二員前往順天、河間、永平、眞定、保定等府受災地區設法招撫賑濟。並令如果本地倉糧不足以賑濟，允許於附近通州、天津、涿州、保定等處倉分量給及搬運接濟，「其一應差徭俱暫優免」〔註15〕。萬曆年間，張兆元任永平通判署理寶坻知縣，因爲饑荒，上請「蠲逋賦累千，省里甲，停撥馬、減更夫」〔註16〕。英宗天順元年，刑部右侍郎周瑄上奏請求暫停順天府所屬薊州、文安等州縣抬柴夫的徭役，其言道：「工部仍修例派以抬柴夫，臣恐耕播失時，今夏麵麥不收，民困益甚，餓莩流徙，必生他變，乞敕該部暫爲停止。」但工部認爲「柴以供應內府，日不可缺，瑄言難準。」英宗聽從了工部的建議〔註17〕。可見徭役暫免與否並不全然取決於災情。明代暫免徭役的做法未形成制度，只是偶而爲之，也未有確定的標準。

有明一代，蠲免等救荒措施的施行大抵分爲兩種。一種爲災情上報後，朝廷根據災情主動決定是否實施蠲免等措施。如永樂二十二年（公元 1424 年），「水沒薊州平谷等州縣田五千五百三十頃，徐州、蕭、沛等州縣田七千二百九十頃有奇。事聞，詔悉蠲其今年租稅。」〔註18〕另一種爲，災情發生之後，地方官員上疏請求。如宣德元年（公元 1426 年），「河間府靜海、獻二縣民一百六十七人奏先因年穀不登，饑窘乏食，永樂間挈家往眞定等處就食。今遇赦還，而連歲所欠稅糧有司追徵不已，乞蠲免。命戶部從之。」〔註19〕又如，萬曆十五年

〔註13〕　（清）沈家本　榮銓等修，徐宗亮　蔡啟盛纂：（光緒）《重修天津府志》卷七，
　　　　　第 151 頁。
〔註14〕　《明宣宗實錄》卷十五，宣德元年三月癸卯條。
〔註15〕　（清）沈家本　榮銓等修，徐宗亮　蔡啟盛纂：（光緒）《重修天津府志》卷七，
　　　　　第 151 頁。
〔註16〕　（清）周家楣等修，繆荃孫等纂：（光緒）《順天府志》卷七十三，第 56 頁。
〔註17〕　《明英宗實錄》卷二七五，天順元年二月丁未條。
〔註18〕　《明仁宗實錄》卷三上，永樂二十二年冬十月戊申條。
〔註19〕　《明宣宗實錄》卷十五，宣德元年三月癸卯條。

（公元 1587 年），寶坻縣遭遇水災，百姓苦於浮賦，縣令袁黃上疏請免以萬計，「若庫子、廠夫、皇木車、花板石、貢銀魚諸費，悉罷去」〔註20〕。

　　蠲免只能緩解小民賦役之苦，而災荒發生時，往往衣食無著，蠲免難以解決小民災荒時的生計問題，賑濟便在此時發揮作用。賑濟主要是用錢糧救濟災民。從減免災民負擔的角度看，如果說蠲免賦役是遠效措施，那麼賑濟則是一種立竿見影的辦法。相對蠲免而言，賑濟可以立刻使廣大災民受惠。更為重要的是，賑濟能夠緩解或解決災後廣大災民吃飯難的問題，有蠲免無以比擬的作用。蠲免與賑濟各有利弊，二者相互補充，皆是不可或缺的救災措施。天津地區發生災荒時，進行賑濟的記載頗多。明代賑濟一般經朝廷核實之後派專員負責，主賑官員根據受災輕重、災民貧富情況等制定賑濟標準。賑濟的物資主要來自公倉、朝廷撥款購買、向富人募捐等。成化六年，敕令堂上官二員前往順天、河間、永平、真定、保定等府受災地方設法招撫賑濟，並令「如本處倉糧缺乏，許於附近通州、天津、涿州、保定等處倉分量給及搬運接濟，其一應差徭俱暫優免。」〔註21〕又如宣德八年，武清等地冬春無雨，百姓缺糧，上諭令「發廩以賑，不足則勸富家出粟濟之。」〔註22〕明代中後期，天津地區官員捐出自己的俸祿賑濟災民的事例不絕於史。成化時，袁昂知寶坻縣，「歲歉，分俸以濟窮黎」〔註23〕。萬曆十五年，袁黃為寶坻知縣。是年夏天暴雨、河水氾濫，「市間薪粒俱絕，索逋者不休」，袁黃「惻然至即借俸以償，所活甚眾」〔註24〕。賑濟的施與對象往往也隨著災況的變化而有所不同，吳貽誠任靜海知縣時，踰年大水，其「力請上憲按籍給賑，存活無算」〔註25〕。可見按例只有登記在當地戶籍中的人員方可享受到賑濟的福利。且發放賑濟時，當「嚴核貧民等級分投給散」〔註26〕。此外，並非每次賑濟都針對所有治內災民，而是針對治內部分受災較為嚴重的災民。孝宗弘治二年，朝廷議准：「順天、河間、永平等府水災渰死人口之家及漂流房屋

〔註20〕　（清）周家楣等修，繆荃孫等纂：（光緒）《順天府志》卷七十三，第54頁。
〔註21〕　（清）沈家本　榮銓等修，徐宗亮　蔡啓盛纂：（光緒）《重修天津府志》卷七，第 151 頁。
〔註22〕　《明宣宗實錄》卷九九，宣德八年二月丁未條。
〔註23〕　（清）周家楣等修，繆荃孫等纂：（光緒）《順天府志》卷七十三，第54頁。
〔註24〕　（清）周家楣等修，繆荃孫等纂：（光緒）《順天府志》卷七十三，第54頁。
〔註25〕　（清）沈家本　榮銓等修，徐宗亮　蔡啓盛纂：（光緒）《重修天津府志》卷四十，第 170～171 頁。
〔註26〕　《明神宗實錄》卷二百六十，萬曆二十一年五月辛巳條。

頭畜之家量給米有差。」〔註27〕明代天津賑濟多見調撥米糧的記載，顯示出調粟賑濟在其時所發揮的巨大作用。調粟，即通過調撥糧食來救濟災民。調粟可以說是賑濟的最爲直接和有效的手段之一。與此同時，調撥而來的糧食往往還有平糶、借貸、儲存備荒的作用，因此調粟不僅僅是爲了賑濟災民。當本地糧食儲備不足時，便需要調撥糧食。終明之世，天津地區調粟大致有如下幾種：

一，截留漕米以平糶。如萬曆年間，天津、靜海、滄州、河間等地皆遭災，右僉都御史劉東星「請漕米十萬石平糶，民乃濟」。〔註28〕

二，免費調撥臨近地區倉米賑濟災民。弘治初年，薊州遭遇大荒，時徐懷以副都御史撫薊，上疏「請京通薊三倉米五萬石發州縣，驗口俵給」〔註29〕。

三，借貸臨近地區倉米以賑濟災民。宣德七年，順天府上奏薊州及豐潤、遵化二縣當年夏秋兩季遭遇水潦，田穀顆粒無收，乞求「借東店等倉官糧一萬二千四百二十石賑濟」。宣德帝命行在戶部即如所言給之〔註30〕。

四，令饑民就近至有存糧地區領取米糧。天順三年，刑部右侍郎周瑄上奏道：「臣奉敕發通州等處倉糧七萬餘石，賑濟過順天、河間所屬饑民十九萬餘。復蒙聖諭，以臨清、德州二倉麥豆賑濟。臣看得通、薊、香河等州縣相去德州千餘里，時及東作，無力般運，設能運到亦救濟不及。今通、薊、天津等倉俱有存糧，合令饑民以近，就近關支，候豐年於原倉抵斗償官。」詔令從之〔註31〕。

前三種可以統稱爲移粟就民，皆是從外埠調撥糧食救濟災民。第四種稱爲移民就粟，即讓饑民就近至臨近地區領取米糧。從周瑄的奏疏可以看出，移民就粟乃是基於搬運費用以及救濟的緊迫性考慮的。從遠地調撥糧食，不僅運費高昂，而且貽誤救濟；讓饑民就近到有存糧的州縣領取糧食，不僅可以省去官府運輸糧食的費用，而且災民同樣能夠得到救濟。另外，由上還可以瞭解到，明代在天津地區調粟的主要作用爲賑濟，而非平糶。

〔註27〕　（清）沈家本 榮銓等修，徐宗亮 蔡啓盛纂：（光緒）《重修天津府志》卷七，第 151 頁。

〔註28〕　（清）沈家本 榮銓等修，徐宗亮 蔡啓盛纂：（光緒）《重修天津府志》卷三十九，第 127 頁。

〔註29〕　（清）周家楣等修，繆荃孫等纂：（光緒）《順天府志》》卷七十三，第 40 頁。

〔註30〕　《明宣宗實錄》卷九六，宣德七年十月丙申條。

〔註31〕　《明英宗實錄》卷二七六，天順元年三月癸未條。

　　賑濟除了常見的分發米糧之外，還有施粥、工賑等形式。施粥也就是將煮好的粥免費發放給饑民，亦可稱作煮賑。災民拿到賑濟的米糧之後，必須有地方炊煮，否則領到的米糧一時並不能緩解飢饉。煮賑便可以解決這一問題，讓無家可歸的災民亦能吃上飯。《寶坻政書》中載有一施粥告示，其全文如下：「民有菜色，有司之罪。今發穀爲糧，就東寺煮粥，毋論遠近，各得就食。日二次，到者各報名。每十人爲一牌，先盡老者病者幼者，次及婦女，次及壯丁。其老幼婦女皆係一家者，各隨其便，同編一牌。每一百人分爲十牌，各有定所。每牌各置粥一盂於地，盡之即止。一千人分爲十起，以次就食。典史仍不時巡察，不許和水，不許不潔，不許□□。」〔註32〕由上可見，此時施粥已有一套較爲人性化的程序：第一，一日施粥兩次，每十人一牌，每牌一盂粥，定量、定次，避免、減少不要的開支；第二，規定到者須各報其名，防止部分刁滑之人多次吃粥，保證更多的饑民可以吃到粥；第三，照顧老、病、幼、婦，體恤弱小；第四，規定每十牌各有定所施粥，一千人分爲十起，按次第就食，確保施粥的秩序；最後，派典史不定時巡察，禁止在粥裏摻水，保證米粥的清潔。值得注意的是，終明之世未見到有關天津地區開設粥廠的記載，此外這一時期施粥者多爲地方鄉紳、富人。工賑，就是官府興辦工程，招募災民施工、勞作，定時發放錢糧。工賑所建工程往往爲當地遭逢災害之後急需修葺的抗災堤壩，因而不僅可以補益災民的生活，更可以興修工程、防止災害再發生，可謂一舉兩得。此外，遭遇災荒之後，受災地區常常有不少農田受災而無法耕作，因此社會上便出現不少壯勞力閒散在家。如果這些閒散壯勞力不能盡早得到有效安撫的話，很可能演化成社會的不安定因素。從這個角度看，工賑既是生產自救的賑災措施，亦是安輯災民的撫恤措施。天津的工賑往往是通過興修水利來進行，大致有修築堤壩和清通溝渠等。這些措施的目的與除害相近，都是爲了遏制災害蔓延、惡化的態勢，此外還有備荒、預防水澇災害再發生的作用。爆發水澇災害之時，常伴隨著堤壩的崩決。如萬曆十八年秋大水，北河堤決。萬曆二十年，六月起出現宿雨，入秋之後仍未停止，南北河堤多決，因之「城西南郊皆爲洪流，平地成川，田化爲湖，小舟裝載來往」〔註33〕。所以水災出現後，修築堤壩具有重要意義。嘉靖年間，「河決朱家墳口，險急難塞，壞民田廬，阻滯運道」。

〔註32〕　（明）劉邦謨、王好善輯：《寶坻政書》卷九，第 398 頁。
〔註33〕　（清）薛柱斗纂修：《新校天津衛志》卷三《災變》，第 200～201 頁。

天津副使葛木「載鐵鍋於船，實土沉之，始得鞏固」〔註 34〕。興修水利常由軍民協力合作。宣德三年，順天府武清、固安二縣霪雨霏霏，「洪水沖決河西務及當渠裏秦家口堤岸」，宣德皇帝令二縣百姓與屯軍合力急修〔註 35〕。亦有招募民夫修建，以達到以工代賑的目的。如前述工賑的事例中，便招募民夫修復了古堤一道、西北小堤，疏通了寶坻縣南一道廢舊、湮塞的通水渠〔註 36〕。寶坻縣也曾實施工賑，負責此次寶坻救荒的有關官員認爲，「募窮民修築，隨著各有地土之家量出糧食，既可以延窮民旦夕之命，又可以垂地方永久之利」〔註 37〕他們實施的工賑大致如下：「因擇義官任邦正、安浦等四名專督修大堤，李東陽、陳廷仕等六名分修小堤，高選、任思忠二名專理開港，有僧普照等執簿勸化，善人傅守仁、楊尙文等收銀給散。每人每日量助銀三分，或二分五釐，或二分一釐不等。卑職先將縣倉見貯蕑糧三百三十一石五斗一升內，留二百二十石給孤老囚犯等項月糧外，其餘糧一百一十一石五斗一升，悉發爲顧工之費。又本縣各官俱各捐俸以爲士民之倡，隨遇鄉官苑囿、苑固、苑時葵等各量力捐助，遠近士民聞風樂施。而近堤有田之家則照地出夫，各隨其願。自二月初一日起工，至四月二十七日始畢。約用過夫五萬二千九百五十餘，工銀六百二十一兩五錢七分，糧六百三十一石五斗一升。」〔註 38〕首先，選派合適的百姓負責督導工程的修建；其次，參與工賑的民夫，每日可獲取一定的銀錢與米糧作爲報酬；第三，資費來源爲縣倉扣除孤老囚犯等各項月糧後的餘糧，本縣各官員捐獻俸祿以及鄉官、士民的捐助；第四，在堤壩附近有田地的民戶根據田地的大小自願出丁。不久，寶坻縣內幾處堤壩修築完工，縣南一道通水舊渠亦疏通完畢。但因客觀原因境內春麥已無收成之望，境內亦無積糧可供食用。他們上書朝廷，建議再次實行工賑：「查得通州常年原有積粟備本州及各縣之荒，而本縣東南一帶渠皆未開，堤皆未修築。倘蒙憐念，照例量發千石或七八百石分給窮民，計工修堤，則地利可盡興而饑民可苟延矣。」〔註 39〕可見他們十分推崇工賑的賑災方式。

〔註 34〕　（清）沈家本　榮銓等修，徐宗亮　蔡啓盛纂：（光緒）《重修天津府志》卷三
　　　　　十九，第 131 頁。
〔註 35〕　《明宣宗實錄》卷四四，宣德三年六月辛卯條。
〔註 36〕　（明）劉邦謨、王好善輯：《寶坻政書》卷九《查議賑恤公移》，第 396、397 頁。
〔註 37〕　（明）劉邦謨、王好善輯：《寶坻政書》卷九《查議賑恤公移》，第 396 頁。
〔註 38〕　（明）劉邦謨、王好善輯：《寶坻政書》卷九《查議賑恤公移》，第 397 頁。
〔註 39〕　（明）劉邦謨、王好善輯：《寶坻政書》卷九《查議賑恤公移》，第 396～398 頁。

　　救災的首要目的即爲減輕災民負擔、安定災民生活，蠲免和賑濟即是基於此。除此之外，與減輕災民的賦稅負擔相關的荒政措施還有緩徵和折徵兩種做法。這也是明代天津荒政中兩種常見的措施。所謂「救荒莫若緩徵，議賑不如止斂」〔註40〕。緩徵亦是一項十分有效的救荒措施，對緩解小民壓力，積極恢復生產具有重要作用。前文已述，天津的牧馬草場數量頗多，民戶亦承擔了相當的牧養官馬的負擔。照常理而言，民戶爲官府圈養的牛馬如果病死，必須問責賠償。遇上災荒之年，除了蠲免、緩徵賦稅外，應當賠償的錢糧亦可上請暫緩賠償。洪熙元年，「薊州民戴應春等二十二人自陳所養太僕寺孳牧種馬前後皆病死，今官司責限追陪，緣今年水潦，秋稼無收，乞待來年秋成陪償。從之。」〔註41〕正統七年，「順天府東安、武清等縣，直隸河間府靜海縣俱奏歲歉艱食，所負官馬乞俟來年秋成後買償。從之。」〔註42〕折徵，一般是指將實物賦稅折價後徵收銀錢的做法。災荒之年，往往收成欠佳，因而折徵亦不失爲一個有效減輕災民負擔的做法。把米糧折價稱銀錢徵收，是最爲常見的做法。隆慶五年，因水災「折徵霸州等衛所屯糧各有差」〔註43〕。萬曆十八年、十九年，分別因水災、蝗災而決定屯糧折徵〔註44〕。將米糧折成豆子徵收的亦不少見。宣德十年，順天、保定、順德、眞定四府所屬州縣春夏因旱蝗而糧食無收，乞以秋糧折豆，詔從之〔註45〕。有時候還有將青草折成銀錢徵收的做法，並且朝廷還會明確規定青草的折價，減少貪官污吏上下其手的機會。弘治三年，因爲遭遇水災，「命直隸天津等八衛採運秋青草暫折徵銀」，每三十束草徵銀一錢五分〔註46〕。成化二十年，因爲旱災的緣故，「詔天津等八衛十九年分秋青草三十三萬二千五百餘束暫準折銀，每分二束。」〔註47〕兩次青草折成銀錢徵收都規定了折價。

　　除上述幾種常見荒政措施以外，捕蝗、災後撫恤等等荒政手段在天津地區

〔註40〕　（明）劉邦謨、王好善輯：《寶坻政書》卷九《查議賑恤公移》，第397頁。
〔註41〕　《明宣宗實錄》卷六，洪熙元年閏七月甲子條。
〔註42〕　《明英宗實錄》卷九九，正統七年十二月辛亥條。
〔註43〕　《明穆宗實錄》卷五三，隆慶五年正月己巳條。
〔註44〕　（清）薛柱斗纂修：《新校天津衛志》云：「（萬曆）十八年，春旱，秋大水，北河堤決。是年，屯糧折徵。十九年，夏大蝗，群飛蔽天，聲若雷雨，流糞遍地，落民田食禾稼殆盡。是年，屯糧折徵。」見卷三《災變》，第201頁。
〔註45〕　《明英宗實錄》卷十，宣德十年冬十月辛酉條。
〔註46〕　《明孝宗實錄》卷三八，弘治三年五月丙寅條。
〔註47〕　《明憲宗實錄》卷二五三，成化二十年六月庚申條。

也多有所體現，表現出明代建立的完備荒政制度在天津被災、救災過程中所發揮的重要作用。捕蝗即是捕捉蝗蟲，其主要目的是防止蝗災進一步蔓延、加重。天津地區是蝗蟲多發地區，捕捉蝗蟲的事例十分多見。朝廷對此亦十分重視，宣德皇帝曾對百官曰：「卿遣人往捕當如救焚拯溺，不可緩也。」〔註48〕捕捉蝗蟲得力的官員獲得嘉獎自是常事。弘治六年，順天府內鬧旱災和蝗災。府丞畢亨奉命前往捕捉蝗蟲，蝗蟲遂滅。朝廷因而嘉獎了畢亨〔註49〕。有時，還派遣中央政府官員前往督察捕捉。宣德四年，「順天府通州、涿州、霸州並東安、武清、良鄉三縣各奏蝗蝻生，命行在戶部遣屬官、都察院遣御史，同往督捕」〔註50〕。此外，爲了督辦捕蝗，如果在任官員已到考滿期可轉任的話，一般會暫緩轉任、繼續留任督辦捕蝗。如正統元年，「行在禮部右侍郎王士嘉奏順天府所屬州縣蝗蝻傷稼，官員考滿者請暫留督捕。事下行在吏部覆奏，從之。」〔註51〕明政府還重視官員趁督辦捕蝗之機貪贓舞弊的現象。宣德五年，永平衛、興州左屯衛及直隸河間府靜海縣都出現了蝗蝻。宣帝皇帝曰：「遣官之際亦須戒飭。頗聞往年朝廷遣人督捕蝗者貪酷，害人不減於蝗，卿等須知此弊。」〔註52〕明英宗於正統六年五月，敕諭鎮遠侯顧興祖、安鄉伯張安、都督同知王彧、通政司右參議張隆、鎮守密雲都指揮陳亨、鎮守居庸關署都指揮僉事指揮同知李瓈、鎮守通州都指揮劉斌、大寧都司都指揮張銳等曰：「今順天府及薊州遵化等處蝗蝻爲災，所食禾麥有至盡者。爾等坐享厚祿受命在彼，目睹民患恬不留意。敕至，即不妨本職往督軍衛有司廣積軍民人丁急早撲捕盡絕，毋得踐傷禾麥。」〔註53〕指責顧興祖等人身居其位不謀其事，目睹百姓遭受蝗災，竟能毫不顧惜、不加留意。指令他們盡早督辦捕絕蝗蟲，而且在捕捉蝗蟲的時候不可踐踏、踩損稻苗和麥苗。又曰：「朝廷惓惓恤民，爾等宜深體朕心，廉潔公勤，撫恤軍民，使不困於饑渴，庶得盡力。如官吏頭目有貪酷害人及懶惰慢事者，重則具奏處置，輕則量情責罰，爾其勉之。」〔註54〕強調不可借機貪污、殘害百姓，督辦捕蝗應當盡力、迅速，不可偷懶，否則議罪論處。撫恤安置，即是安置災民，令災民早日安頓

〔註48〕《明宣宗實錄》卷六七，宣德五年六月己卯條。
〔註49〕（清）周家楣等修，繆荃孫等纂：（光緒）《順天府志》卷七十三，第41頁。
〔註50〕《明宣宗實錄》卷五五，宣德四年六月癸卯條。
〔註51〕《明英宗實錄》卷十九，正統元年閏六月壬午條。
〔註52〕《明宣宗實錄》卷六七，宣德五年六月己卯條。
〔註53〕《明英宗實錄》卷七九，正統六年五月庚戌條。
〔註54〕《明英宗實錄》卷七九，正統六年五月庚戌條。

下來，盡早復業、耕作，對災後生產的恢復有積極作用，也是荒政不可或缺的手段之一。明代天津撫恤安置措施主要針對房屋損壞的災民，即發放撫恤金，令災民及早重建家園。萬曆四十六年，薊縣遭遇洪水，「兩山爲岸，民房倒塌，人巢於樹」。兵備道邵可立命令船戶救落水者，每救一人便賞銀五錢；又令在船中裝載麵餅給救上船的災民食用；又命「巢於樹之人，房倒一間賞銀二錢」〔註55〕。雇傭船戶救助落水者，不僅可以令落水者得到即時的救助，而且充分利用民間資源救助百姓，與工賑的精神十分相近。獎賞築巢於樹之人，則刺激百姓主動自救、尋找便捷的居住場所。爲了讓災民及早恢復生產，官府亦會發放種子與耕種工具。天順元年，刑部右侍郎周瑄奏曰：「順天府所屬薊州、文安等州縣屢年水潦，人民匱食。皇上憫念元元，命臣撫濟。臣已設法賑貸，給與牛具種子，將致力東作。」〔註 56〕以上這些撫恤措施，一定程度上可以救助災民重建家園，幫助災民恢復生產。

二、其他社會保障措施的初建

　　蠲免、賑濟、折徵、捕蝗、災後撫恤等等措施組成了荒政最主要的內容，除了這幾個部分，明代所建立的其他社會保障措施也在天津地區災荒發生時起到維護社會穩定、減輕災荒對社會生產的破壞等作用。災害之後，除了解決災民的飲食問題外，還有幾件事亟需解決：一，及時埋葬死去災民的屍體；二，安置無家可歸的老人與小孩等；三，醫治患病的災民。這些一般都由專門的社會福利機構負責處理，多由官府主持，借助民間力量施行，體現出官民結合之救荒特色。掩埋無主屍體者爲義冢，災荒之年，百姓餓死無算、屍骸遍野，如果不及時埋葬屍體，屍體腐化之後，屍氣散發往往會引發各種疫病，因而埋屍刻不容緩。此時各地多有義冢。如，寶坻縣有多處義冢，有政府置地亦有民間置地：

> 一在城外東北隅，原地六畝，明弘治間知縣莊𢟍廣之，共地十
> 畝。一在城西三里許，明嘉靖中知縣唐鍊擇高埠地三十畝，植柳築
> 封，聽貧民瘞葬。一在城南一里許，計地十畝五分。生員苑因、郝
> 應登、王訪箕、陳文炳、李攀龍同買民地，施爲義冢……一冢在東
> 門外一里許大道南，其未經火化者，貢生陳應瑞於西門外施地十二

〔註55〕　（民國）仇錫廷等纂修：《薊縣志》卷八《故事・災祥》，第 611 頁。
〔註56〕　《明英宗實錄》卷二七五，天順元年二月丁未條。

畝，立冢收葬。〔註57〕

天津衛首個義冢設於嘉靖八年。當年天津衛饑荒，鄉民侯能置義地安葬無人認領的屍體，「復置壇壝其旁，自是天津始有義冢」〔註58〕。就寶坻縣和天津衛而言，兩地義冢的設立都在明代中後期方出現，時間較晚。或許與中後期災荒較多有關。

明代設有養濟院專門收容老人、孤兒等孤苦貧寒之人，天津各地多見記載。養濟院為明代社會保障重要機構之一，災時發揮作用不明顯，但在平時收養無依老人、孤兒等方面起到諸多積極作用，是荒政措施的重要補充。史載：「天津縣養濟院，在府城外東南隅龍王廟後，明巡撫李繼貞建，額養孤貧四十四名。」〔註59〕李繼貞巡撫天津已在崇禎十二年之後〔註60〕，天津衛設立養濟院可能較晚。武清縣的養濟院設立於隆慶年間〔註61〕。寶坻縣亦有養濟院，但不知建於何時。《寶坻政書》中收有《申請收孤老公移》一文，可為我們提供寶坻縣養濟院的一些情況。其文曰：

> 仰縣官吏即將該縣見在孤老動支倉米，每名掌印官親示給賞三斗，以示本院存□之意，毋容經手人役剋減……但查得本縣孤老在養濟院者三十五人，守鋪看堤者九十人，□係□□殘疾無聊之輩，理應一併分給，未敢擅便……挨門親撿張臣等六百六十四名，有親戚可依者責以大義，令其收養李美等四百七十一名，手足尚強者責令鄰里收留，聽其役使。其駱教等一百二十五名口既無親戚可依，又無膂力可用，理應收養。……卑職因選駱教等三十五名口照舊居院食糧，每月四斗五升，郭恭等九十名口看守堤岸，以鋪為家。即以眾人雇募之糧充孤老養濟之用，本縣每月量給糧一斗五升。申蒙撫按批准遵行。〔註62〕

〔註57〕（清）洪肇楙等纂修：《寶坻縣志》卷十五《別錄》，第758～759頁。

〔註58〕（民國）宋蘊璞輯：《天津志略》，臺北：成文出版社，1969年，第300頁。

〔註59〕（清）沈家本 榮銓等修，徐宗亮 蔡啓盛纂：（光緒）《重修天津府志》卷七，第151頁。

〔註60〕《明史》卷一百三十六《李繼貞傳》載：「（崇禎）十一年用薦起，歷兩京尚寶卿。明年春召對，陳水利屯田甚悉，遷順天府丞。尋超拜兵部右侍郎兼右僉都御史，巡撫天津，督薊、遼軍餉。」

〔註61〕（清）蔡壽臻、錢錫寀纂修：（光緒）《武清縣志》卷六《官師志》，第175頁。

〔註62〕（明）劉邦謨、王好善輯：《寶坻政書》卷三《申請收孤老公移》，第323～324頁。

由上可知，養濟院孤老一日三餐的米糧來自倉米，每人三斗；收養的條件爲既無親戚可依靠又無法自食其力者，其餘則責令親戚、鄰里收留；看守堤壩的孤老不能像養濟院的孤老一樣領取倉米。大體而言，養濟院乃是依靠政府奉養孤寡老人，但有時主事者亦會將此福利擴及其他孤老，讓那些仍然有些微能力但不足以賺得溫飽的孤老亦能受惠。

明代州縣級衙門一般都設有惠民藥局專管醫藥、醫療救助，但從已見的資料中，尚未見到有關明代天津惠民藥局的記述。明代天津發生災荒時，經常會有一些富人自願地參與到社會救助的慈善活動中。如嘉靖八年，天津衛饑荒，侯能開倉煮粥賑濟災民，每天賑濟的災民不下三四百人，並且出錢置地作爲義冢〔註63〕。又如正德十三年，武清縣收成欠佳，張鸞出粟米賑濟百姓，還挖得多處甘泉供閭里百姓飲用〔註64〕。又如，寶坻縣劉繼寧「歲饑，煮粥以賑，全活甚眾。」〔註65〕又如天津衛馮宗庸，急公好義，「每多善行，至於輸米販饑民，捐地築炮臺，尤爲可風，鄉里咸稱爲長者」〔註66〕。這些富人的社會救助行爲乃是政府救濟、保障的有益補充，亦是不可或缺的社會保障手段。

三、明末備荒倉儲功能的衰落

荒政所涉及的各個方面各有其針對性、作用不一，無法互相替代。備荒倉儲是平時積粟以防災害之重要舉措。明代備荒倉儲以預備倉爲中心，輔之以社倉、義倉等等。與蠲免、賑濟等方式不同，這些救濟措施都是在災情出現後的消極應對措施，備荒倉儲的災前備荒則是防範於未然的積極防災措施。中國古代儲存糧食以備荒年的歷史源遠流長，可以追溯至西漢宣帝年間設立的常平倉。隨著歷史的發展，又出現了義倉、社倉等不同名號和作用的倉儲，形成常平倉、義倉、社倉的倉儲制度。明代延續了前代三倉並立的倉儲制度，並新設預備倉，因此天津地區有常平倉、社倉、義倉、預備倉等儲備糧食以備荒歉。

預備倉之建立，有此前常平倉的遺義和影子。西漢宣帝五鳳四年，由大司農中丞耿壽昌首倡，建立了常平倉。因其「以穀賤時增其價而糴以利農，

〔註63〕（民國）宋蘊璞輯：《天津志略》，第300頁。
〔註64〕（清）蔡壽臻、錢錫寀纂修：（光緒）《武清縣志》卷八《人物志》，第226頁。
〔註65〕（清）洪肇楙等纂修：《寶坻縣志》卷十一《人物上》，第575～576頁。
〔註66〕（清）薛柱斗纂修：《新校天津衛志》卷三《人物》，第188頁。

穀貴時減價而糴」〔註67〕而得名。常平倉初建之時，本意為調節糧價，但遇上荒年，常平倉的糧食儲備亦為救災提供了很大幫助。因而儲糧備荒成為其重要功能之一。常平倉為純粹的官倉，由政府負責管理，其倉本以政府出資為糴本。有明一代，由於預備倉的設立，常平倉的職能被預備倉所取代。關於預備倉，《明會典》載：「祖宗設倉貯穀，以備饑荒，其法甚詳……洪武初，令天下縣分，各立預備四倉，官為糴穀收貯以備賑濟，就擇本地年高篤實民人管理。」〔註68〕可見預備倉的功能與前代常平倉相同，所以終明之世預備倉便取代了常平倉。明代天津預備倉的建置因為資料缺乏，只能管窺明末天津的小部分情況。明末天津地區預備倉的情況並不容樂觀。首先，洪武年間令在州縣東西南北各設一預備倉以備荒年，但天津地區的預備倉設置並不完備。如：「（天津衛）預備倉，本衛西廂房……（天津左衛）預備倉，本廂房……（天津右衛）預備倉，本衛後貯。」〔註69〕寶坻縣的預備倉在縣南，嘉靖三十三年，知縣劉廓所建〔註70〕。其次，本地預備倉的倉儲也不足。從前引弘治二年事與萬曆二年事對比看，兩次災情或有輕重之別，但弘治二年調發京、通二倉二萬石及薊州倉一萬石，併發五萬兩銀以救荒，則可以想見此時順天府內州縣各倉不足以救荒。又，嘉靖三十六年，查寶坻縣「本倉廒房六聯，共一十八間。舊時積貯不多，僅為足用。」倉廒數量並不算少數，但貯存的糧食並不多。又查得寶坻縣「南倉有廒二十餘間，原係羈候輕犯之所。舊時罪人常滿，近來清理，常虛無人，以致比邊一帶漸就傾圮。」〔註71〕本應儲存糧食以備荒年的倉廒卻成了羈押犯人的場所，不再羈押犯人之後，廒房亦廢棄、倒塌。預備倉的荒廢可見一斑。儘管如此，天津地區的預備倉在荒年時確也起過救荒作用。弘治二年十一月，順天府所屬州縣水災，「命支京通二倉粟米各二萬石，薊州倉一萬石，併發戶部原折糧銀五萬兩與本府預備倉糧相兼放支，以濟饑民」〔註72〕。萬曆二年八月，順天府災，「（乙丑）詔順天撫按散預備倉糧賑霸州、涿州、永靖（應為「清」）、東安、固安、武清等州

〔註67〕《漢書》卷二十四上《食貨志》。
〔註68〕（明）申時行等重修：《明會典》卷二十二《戶部九·倉庾二·預備倉》，中華書局，1989年，第152頁。
〔註69〕（明）杜應芳修、陳士彥 張文德纂：(萬曆)《河間府志》卷三《宮室志·公署》，第21頁。
〔註70〕（清）洪肇楙等纂修：《寶坻縣志》卷三《建置》，第232頁。
〔註71〕（明）劉邦謨、王好善輯：《寶坻政書》卷三《申請修倉公移》，第321～322頁。
〔註72〕《明孝宗實錄》卷三二，弘治二年十一月丁巳條。

縣被水居民。」〔註73〕

　　義倉和社倉多爲借助民間力量而建立。隋文帝開皇五年五月下詔置義倉，義倉源於開皇三年度支尙書長孫平的奏疏。長孫平建議「令民間每秋家出粟麥一石已下，貧富差等，儲之閭巷，以備凶年，各曰義倉。」〔註74〕是知義倉的倉本源於民戶正稅之外的捐輸。明代天津地區，義倉的記載較少，在荒政中所發揮的作用也不是很大。僅知寶坻縣義倉爲知縣劉廓始設於嘉靖三十三年〔註75〕，「各鄉義倉每里一所，共三十所……各積有糧石，並無倉房，皆寄於附近寺院」〔註76〕。沒有專屬的廠房，而是將糧食寄存於附近寺院，爲寶坻義倉埋下了隱患。其所存倉穀當年春天便已借給災民，本應秋天還倉，但當年爲荒年，因而朝廷允許災民暫緩返還所借倉穀〔註77〕。可見寶坻縣義倉的倉儲用於借貸給予災民，而非免費賑濟。此後義倉的興廢、實際作用便不可得而知了。社倉，一般認爲是南宋朱熹所創。「社倉」在隋唐之時本爲義倉的別稱。史載：「（開皇）十六年正月，又詔秦、疊、成、康、武、文、芳、宕、旭、洮、岷、渭、紀、河、廓、圖、隴、涇、寧、原、敷、丹、延、綏、銀、扶等州社倉，並於當縣安置。」〔註78〕朱熹吸收前代建倉的經驗教訓，將糧倉設於鄉里之中。從此，社倉成爲這種設於鄉里的民倉的專稱。天津社倉的記載也僅見於寶坻縣，寶坻縣社倉與義倉設於同年，爲縣令劉廓所設。其建設情況大致如下：「度地得西門之內之街之北爲倉若干間，門堂亭若干間，偪浴菜圃咸具。」〔註79〕劉廓興辦社倉時，便發佈了一套頗爲周詳的規章制度。其各項制度詳細如下：

　　　　一、社倉之法，專爲濟農，凡非力耕之人，皆不許借。其常年

〔註73〕　《明神宗實錄》卷二十八，萬曆二年八月乙丑條。

〔註74〕　（唐）魏徵等撰：《隋書》卷四十六《長孫平傳》，北京：中華書局，1982年，第1254頁。

〔註75〕　據《申請修倉公移》云：「查得本年新行朱子社倉之法……再照本縣各鄉義倉每里一所，共三十所，亦係本年新創。」（（明）劉邦謨、王好善輯：《寶坻政書》卷三《申請修倉公移》，第322頁。）可知寶坻縣義倉、社倉建於同一年。又明嘉靖三十三年知縣劉廓建社倉（（光緒）《順天府志》卷五十五，第506頁。）是知，義倉亦建於嘉靖三十三年。

〔註76〕　（明）劉邦謨、王好善輯：《寶坻政書》卷三《申請修倉公移》，第322頁。

〔註77〕　（明）劉邦謨、王好善輯：《寶坻政書》卷三《申請修倉公移》，第322頁。

〔註78〕　《隋書》卷二十四《食貨志》。

〔註79〕　（康熙）《寶坻縣志》卷七《藝文志・仿古社倉記》，第60頁；（清）洪肇楙等纂修：《寶坻縣志》卷十七，第1058頁文字基本相同。

告借倉糧者，皆係近城棍徒，通與革除。

一、各里老具開本里務農小戶，不願者勿強，願者五家結爲一票，票有頭，一鄉爲一總，總有長。一村不及十家者，七八戶聯爲一票，皆擇良善信實者充之。出則令頭長驗放，入則令頭長催收。

一、舊例計口而給，今人多穀□，每家且給五斗。人少則遞加，人多則遞減，逐年增給，俟倉穀豐盈，壯丁能耕者給一石，老弱婦女各給五斗。

一、朱子舊例，每石加利三斗，今止加二斗，蓋不敢務速效而傷民也。本縣三十里，候每里足糧一千石，止收耗糧三升，永不起利。

一、舊例春放秋收，今耕獲之候稍遲，放以四月，收以九月。

一、凡遇凶荒，小荒則盡捐其息，大荒則量捐其本。

一、四民惟農爲苦，然亦惟農爲良，故以務農之人爲良家子。自今入約之後，宜相勸以勤、相規以過，急難相奔走，疾病相扶持。凡里老需索、奸頑告累者，本縣皆重處之，以絕爾民之害。中有孝子順孫、義夫節婦，里老報縣，縣申上司，量支息糧以旌之。

一、本縣小民借穀於有力之家，利過於本。有一石還至三石者，本縣略與儆責。然不敢嚴禁之者，恐富室不借，則小民益難，耕耨益不足也。故社倉之設，此方爲最急，今領穀之後，各宜努力耕耨，秋成早還官，毋致督責。〔註80〕

該公告涉及的內容相當全面，涵蓋了借貸對象、管理機制、利息、減免還貸的情形、獎勵、發放與歸還時間等等各方面的內容，確保了社倉正常運行。社倉建立之後，成效頗著。有人作書與劉廓云：「本縣歲積穀一千石，頻荒不能及額，冗食者又多，先生蒞任之初，倉有穀三百五十石，去之日積穀七千有奇，蓋二十倍於初矣。舊制，倉穀皆取足於贖鍰，先生寬刑薄罰，初歲計贖金僅四十三兩五錢，積穀不如額者十之八九。上官行文督責，將參治之。邑鄉士大夫先捐穀數百石，小民相繼樂輸，遂獲免罪……先生創行朱子社倉之法，又令窮民給帖入市，歲納穀一石。故不煩贖鍰，而積穀甚多，經畫得

〔註80〕　（明）劉邦謨、王好善輯：《寶坻政書》卷三《申請行朱子社倉公移》，第320～321頁。

宜，上下咸利。」〔註81〕可見，劉廓在任之時社倉存儲甚足主要是劉廓實行惠政的結果。設立社倉是否能夠惠及百姓，主要還是取決於主事者。嘉靖三十六，胡與之繼任寶坻縣令。他繼續維護社倉，務必保證「戶戶得糧，人人沾惠」，「又稽弊得縣庫青衣扛夫銀若干兩，料價銀若干兩，悉請上司糶粟若干石增實社倉」，爲地方百姓所稱頌〔註82〕。可惜的是，後來劉廓興辦的社倉逐漸荒廢爲民居〔註83〕，乃明代中後期荒政衰落大勢的又一實例。

　　整體而言，明末天津地區的倉儲制度似乎並不完備，相關記載十分稀見。此外，明代中後期天津政府官員捐獻俸祿賑濟災民的記載甚多，亦表明此時當地糧食儲備十分有限，倉儲制度多形同虛設。備荒倉儲的功能和設立目標並沒有良好地實現。

　　綜上所述，明代已經建立了相當完備的荒政制度，並在天津地區的災荒救助過程中多所體現。在災時救助過程中，蠲免、賑濟、折徵等等措施均對救荒起到了重要的積極作用，是保障天津農業生產、恢復災民生活所依靠的重要保障手段。農業的發展與荒政密切相關，明代荒政制度的完備也是爲天津農業的開發和進步提供了一定的保障和條件。而同時，在荒政發生時天津各地士紳等人士利用民間力量對災荒加以救助，體現出明清時期社會力量開始積極參與救荒這一特色。清代以後，民間力量在救荒中的參與程度進一步發展和完善，不能不說，是對明代的傳承和發展。通過明末天津各地備荒倉儲的衰落和荒廢也可看出，天津荒政的實施在明末已逐漸式微，這是與明末全國荒政之荒廢大趨勢相符合的。入清以後，通過對明代荒政加以繼承和完善，荒政對天津農業生產的保障作用得到更好的發揮和體現。

第三節　清代天津荒政之發展

一、災時救濟措施的鞏固和完備

　　清代救災程序與明朝大同小異，也需要先報災、勘查、核實，然後再賑災。一旦有災情，地方官員應當火速上報朝廷，否則將會被問罪。嘉慶六年

〔註81〕（明）劉邦謨、王好善輯：《寶坻政書》卷三，第320頁。
〔註82〕（康熙）《寶坻縣志》卷七《藝文志・仿古社倉記》，第60頁。（清）洪肇楙等纂修：《寶坻縣志》卷十七，第1058～1060頁文字基本相同。
〔註83〕（清）洪肇楙等纂修：《寶坻縣志》卷三《建置》，第232頁。

六月，永定河北岸決口成災，「總督姜晟以奏報遲延逮問」〔註84〕。之後，嘉慶帝特派臺費蔭等八員分赴四路悉心勘查，但又擔心「若俟該員等查奏到時再行撫卹，未免稽遲」。於是下諭內閣，「傳諭臺費蔭等查看被水地方有急須散賑之處，即督同地方官立時賑濟。一面奏聞，一面動帑開倉。」〔註85〕顯然，一般賑災需在勘查核實之後，但遇到災情嚴重的，亦可特例特辦。清代救災程序與明代最大的不同在於，旗地與民地分開報災、分開勘查、區分賑濟。康熙年間，趙之符上《請酌議澇糧則例疏》，建議「嗣後各旗報災不必重煩部差踏勘，止就該地方官所報民地被災分數分別。某州縣民地受災幾分，即該圈旗地受災亦係幾分；若該州縣民地無報受災分數，即該圈旗地亦應不准報災分數。竟以民地之情形據為旗地之則例。在民則照被災之輕重，按數議蠲；在旗兵則照被災之分數，按晌給糧。」〔註86〕可見，按照常規，民地依照一般賑災方式救濟，旗地受災旗兵依照軍餉制度領餉。此外，趙之符提到的「分數」一詞是清代荒政中常見的一個「術語」。順治十年，將州縣額定的賦稅分為十分，根據受災的分數定受災級別，決定蠲免的比例。整體而言，清代的救災措施基本沿襲了明朝的舉措，主要有蠲免、賑濟、撫卹等等措施，但在沿襲的基礎上多有一些改進和補充，進一步對荒政制度加以完善和發展。

　　清代蠲免賦役救災的措施較早便見於史籍，早在順治元年便已有免遭受兵災之苦百姓的賦役：「順治元年，以京城遭明末寇賊蹂躪之後，其民居被逼遷徙者免賦役三年，被毀未遷者免一年。大兵所經，田禾被傷者，除本年田租之半，河北府、州、縣、衛免租三分之一。」〔註87〕此外，清代蠲免制度規定較細緻，包含了受災級別、蠲免比例等等。根據《皇朝文獻通考》記載，清朝蠲免數額變化過程如下：「順治十年……是年，定州縣被災八分、九分、十分者免十分之三，五六七分者免二，四分者免一。有漕糧州縣衛所準改折。康熙十七年，增定災地除五分以下不成災外，六分者免十之一，七分八分者免二，九分十分者免三。雍正六年，諭：改免被災十分者七，九分者六，八

〔註84〕　（清）沈家本　榮銓等修，徐宗亮　蔡啟盛纂：（光緒）《重修天津府志》卷四十，第 154 頁。
〔註85〕　（清）沈家本　榮銓等修，徐宗亮　蔡啟盛纂：（光緒）《重修天津府志》卷一，第 30～31 頁。
〔註86〕　（清）吳翀　曹涵：《武清縣志》卷十《章奏》，第 20～21 頁。
〔註87〕　（清）沈家本　榮銓等修，徐宗亮　蔡啟盛纂：（光緒）《重修天津府志》卷五，第 117 頁。

分者四，七分者二，六分者一。乾隆元年，諭：被災五分之處亦準免十分之一，永著爲例。」〔註88〕可見，清朝是根據受災情況的輕重蠲免部分賦稅。清朝前期蠲免數額並未形成定制，直至順治十年方有細則規定，之後又根據經濟環境變化有所變革，康熙的蠲免分數一度降低，雍正與乾隆又相繼提高蠲免分數，遂成定制。除了蠲免數額形成定制外，清代蠲免在實施中還有諸多變化。第一，出現單獨蠲免地丁銀米的做法。如康熙三十二年十一月，康熙下諭至戶部：「順天、河間、保定、永平四府康熙三十三年應徵地丁銀米著通行蠲免，所有歷年舊欠悉與豁除。」〔註89〕第二，雖然已經明確規定了根據受災分數蠲免相應比例的賦稅，但在清朝全數免除往年積欠的錢糧亦是常事，蠲免力度往往較大。在制定蠲免數額的第二年，順治帝便免順治六、七兩年各省積欠在民之地丁、本折錢糧，又發銀二十四萬兩分賑饑民〔註90〕。順治十二年八月又因連發水旱災害，下諭工部；「其直隸八府州縣順治八年至十一年未完錢糧實欠在民者，悉與蠲免。」〔註91〕康熙四年，免各省順治十六、十七、十八等年各項民欠錢糧〔註92〕。雍正十二年，於例免錢糧外，將十二年以前實在民欠者一併寬免〔註93〕。乾隆元年，蠲免天津府屬州縣康熙六十一年至雍正十二年止民欠錢糧共三萬六千四百兩零〔註94〕。在特殊情況下亦多有直接全數蠲緩應徵額賦的措施。如康熙四十四年，蠲免直隸全省一年額賦〔註95〕。又如雍正四年二月，以前一年直隸所屬七十四州縣被水，詔免被災田畝錢糧並停徵應徵額賦，又詔停徵通省

〔註88〕《皇朝文獻通考》卷四十五《國用七・蠲貸下・災蠲》。
〔註89〕（清）沈家本 榮銓等修，徐宗亮 蔡啓盛纂：（光緒）《重修天津府志》卷一，第13～14頁。
〔註90〕（清）沈家本 榮銓等修，徐宗亮 蔡啓盛纂：（光緒）《重修天津府志》卷五，第117頁。
〔註91〕（清）沈家本 榮銓等修，徐宗亮 蔡啓盛纂：（光緒）《重修天津府志》卷一，第11～12頁。
〔註92〕（清）沈家本 榮銓等修，徐宗亮 蔡啓盛纂：（光緒）《重修天津府志》卷五，第117頁。
〔註93〕（清）沈家本 榮銓等修，徐宗亮 蔡啓盛纂：（光緒）《重修天津府志》卷五，第120頁。
〔註94〕（清）沈家本 榮銓等修，徐宗亮 蔡啓盛纂：（光緒）《重修天津府志》卷五，第120頁。
〔註95〕（清）沈家本 榮銓等修，徐宗亮 蔡啓盛纂：（光緒）《重修天津府志》卷五，第118頁。

應徵額賦〔註 96〕。嘉慶二十五年，蠲緩青縣、靜海、滄州、鹽山等州縣新舊額賦及出借倉穀〔註 97〕。道光元年，緩徵青縣、靜海、滄州、鹽山等州縣上年災歉村莊本年額賦，又蠲緩天津、青縣、滄州、南皮、鹽山、慶雲等州縣被水、被雹村莊新舊額賦〔註 98〕。清代幾位君王幾乎都曾下詔全數蠲緩天津的額賦，不過多數情況還是依照定制按受災分數蠲免。第三，康熙三十二年以後蠲免受災地區地丁錢糧幾乎形成定制。康熙二十一年始單獨蠲免災區地丁錢糧〔註 99〕。康熙三十二年，下諭戶部通行蠲免順天、河間、保定、永平四府康熙三十三年應徵地丁銀米，所有歷年舊欠悉與豁除〔註 100〕。此後，至康熙五十四年，康熙常蠲免各受災府州縣的次年地丁錢糧額賦〔註 101〕。由上可知，清朝蠲免賦稅不僅限於受災當年，往往同時免除往年積欠的錢糧，還蠲免來年的賦稅。相較明制，災民受惠力度和幅度都大大提高。

　　減少災民賦稅負擔相關的緩徵在清朝亦是一項重要的救災措施，尤其是道光朝。康熙帝認為「穀耗不登，民艱粒食。現今緩徵、賑借，雖惠澤頻施，而來春應辦錢糧若仍行徵取，則民力匱乏，輸將難繼。」〔註 102〕因緩徵乃是將賦稅負擔拖至次年，不過是緩兵之計，雖然暫時緩解了災民眼下的負擔，但次年災民的負擔則會加重。因此康熙一朝並未看到實行緩徵。乾隆朝始有緩徵，但僅實行於災情較輕的地區。「乾隆四十年，以順天、河間、天津等屬

〔註96〕　（清）沈家本　榮銓等修，徐宗亮　蔡啓盛纂：(光緒)《重修天津府志》卷五，第 119 頁。
〔註97〕　（清）沈家本　榮銓等修，徐宗亮　蔡啓盛纂：(光緒)《重修天津府志》卷五，第 125 頁。
〔註98〕　（清）沈家本　榮銓等修，徐宗亮　蔡啓盛纂：(光緒)《重修天津府志》卷五，第 125 頁。
〔註99〕　康熙二十四年四月，諭戶部：順、永、保、河等處圈佔地方應徵康熙二十一年地丁錢糧已經詔行蠲免，所有直隸八府康熙二十三年未完地丁錢糧盡與豁除，其順、永、保、河未經圈佔地方及眞、順、廣、大等處康熙二十四年應徵地丁各項正賦俱著免三分之一。(光緒)《重修天津府志》卷一，第 12 頁。
〔註100〕　（清）沈家本　榮銓等修，徐宗亮　蔡啓盛纂：(光緒)《重修天津府志》卷一，第 13～14 頁。
〔註101〕　(光緒)《重修天津府志》卷一，第 13～14 頁。康熙二十五年，曾因河間等府差役倍多，供億尤劇，而詔免二十六年地丁各項錢糧及二十五年未完民欠。（(光緒)《重修天津府志》卷五，第 118 頁。）其蠲免之因與災害無關，故不列入在內。
〔註102〕　（清）沈家本　榮銓等修，徐宗亮　蔡啓盛纂：(光緒)《重修天津府志》卷一，第 15 頁。

上年偶被偏災，將成災與未成災地方及毗連災地處所應徵上年錢糧概緩至本
年秋成後徵收。」〔註 103〕而且即使暫時緩徵，也常會蠲免。乾隆三十年巡幸
江浙，便蠲免了直隸各屬自乾隆十九年至二十五年舊欠及二十六年未完緩徵
銀兩米石〔註 104〕。嘉慶朝的做法與乾隆朝相近。道光十一年，免天津、青縣、
靜海、鹽山、慶雲、滄州等州縣被災新舊額賦、倉穀〔註 105〕。類似這種免除
額賦的措施，在道光朝十分罕見。終道光一朝，緩徵代替蠲免，成為最主要
的減輕災民賦稅負擔的救災措施。如道光元年，緩徵青縣、靜海、滄州、鹽
山等州縣上年災歉村莊本年額賦，並展緩節年錢糧、旗租、改折等項。是年，
又蠲緩天津、青縣、滄州、南皮、鹽山、慶雲等州縣被水、被雹村莊新舊額
賦〔註 106〕。又如道光十五年，緩徵天津縣上年被水村莊額賦，並展緩青縣、
滄州、靜海、南皮、鹽山等州縣積水錢糧有差〔註 107〕。當災民無法如期繳納
緩徵的額賦時，展緩成為緩徵的重要補充。除了蠲免和緩徵外，帶徵往往也
作為荒政的措施之一在清代加以採用。乾隆五年，以天津地勢低窪屢遭水災
為由，將天津所屬帶徵之項，自當年起分作五年徵收〔註 108〕。又乾隆二十八
年，直隸應徵歷年借欠未完食米穀石分作三年帶徵〔註 109〕。可以說，分期徵
收是緩徵的一種變通，相對減輕災民在一定時間內的賦稅負擔，同時朝廷又
能收穫一定的賦稅，可謂兩全其美。另外，蠲免、緩徵等亦可作為備荒措施。
有時候統治者會根據具體情形在災害尚未形成之前便提前蠲免、緩徵。如乾
隆二年四月，因京師畿輔、山東等地缺雨，乾隆下旨提前籌備，「除已經降旨
緩徵外，著將直隸通省今年應徵地丁錢糧蠲免七十萬兩，山東通省今年應徵

〔註 103〕（清）沈家本 榮銓等修，徐宗亮 蔡啓盛纂：（光緒）《重修天津府志》卷五，
　　　　　第 123 頁。

〔註 104〕（清）沈家本 榮銓等修，徐宗亮 蔡啓盛纂：（光緒）《重修天津府志》卷五，
　　　　　第 122 頁。

〔註 105〕（清）沈家本 榮銓等修，徐宗亮 蔡啓盛纂：（光緒）《重修天津府志》卷五，
　　　　　第 126 頁。

〔註 106〕（清）沈家本 榮銓等修，徐宗亮 蔡啓盛纂：（光緒）《重修天津府志》卷五，
　　　　　第 125 頁。

〔註 107〕（清）沈家本 榮銓等修，徐宗亮 蔡啓盛纂：（光緒）《重修天津府志》卷五，
　　　　　第 126 頁。

〔註 108〕（清）沈家本 榮銓等修，徐宗亮 蔡啓盛纂：（光緒）《重修天津府志》卷五，
　　　　　第 121 頁。

〔註 109〕（清）沈家本 榮銓等修，徐宗亮 蔡啓盛纂：（光緒）《重修天津府志》卷五，
　　　　　第 122 頁。

地丁錢糧蠲免一百萬兩，俾民力寬舒，民氣愉暢」〔註110〕。此時，蠲免、緩徵由救災措施轉變爲備荒措施。

整體來說，順治到嘉慶年間，清政府依靠減輕災民賦稅壓力以救濟災民的力度較大，其中康熙朝曾經一度降低蠲免分數；道光一朝力度則明顯大幅減弱。這一變化與社會經濟的變化密切相關。康熙自言：「比年以來因國家經費尙充，遂將各省地丁額賦及舊欠錢糧節次蠲免，即從前未經停徵之漕糧亦逐年免徵。」〔註111〕顯然，是蠲免還是緩徵，是提高蠲免分數還是降低蠲免分數，都取決於政府的經濟實力。

清朝天津地區賑濟救災較早的見於順治十一年二月。順治十一年，發銀二十四萬兩分賑直省饑民，「遣滿漢大臣分赴八府地方賑濟，督同府州縣、衛所各官量口給散，務使饑民均霑實惠」〔註112〕。可見此時已經定下按口賑濟的規矩。又，當年河間等處大水，賑濟饑民一萬二千九百三十餘口，共花費銀六千一百三十三兩零，又各給七十以上者一匹布，共發放一千九十餘匹〔註113〕。此次賑濟乃按口發放銀錢，與明代發放米糧的做法不同。另外七十歲以上的老者可以額外獲得一匹布的賑濟。清代賑濟物資的主要來源與明代大致相同，基本來自府庫庫銀、漕米、倉米、向富人募捐等。順治十一年賑濟直隸的銀錢即來自內帑和朝廷府庫〔註114〕。康熙二十八年畿輔旱，發帑金三十萬兩及常平倉遍行賑給，又詔公家莊田及諸王以下大臣、庶官、殷實人等莊田積聚糧穀及鄉紳富民有積穀者並令助給〔註115〕。清代賑濟來源與明代最大的不同是，清代常撥發府庫庫銀用於賑濟。如雍正七年，武清縣河西務河堤漫開，著令戶部速派賢能司官帶帑銀二千兩前往，悉心查勘賑濟〔註116〕。又如，道光一朝雖然政府收入已經衰減，蠲免措施不振，但卻於一年內撥給帑

〔註110〕　（清）洪肇楙等纂修：《寶坻縣志》卷十七《藝文上》，第 837～838 頁。
〔註111〕　（清）沈家本　榮銓等修，徐宗亮　蔡啓盛纂：（光緒）《重修天津府志》卷一，第 13～14 頁。
〔註112〕　（清）沈家本　榮銓等修，徐宗亮　蔡啓盛纂：（光緒）《重修天津府志》卷一，第 11 頁。
〔註113〕　（清）沈家本　榮銓等修，徐宗亮　蔡啓盛纂：（光緒）《重修天津府志》卷五，第 117 頁。
〔註114〕　（清）沈家本　榮銓等修，徐宗亮　蔡啓盛纂：（光緒）《重修天津府志》卷一，第 11 頁。
〔註115〕　（清）沈家本　榮銓等修，徐宗亮　蔡啓盛纂：（光緒）《重修天津府志》卷五，第 118 頁。
〔註116〕　（清）蔡壽臻、錢錫寀纂修：（光緒）《武清縣志》卷首，第 1～2 頁。

銀一百八十萬兩大賑直隸各受災州縣〔註117〕。清代天津地區賑濟救災與明代相比較而言有一些變化與發展，主要體現在以下幾個方面：

第一，形成戶口結合的賑濟制度。順治十一年賑濟時，已經採用按口賑濟的辦法，此制對後世影響甚遠。雍正十一年津屬被水，十月詔令直隸各省商牙不得增添牙帖，賑濟青縣等戶口〔註118〕。此時似乎已是戶與口相結合賑濟。乾隆八年，直隸旱災，有人主張按戶賑濟而不按口賑濟，布政使沈起元嚴斥之，災民俱得實惠〔註119〕。或許此時按戶或者按口賑濟尚有爭議。嘉慶六年直隸水災，熊枚上疏「請清查賑戶，不得拘每戶大口不過五、小口不過三之例。」下部議行〔註120〕。結合以上三條記載，我們可以大概推測清朝戶口結合賑濟制度的原貌。按例，一戶之中，大口不超過五人，小口不超過三人。如果民戶口數低於這一限制，可算是按口賑濟；如果民戶口數超過這一限制，便是按戶賑濟。如果不局限於戶，而是完全依照口數賑濟，則受惠百姓更多；若按戶賑濟，則顯然受惠百姓較少。這大概也是沈起元堅持按口賑濟的原因。從理想的角度考慮，如果嚴格按照按口賑濟的辦法實施，則百姓更能受惠，但政府的負擔亦會相應增加。是否按口賑濟，往往取決於官員個人看法與政府經濟實力。

第二，明代賑濟基本以米糧爲主，清代則多爲銀錢、米糧並行。如康熙七年大饑，賑濟河間七屬，青縣賑粟米三千一百二十一石，次年春復賑銀一千五百七兩二錢〔註121〕。又如乾隆三十六年，直隸災，發庫銀五十萬兩、截留漕米八十萬石，聽直省應撥州縣領運〔註122〕。

第三，清代賑濟根據受災分數賑濟時限亦有所不同，區分受災分數加賑、展賑亦十分常見。加賑於雍正朝初見。雍正初年，直屬大水，下令運通倉米

〔註117〕 （清）蔡壽臻、錢錫棠纂修：（光緒）《武清縣志》卷十《藝文下》，第366頁。

〔註118〕 （清）沈家本 榮銓等修，徐宗亮 蔡啓盛纂：（光緒）《重修天津府志》卷五，第120頁。

〔註119〕 （清）沈家本 榮銓等修，徐宗亮 蔡啓盛纂：（光緒）《重修天津府志》卷四十，第159頁。

〔註120〕 （清）沈家本 榮銓等修，徐宗亮 蔡啓盛纂：（光緒）《重修天津府志》卷四十，第154頁。

〔註121〕 （清）沈家本 榮銓等修，徐宗亮 蔡啓盛纂：（光緒）《重修天津府志》卷五，第117頁。

〔註122〕 （清）沈家本 榮銓等修，徐宗亮 蔡啓盛纂：（光緒）《重修天津府志》卷五，第123頁。

一萬石往天津，聽直隸總督蔡珽調度，加賑一月〔註 123〕。長期經驗的積累，乾隆朝各項制度都較爲完備，賑濟亦如此。乾隆四年，直隸被災地方賑如例，災重之地各戶加賑一月，災輕之地老弱貧民加賑一月；天津、靜海等縣積水未涸之地，內有易涸之村莊加賑一月，其深窪難涸之村莊加賑兩月〔註 124〕。乾隆九年，天津、河間、深州所屬被災較重之貧民，於例賑外，次貧加賑一月，極貧加賑〔註 125〕。乾隆三十七年，展賑上年被水天津等二十四州縣極、次貧民一月口糧〔註 126〕。

第四，在明代寶坻縣曾經形成制度的工賑在清代天津並不常見。蔡珽於雍正三年署直隸總督，當時直屬被水。蔡珽用府庫的庫銀修築河間、靜海諸城，以工代賑。其言「賑滿三月便續修城工，賑時所給印券，領米後仍給本人，修城日驗券傭工，不待更查。」〔註 127〕又有陳儀奏請發府庫庫銀數萬，以工代賑，修築堤壩〔註 128〕。又有寧河知縣沈濬，於雍正十二年以工代賑，修建學宮「度廣袤奠基址，購材運甓，工倍其傭，底績於成」〔註 129〕。明代工賑主要是招募災民興修水利，清代則有修建學宮，可見清代工賑修建工程的範圍較廣。

第五，明代已有煮賑，但官辦粥廠在天津的設立所見不多，清代則大量在天津廣設粥廠辦理煮賑。清代天津煮賑出現的時間較晚，從康熙中期到道光年間皆設有粥廠。康熙二十九年，加倍給五城粥廠銀米，寬期賑濟，同時詔令增設粥廠，遣朝中大臣前往督辦〔註 130〕。雍正元年二月。又令五城粥廠展期一月，並各增加銀米一倍〔註 131〕。所謂五城粥廠，就是依照北京在東南

〔註 123〕　（清）沈家本　榮銓等修，徐宗亮　蔡啓盛纂：（光緒）《重修天津府志》卷四十，第 149～150 頁。

〔註 124〕　（清）沈家本　榮銓等修，徐宗亮　蔡啓盛纂：（光緒）《重修天津府志》卷五，第 120 頁。

〔註 125〕　（清）沈家本　榮銓等修，徐宗亮　蔡啓盛纂：（光緒）《重修天津府志》卷五，第 121 頁。

〔註 126〕　（清）沈家本　榮銓等修，徐宗亮　蔡啓盛纂：（光緒）《重修天津府志》卷五，第 123 頁。

〔註 127〕　（清）沈家本　榮銓等修，徐宗亮　蔡啓盛纂：（光緒）《重修天津府志》卷四十，第 149～150 頁。

〔註 128〕　（清）周家楣等修，繆荃孫等纂：（光緒）《順天府志》卷一百，第 55～56 頁。

〔註 129〕　（清）周家楣等修，繆荃孫等纂：（光緒）《順天府志》卷七十四，第 82 頁。

〔註 130〕　（清）沈家本　榮銓等修，徐宗亮　蔡啓盛纂：（光緒）《重修天津府志》卷一，第 13 頁。

〔註 131〕　（清）周家楣等修，繆荃孫等纂：（光緒）《順天府志》卷六十六，第 645 頁。

西北中五城設置粥廠之例，在地方上也在東南西北中近城處設粥廠賑濟。一般而言，煮賑的實施應當根據受災分數、戶等，煮賑物資一般用府庫銀錢購買。嘉慶六年十二月，因直隸省受災十分嚴重，嘉慶帝特下諭內閣不拘受災分數，凡直隸省各府所屬州縣一律加賑，「於明歲正月起至四月麥收時止，各按地方村莊多寡、遠近，多設粥廠。無論極次貧民，一律給賑，以示軫恤災黎，恩施普遍至意。此外原報六、七、八分災之州縣，如有應行煮賑接濟之處，並著陳大文詳細查明，再行具奏。至此次煮賑銀兩，即著將應行解京之旗租銀二十餘萬兩賞給備用」〔註132〕。有時候官員亦會向官紳募捐設立粥廠，如乾隆五十五年，天津道臺喬人傑「公倡率官紳捐資立粥廠於四門外以飼饑者」〔註133〕。

清代天津災荒也多有調撥糧食進行賑濟，調粟以移粟就民為主，很少採用移民就粟的方式。順治年間未見調粟，康熙年調粟以調發京通二倉倉米和天津附近地區倉米為主。雍正朝以後，截留漕米與調發京通二倉倉米以及臨近地區倉米成為主要的調粟方式。如康熙三十三年二月，詔發霸州及天津衛所貯米穀賑給，並以餘米平糶〔註134〕。又康熙五十五年閏三月，詔發京、通二倉米二十萬石，遍行賑濟河間等府〔註135〕。雍正三年，直隸下屬州縣遭遇水災，雍正下諭大學士等：「除截留漕米、發給常平倉穀外，又將通倉米六成以上者，著託時、陳守創親交余甸、蔡起俊運赴天津，分散賑糶。」〔註136〕採買也是調粟的方式之一。雍正三年，下諭命增壽等前往奉天採買米石，然後運至天津，又命採買高粱，或一萬石，或七、八萬石，一併運至天津，於賑濟大有裨益〔註137〕。不過，終清之世採買較為少見。明代調粟主要用於賑濟，清代調撥的倉米則主要用於平糶，平抑米價。康熙三十四年九月，為霸

〔註132〕（清）沈家本　榮銓等修，徐宗亮　蔡啟盛纂：（光緒）《重修天津府志》卷一，第 31 頁。
〔註133〕（清）沈家本　榮銓等修，徐宗亮　蔡啟盛纂：（光緒）《重修天津府志》卷四十，第 163 頁。
〔註134〕（清）沈家本　榮銓等修，徐宗亮　蔡啟盛纂：（光緒）《重修天津府志》卷五，第 118 頁。
〔註135〕（清）沈家本　榮銓等修，徐宗亮　蔡啟盛纂：（光緒）《重修天津府志》卷五，第 119 頁。
〔註136〕（清）沈家本　榮銓等修，徐宗亮　蔡啟盛纂：（光緒）《重修天津府志》卷一，第 17 頁。
〔註137〕（清）沈家本　榮銓等修，徐宗亮　蔡啟盛纂：（光緒）《重修天津府志》卷一，第 16～17 頁。

州、雄縣、香河、寶坻四處各調發一萬石米，按各地時價減值發糶〔註 138〕。
調撥的倉米也做賑濟之用，有時候會先賑濟，有剩餘再平糶。康熙三十三年
二月，下諭內閣曰：「據戶部所察，霸州等十州縣存貯米五萬七千五百餘石、
穀八百石，天津衛存貯米一萬石、穀四萬四千一百餘石。此米穀現在倉與否？
足以賑給與否？若足用，則以餘米平價糶與百姓，可行與否？山東漕糧截留
數萬石，平價糶賣，則穀價不騰，於民大有裨益。今挽至何州縣平價以糶，
應截留米若干萬石，即遣戶部司官一員至巡撫郭世隆處，令其逐一迅速詳議，
付彼齎奏。」〔註 139〕除了用於平糶和賑濟外，調發的倉米亦用於分貯、備荒。
如乾隆二年，直隸截留漕米三十萬石貯存於天津北倉，準備用於荒年賑濟之
用〔註 140〕。乾隆八年，下諭曰：「查上年通倉存貯有口外採買備用之粟米，著
先撥十萬石運送天津。其何以分貯、平糶、賑恤，聽總督高斌酌量辦理。」〔註
141〕可見貯存、平糶、賑濟乃是調粟所得倉米的主要用途。一般而言，調粟是
政府調發其他地區的米糧到受災地區平糶、賑濟或貯存備荒，是一種政府行
為。雍正及乾隆時期有時候亦借用商人之手將糧食調至災區，滿足災民的需
求。清代禁止將米糧運出海，天津地處海濱，若再遭遇水災，則陸路上米糧
難以運至天津，因此當米價騰貴的時候，清政府會暫時開禁，允許商人從海
上運米糧至災區售賣，而且必須運往災區，否則即為違禁。這一做法某種程
度上是強制將海上商船運送的米糧調至災區平抑米價，但也確實能起到一定
作用。雍正三年七月，因天津等地遭遇水災，米價騰貴，即令調發十萬石至
天津，但又恐收成之時米價騰貴，因此雍正下諭曰：「再若有自海運糧之商人，
不必禁止，聽其運至天津貿易，不許他往。」〔註 142〕乾隆三年八月，上諭曰：
「今年直隸各州縣收成豐歉不一，米價未免稍昂，而奉天、山東二處年歲俱
獲豐收。從來鄰近省分必須商賈來通，以豐濟歉，則需穀者既得以糊口，而

〔註 138〕　（清）沈家本　榮銓等修，徐宗亮　蔡啓盛纂：（光緒）《重修天津府志》卷一，
　　　　　第 14 頁。
〔註 139〕　（清）沈家本　榮銓等修，徐宗亮　蔡啓盛纂：（光緒）《重修天津府志》卷一，
　　　　　第 14 頁。
〔註 140〕　（清）沈家本　榮銓等修，徐宗亮　蔡啓盛纂：（光緒）《重修天津府志》卷二
　　　　　十九，第 611 頁。
〔註 141〕　（清）沈家本　榮銓等修，徐宗亮　蔡啓盛纂：（光緒）《重修天津府志》卷二
　　　　　十九，第 612 頁。
〔註 142〕　（清）沈家本　榮銓等修，徐宗亮　蔡啓盛纂：（光緒）《重修天津府志》卷一，
　　　　　第 15 頁。

糶販者又藉以營生，殊屬兩便之道。但奉天、山東俱屬海濱，地方官吏因有禁米出洋之例，未肯任從民便。用是特頒諭旨，奉天、山東沿海地方商賈，有願從內洋販米至直隸糶賣者，文武大員毋得禁止。但商賈米船放行之時，該地方官給與印票，仍行文知照直隸總督。其沿途巡海官弁亦時加查驗，毋令私出外洋。米船既抵天津，卸米之後，直隸地方官給與回照，仍行文知照奉天、山東兩省。」〔註143〕該詔書明確點出允許海上運糧至直隸各州府糶賣的重要意義，並且規定了具體做法。運糧出洋及卸船回返都需有官府文書、查驗，防止有不法商賈借機將米糧運往海外出售。另外，跟蠲免、賑濟相同，清政府亦會根據災情、米價決定是否延長寬禁年限。如乾隆三年弛禁商賈將奉天米糧運自海上至直隸販賣，至乾隆四年四月期滿，乾隆十月降旨寬限一年〔註144〕。又乾隆五年，「聞奉天今歲收成頗稔，著再寬一年之禁，商賈等有願從海運者，聽其自便。」〔註145〕通過興修水利進行工賑的記載也比較常見，清政府多次修築水利工程以防止災害再發生。如洪肇楙，乾隆四年署寶坻事。到職後，便立即著手重修寶坻縣北門孔道的橋樑、縣東的東臥渡。次年仍在寶坻縣任職，「肇楙度水利加築堤墊，悉出俸，不費民一縟，城渠亦久湮，濬之，修橋樑。」〔註146〕終清之世，賑濟的各種形式在天津救災中多扮演了輔助角色，天津地區災荒往往以蠲免作為主要手段。

除蠲免、賑濟等方式外，清代也在其他荒政措施上加以完備和發展，以促進災荒的應對，保障農業生產和小民生活。首先，繼續重視捕蝗，防止蝗災的發生。清代天津蝗災相對於水旱災害而言較少，但清政府仍未鬆懈捕捉蝗蟲。清政府十分重視盡早捕捉蝗蟲，最好在蝗蝻幼小的時候變捕捉。道光元年五年，下諭內閣，寧河、寶坻等閒蝻種漸生，必須及早捕捉，著令「直隸總督、順天府尹、山東巡撫各飭所屬親行查勘，趕緊搜除其接壤之區。務協力撲捕，不得互相觀望，稽延時日，致令貽害田禾」〔註147〕。官員督辦

〔註143〕（清）沈家本　榮銓等修，徐宗亮　蔡啓盛纂：（光緒）《重修天津府志》卷一，第21頁。

〔註144〕（清）沈家本　榮銓等修，徐宗亮　蔡啓盛纂：（光緒）《重修天津府志》卷一，第21頁。

〔註145〕（清）沈家本　榮銓等修，徐宗亮　蔡啓盛纂：（光緒）《重修天津府志》卷一，第21頁。

〔註146〕（清）周家楣等修，繆荃孫等纂：（光緒）《順天府志》卷七十四，第82頁。

〔註147〕（清）沈家本　榮銓等修，徐宗亮　蔡啓盛纂：（光緒）《重修天津府志》卷一，第36頁。

捕蝗不力者，都會被查辦革職。乾隆十八年，順天府府尹李因培參通永道王楷等撲蝗不力，王楷等人皆革職〔註 148〕。可見對捕蝗不力的官員處罰十分嚴重。另外，旗莊亦有義務出丁夫幫助捕蝗，如果不出丁夫，也應當處罰。乾隆時期，天津府蝗蝻災，旗莊不肯出丁協力捕捉蝗蟲，府尹寶光鼐與督辦大臣聯名上奏讓朝廷依法處罰〔註 149〕。清代除害措施最大的發展之處，在於採用了以錢米換取蝗蟲，藉此激勵百姓自行捕捉蝗蟲，不依靠政府派人捕捉。道光元年六月，下諭曰：「本年順天府屬及直隸天津、山東近河、近海地方間有蝻孽萌生，現已飭令趕緊撲捕。惟是捕蝗一事，先應禁止擾累。若地方官按畝派夫，胥吏復藉端索費、踐蹈禾苗，則蝗孽未除而小民已先受其害。《康濟錄》內所載《捕蝗十宜》，設廠收買，以錢米易蝗，立法最為簡易。著將《康濟錄》各發去一部，交該府尹及該督撫各飭所屬迅速籌辦。務使閭閻不擾，將蝗蝻搜除盡淨，以保禾稼而康田功。」〔註 150〕可見，讓百姓自行捕捉蝗蟲，然後再換取錢米，不僅可以減少踐踏損壞禾苗、麥苗，還可以令胥吏無法借力盤剝百姓。於是，道光帝當即下令在順天府屬地方設廠收買蝻蝗，以錢米交換蝗〔註 151〕。以錢米易蝗的做法出自《康濟錄》所載的《捕蝗十宜》。其次，改良災後借貸措施，一般包括借貸米糧、籽種、銀錢等。乾隆朝以後借貸在災荒救助中比較常見，且常常蠲免或分年帶徵。乾隆十年議准，「直隸節年、本年民欠口糧、籽種、工本等項數至萬石以上者共二十處。鹽山、慶雲二縣為民欠最多之地，將所借米穀分作三年帶徵。天津府屬之南皮、滄州、靜海等州縣民欠自萬餘石至二萬石以上，將新舊借項均作二年帶徵。又青縣民欠萬石以上者，將本年借項徵還，其節年舊欠分作二年徵收。」〔註 152〕乾隆三十七年，展賑上年被水天津等二十四州縣極、次貧民一月口糧，並糶借籽種〔註 153〕。乾隆四十二年免天津府屬節年災借穀石、

〔註 148〕　（清）周家楣等修，繆荃孫等纂：（光緒）《順天府志》卷七十四，第 67 頁。
〔註 149〕　（清）周家楣等修，繆荃孫等纂：（光緒）《順天府志》卷七十四，第 68 頁。
〔註 150〕　（清）沈家本　榮銓等修，徐宗亮　蔡啓盛纂：（光緒）《重修天津府志》卷一，
　　　　　第 36 頁。
〔註 151〕　（清）周家楣等修，繆荃孫等纂：（光緒）《順天府志》卷六十六，第 650 頁。
〔註 152〕　（清）沈家本　榮銓等修，徐宗亮　蔡啓盛纂：（光緒）《重修天津府志》卷五，
　　　　　第 121 頁。
〔註 153〕　（清）沈家本　榮銓等修，徐宗亮　蔡啓盛纂：（光緒）《重修天津府志》卷五，
　　　　　第 123 頁。

銀兩〔註 154〕。蠲免和帶徵借貸錢糧的舉措既緩解了小民負擔，又爲恢復農業生產提供了基本的生產資料，對促進天津災後農業發展起到重要的作用。一般而言，借貸對象主要爲受災分數較低、尚能維持生計的災民。道光朝由於經濟環境較差，亦有直接借貸米糧給饑民的情形。道光十五年，直隸災，發山東協濟存貯天津倉米九千石借給饑民〔註 155〕。按例不應賑恤的百姓，政府也會用借貸表示恩恤。乾隆十九年，武清縣屬之王慶坨、東沽港二村處於永定河下口、南堰以內，有九百四十餘戶居於低窪處被淹者。堤內居民本應搬遷，但王慶坨、東沽港二村人民稠密，且有苫蓋瓦房，所以一直未搬遷。按例，此等居民並無賑恤。但考慮到他們遭遇水災，十分可憐，爲了表示恩恤特令按戶查明，借給米糧以資接濟〔註 156〕。第三，災後其他撫恤措施有所發展。清代在天津的撫恤安置措施不很常見。發放銀錢幫助災民重建家園仍是撫恤安置措施之一。如道光二年，天津、青縣、靜海、滄州、南皮、鹽山等州縣有坍塌房屋的，令地方政府酌情發放維修費〔註157〕。與明代相比，清代在天津的撫恤安置措施有兩個變化。一是採用了安輯流民的措施，反映了隨著天津經濟發展當地人口大大增多這一現象。雍正元年直隸災，下令招輯流亡者，助其復業〔註158〕。二是有專門撫恤受災商賈之舉。乾隆三十六年，天津等處水災，長蘆鹽坨亦被淹浸。下詔恩恤鹽商，「每斤再暫加錢一文，以降旨之日爲始，定限一年。仍照舊值行銷，俾資充裕，以副朕因災恤商之意。」〔註159〕這兩種措施都從側面反映了清代以來，天津地方經濟取得了很大成就，從而才使得政府不得不面臨新的荒政問題，加強對新出現人群的撫恤。除了上述幾種救災措施外，爲了保障災荒發生時的物資供應，往往也採取一些特別的舉措來救荒，如王世紱《陳災賑事宜疏》中有幾項值得參考。一是重申嚴禁奸商囤積米石，令直隸各州縣詳查境內糧鋪棧

〔註 154〕（清）沈家本 榮銓等修，徐宗亮 蔡啓盛纂：（光緒）《重修天津府志》卷五，第 123 頁。

〔註 155〕（清）沈家本 榮銓等修，徐宗亮 蔡啓盛纂：（光緒）《重修天津府志》卷五，第 126 頁。

〔註 156〕（清）蔡壽臻、錢錫寀纂修：（光緒）《武清縣志》卷首，第 2～3 頁。

〔註 157〕（清）沈家本 榮銓等修，徐宗亮 蔡啓盛纂：（光緒）《重修天津府志》卷五，第 125 頁。

〔註 158〕（清）沈家本 榮銓等修，徐宗亮 蔡啓盛纂：（光緒）《重修天津府志》卷五，第 119 頁。

〔註 159〕（清）沈家本 榮銓等修，徐宗亮 蔡啓盛纂：（光緒）《重修天津府志》卷一，第 27 頁。

房,「除應囤米石准其存貯外,所有多囤米石按數造冊登記,稟明各上司,全行減價,設廠平糶,盡心經理。」〔註160〕二是全面禁止受災各州縣境內燒鍋製酒,直至第二年秋成之後再準開設〔註161〕。

二、救荒倉儲大量設立

清初沿襲明代預備倉制度,各種救荒倉儲設施興建較晚。順治年間的救災措施稀見賑濟,與當時倉儲未設有關。順治十一年,賑濟直隸時,曾提到「荒政未修,倉廩無備,若非頒發內帑,何以濟此急需。」〔註162〕所以當時以內帑、皇室節用所得銀錢賑濟災民。康熙二十八年,畿輔地區出現旱災,撥發庫銀三十萬兩及常平倉遍行賑給,同時又下詔公家莊田及諸王以下大臣、庶官、殷實人等莊田積聚糧穀及鄉紳富民有積穀者並令助給〔註163〕。可見此時已有常平倉,但是存儲量仍不足以救災。史稱「我朝自雍正三年,勒令天下州縣,各建倉以防紅腐。復於雍正五年,查核舊倉厫損壞者,特諭支發正項錢糧修理,倉儲弊蠹釐剔一清,民沾實惠,亦云溥矣。」〔註164〕可見清朝大興倉儲在雍正三年左右。雍正三年,令重新選址修建天津倉厫,詔書云:「前於天津蓋造倉厫……託時因奏天津倉厫地勢卑濕,厫底須鋪墊乾草以隔潮氣。昨牛鈕奏稱墊草亦不免湆爛……當時蓋造倉厫,原係李維鈞及地方官員經手,乃並不相度高燥之地,草率營建。著託時前往天津,會同莽鵠立、柯喬年詳審地形,或另擇高阜之處,或將舊基培墊,交與李維鈞親同當時經手之員賠補修造。即著莽鵠立、柯喬年監督工程。」〔註165〕可見清政府對天津修建倉儲設施十分重視。此詔書還透漏了一個重要信息,天津因地勢問題,倉儲選地特需注意,否則即使建成也無法很好地貯存米糧。乾隆時期,十分

〔註160〕　（清）蔡壽臻、錢錫案纂修:（光緒）《武清縣志》卷十《藝文下》,第367頁。

〔註161〕　（清）蔡壽臻、錢錫案纂修:（光緒）《武清縣志》卷十《藝文下》,第368頁。

〔註162〕　（清）沈家本　榮銓等修,徐宗亮　蔡啓盛纂:（光緒）《重修天津府志》卷一,第11頁。

〔註163〕　（清）沈家本　榮銓等修,徐宗亮　蔡啓盛纂:（光緒）《重修天津府志》卷五,第118頁。

〔註164〕　（清）丁符九、談松林:《光緒寧河縣志》卷三《建置・倉儲》,第176~178頁。

〔註165〕　（清）沈家本　榮銓等修,徐宗亮　蔡啓盛纂:（光緒）《重修天津府志》卷一,第16頁。

重視備荒，因而倉儲的重要性更得以凸顯。乾隆四年，因畿輔一帶二麥歉收，下令截留漕米十萬石貯存於天津北倉，以備不時之需〔註166〕。乾隆二十四年，先後三次下諭共令截留漕米八十萬石分量貯存於天津北倉、景州以北天津一帶水次州縣〔註167〕。正因為雍正、乾隆二帝對倉儲備荒的重視，清代天津的倉儲廒房較為完備。清代倉儲大致沿襲前代制度，形成常平倉、社倉、義倉三倉完備的倉儲制度。

常平倉在天津各地均有設立，鹽運司常平倉，儲穀一百五十七石一斗五升〔註168〕。天津縣有常平倉，額定儲穀一萬四千一百九十二石。廒房曾經一度廢棄、坍塌，道光十四年知縣張欽祖於城東北角修建廒十間〔註169〕。北倉在縣北，有廒房四十八座二百四十間，每年截留部分漕糧以備賑濟；肩負一定的常平倉功能。乾隆十五年中央各部商討後決定，「嗣後天津北倉截留漕米存儲在倉，三年以後者准其開報氣頭一百五十石，廒底四十石。仍按成出糶，報部查核。其不及萬石以上者，概不准開報。」〔註170〕此決議確保了倉廒米糧的存貯，且定期更換出陳納新，保證米糧的質量。《重修天津府志》卷三十一稱，北倉建於雍正二年，但據卷一則應當是雍正三年重建。寶坻縣常平倉，於雍正十一年知縣伍澤榮奉文所建。在縣署東南隅，有二十六間廒房〔註171〕。

〔註166〕（清）沈家本 榮銓等修，徐宗亮 蔡啓盛纂：（光緒）《重修天津府志》卷二十九，第611～612頁。

〔註167〕（乾隆）二十四年諭：各省糧艘陸續抵津，現在北河水勢微弱，而南漕數目較往歲為多，剝運需船自必更多。著將先到漕糧照上歲之例，即於天津截留四十萬石存貯北倉。或留為賑糶之需，或俟夏秋再緩運北上。將來水勢長發，續到糧艘足資浮送，著方觀承會同漕運總督楊錫紱酌量情形妥協辦理。又諭：前經降旨，令方觀承將本年先到漕糧截留四十萬石存貯天津北倉。現今雨澤未敷，民食恐未能充裕，著再截留二十萬石於景州以北天津一帶水次州縣酌量分貯以資接濟。又諭：昨已降旨將先到漕糧截留四十萬石存貯北倉，又於景州以北一帶水次州縣截貯二十萬石。但此時雨澤尚未沾霈，且距秋成尚遠，不可不先事預籌。著再留二十萬石分貯景州以北水次州縣以資接濟，交與總督方觀承會同漕督楊錫紱於現到漕船內遵照前旨妥協辦理。（（光緒）《重修天津府志》卷二十九《考二十·經政三》，第613頁。）

〔註168〕（清）沈家本 榮銓等修，徐宗亮 蔡啓盛纂：（光緒）《重修天津府志》卷三十一，第628頁。

〔註169〕（清）沈家本 榮銓等修，徐宗亮 蔡啓盛纂：（光緒）《重修天津府志》卷三十一，第628頁。

〔註170〕（清）沈家本 榮銓等修，徐宗亮 蔡啓盛纂：（光緒）《重修天津府志》卷三十一，第628頁。

〔註171〕（清）洪肇楙等纂修：《寶坻縣志》卷三《建置》，第232頁。

靜海縣的常平倉額定儲存穀一萬二千石，本有五座廒房，同治六年知縣陳元祿捐建廒一座〔註172〕。寧河縣的常平倉在縣署大門內之西。其中豐字廒，有三間廒房，額定貯穀三千石〔註173〕。據《寧河丁志》，寧河縣常平倉則有多處：一在縣署東角門，有天字、地字廒，為雍正十三年知縣沈濬建；一在縣署大門，公元字、黃字廒，乾隆十二年知縣鍾象山建；一在縣署大堂西偏，宇字廒，又宙字、洪字廒，亦鍾象山所建，二十七年知縣徐堂修葺，四十二年知縣關廷牧重修；一在縣署大堂前之西，慶字廒，道光七年知縣唐宗泰重修；一在縣署大門內之西盈字廒，道光二十二年知縣黃炳奎重修〔註174〕。與明代相比，清朝天津常平倉建制較全，倉儲充足，在整個清代救荒、備荒過程中發揮了重要作用。

　　社倉在天津設立不多，清代天津僅見兩地有社倉。寶坻縣的社倉，為明嘉靖三十三年知縣劉廓所建，在縣西門內。一度廢為民居，直至雍正十年，知縣伍澤榮捐建四間，貯穀二十七石一斗一升九合四勺，高糧一百六十四石九斗七升〔註175〕。寧河縣亦有社倉，乾隆三年後勸捐，但並未修建廒房，其倉穀寄存於常平倉豐字廒內〔註176〕。清代荒政在倉儲方面比較突出的特色便是義倉在天津的大量設立，乾隆十八年，直隸總督方觀承上奏在全省修建義倉，勸捐米糧存儲。部分地區建設情況大致如下：「其天津縣屬二百九十九村，每二十里內建倉一區，李行村等共建十區。青縣四百二村，每二十里建倉一區，古興鎮等八區。靜海三百四十二村，每二十里建倉一區，雙窯等九區。滄州五百三十五村，每三十里建倉一區，王莊等九區。南皮三百七十九村，每二十五里建倉一區，董村等八區。鹽山四百十村，每二十里建倉一區，蘇鎮等九區。慶雲三百二村，每二十五里建倉一區，劉貴家莊等六區。外天津羊回等十七村，鹽山狼坨子等七村，以濱海之區魚鹽為業，不事耕種，均不建倉。」〔註177〕這是清朝最早在天津大規模修建義倉的記載。終清一世，各州縣義倉各有廢棄、增建。天津縣有李明莊（舊名李行村）義倉、上小汀義

〔註172〕　（清）沈家本　榮銓等修，徐宗亮　蔡啓盛纂：（光緒）《重修天津府志》卷三
　　　　　十一，第630頁。
〔註173〕　（清）周家楣等修，繆荃孫等纂：（光緒）《順天府志》卷五十五，第506頁。
〔註174〕　（清）周家楣等修，繆荃孫等纂：（光緒）《順天府志》卷五十五，第506頁。
〔註175〕　（清）周家楣等修，繆荃孫等纂：（光緒）《順天府志》卷五十五，第506頁。
〔註176〕　（清）周家楣等修，繆荃孫等纂：（光緒）《順天府志》卷五十五，第506頁。
〔註177〕　（清）沈家本　榮銓等修，徐宗亮　蔡啓盛纂：（光緒）《重修天津府志》卷三
　　　　　十一，第629頁。

倉、鄧家澱義倉、大任村義倉、灰堆義倉、鹹水沽義倉、北斜村義倉、丁直
沽義倉、桃花口義倉、大張莊義倉等處義倉。乾隆二十一年增建泥沽義倉。
道光十四年又在城內東北隅建廠十間，捐存穀三千五百三十八石四斗四升
〔註178〕。天津其他地方義倉的設立也有大量記載，如靜海縣有雙窯義倉、子
牙鎮義倉、陳官屯義倉、唐官屯義倉、獨流鎮義倉、良王莊義倉、尚馬頭義
倉、南和順義倉和磚垛村義倉等多處義倉〔註179〕，未見廢棄或重修或增建的
記載。武清縣義倉，武清縣原有義倉九處，但至道光七年已經坍塌無存。知
縣劉體仁募捐重修，將原設上馬臺、北王平二處歸併楊村，以雙廟、北王村
二處移建城西。因而有義倉六處：一在城內，一在河西務，一在蔡村，一在
楊村，一在崔黃土，一在石各村。雖說均爲乾隆餘年始建，但實爲道光七年
劉體仁重建。〔註180〕寶坻縣義倉，一在林亭鎮，爲雍正十一年知縣伍澤榮建，
貯穀二萬九百二十一石四斗一升六合二抄六撮，米五百九十一石四斗三升四
合五勺五抄九撮五圭。乾隆八年以後，知縣洪肇楙每於青黃不接之時出陳減
糶，按戶多寡以補民食，秋成後如數收還，不增合。此外，乾隆十餘年知縣
吳克明所建義倉九處，一在新集，一在新開口，一在口東，一在新安鎮，一
在大口屯，一在黑狼口，一在八門城，一在黃莊，一在爾家莊，至光緒年皆
已經廢棄〔註181〕。寧河縣原設有義倉九處，均爲乾隆十六年知縣屠祖賚建，
其中西雙莊一處，乾隆四十二年關廷牧重修，改在段家莊。又西光莊、蘆臺、
軍糧城三處，道光七年知縣唐宗泰重修。縣署內亦有義倉，爲道光七年知縣
唐宗泰改建〔註182〕。薊州，乾隆十餘年建有義倉六處，一在中營，一在邦均，
一在進貢坨，一在馬伸僑，一在別山，一在上倉，均久經坍廢。嘉慶二十一
年，州牧司馬章於城內張大明王廟旁另建義倉一處，計廠房六間。道光十年，
知州沈銳勸捐成本大錢六百千，發商生息以備修補〔註183〕。有論者提及清代
義倉時，認爲「雖然有一次動支二十餘萬石穀販濟災民之事，其作用畢竟是

〔註178〕（清）沈家本 榮銓等修，徐宗亮 蔡啓盛纂：（光緒）《重修天津府志》卷三
　　　　十一，第629頁。
〔註179〕（清）沈家本 榮銓等修，徐宗亮 蔡啓盛纂：（光緒）《重修天津府志》卷三
　　　　十一，第630頁。
〔註180〕（清）周家楣等修，繆荃孫等纂：（光緒）《順天府志》卷五十五，第505頁。
〔註181〕（清）周家楣等修，繆荃孫等纂：（光緒）《順天府志》卷五十五，第506頁。
〔註182〕（清）周家楣等修，繆荃孫等纂：（光緒）《順天府志》卷五十五，第506頁。
〔註183〕（清）周家楣等修，繆荃孫等纂：（光緒）《順天府志》卷五十五，第508～
　　　　509頁。

十分有限的，不能與常平倉、社倉同日而語。」〔註184〕就天津地區而言，這一說法則有待進一步商榷。清代天津幾乎未有新建社倉的記載，廒房數量極少。自乾隆年間廣建義倉後，各代各州縣義倉雖有廢棄、坍塌，但多或重修或增建。清代天津義倉不僅廒房數量較多，且多有貯存。僅就天津而言，義倉的作用顯然重於社倉。

除了上述三種倉儲外，清代尚有一些其他名號的倉儲，所儲米石也在災荒發生時會用於救荒。如，天津府，原有大運倉廒三十間，後廢；有大盈倉廒九座四十五間，在府治東，長期廢置；又有廣備倉廒七座三十五間，在府治西，長期廢置；又有公字廒六間，聚粟廒五間，裏餱廒五間，日字廒五間，康熙年建，後廢；還有鹽運司常平倉，至光緒年間仍有倉米存儲。〔註185〕薊州原有戶部大倉，廒房四十間，明崇禎時焚毀。又有供應陵工倉廒房十二座，建於康熙三十四年，專供陵糈，並非備荒倉儲〔註186〕。

與上述各種倉儲相對應的則是明代的預備倉在清代走向衰落，最終預備倉制度走向廢棄。明末天津各地廢棄的預備倉，清代鮮有重建。薊州預備倉在州治東北，正廳三間，左右廒房十間，又前廒房二間，大門一間，明崇禎時焚毀，後改為張大明王廟〔註187〕。靜海縣有二預備倉，一在縣治南，一在主簿廳東南，後皆荒廢〔註188〕。武清縣的預備倉為康熙年間知縣章曾印重建，在縣署大堂西，有正倉、東倉、西倉、南倉各三間，後亦荒廢〔註189〕。還需注意的是，清代京、通二倉為天津倉儲提供了十分有利的後盾支持。為了備荒或救災，清政府常調撥京、通二倉的米糧，或分別貯存於天津各倉，或直接用於賑濟災民。整體而言，清代天津倉儲較明代完備，糧食儲備較足。清政府常截留漕米補充倉儲，或撥庫銀購買糧食儲存，保證了倉米的數量，切實起到了備荒、抗災的作用。

〔註184〕李向軍著：《清代荒政研究》，北京：中國農業出版社，1995年，第47頁。
〔註185〕（清）沈家本　榮銓等修，徐宗亮　蔡啓盛纂：（光緒）《重修天津府志》卷三十一，第628頁。
〔註186〕（清）周家楣等修，繆荃孫等纂：（光緒）《順天府志》卷五十五，第508頁。
〔註187〕（清）周家楣等修，繆荃孫等纂：（光緒）《順天府志》卷五十五，第508～509頁。
〔註188〕（清）沈家本　榮銓等修，徐宗亮　蔡啓盛纂：（光緒）《重修天津府志》卷三十一，第630頁。
〔註189〕（清）周家楣等修，繆荃孫等纂：（光緒）《順天府志》卷五十五，第505頁。

三、社會保障體系的完善

　　清代天津社會保障體系相當發達，由政府、富人等出資創辦了各種善堂、善會，爲災後救濟提供了有利保障。清代天津社會保障機構大致有兩類：一類爲收容所，專門收留災民及孤老、孤兒等；另一類爲喪葬後勤機構，專門負責災後收殮、掩埋屍體。天津地區的收容機構有承繼明代而來者，如明崇禎年間巡撫李繼貞在天津縣建立了養濟院。該養濟院直至光緒年間仍在運營，額定收養孤貧四十四名〔註190〕。更多的則是清代後建並加以擴充和完善的，寧河縣養濟院在城西一里許，於乾隆五年知縣趙憲奉文領項始建。乾隆二十六、七年被大水沖塌，至乾隆四十三年知縣關廷牧照舊捐建計費一百五十餘金〔註191〕。除了明代已有的養濟院外，清代天津還有多種名號的收容所，如：留養局、育嬰堂、育黎堂、餑餑會等等。日本學者夫馬進認爲，「育嬰堂恐怕可以稱爲明清時代出現的眾多善堂之中設置得最爲廣泛、最爲普及的善堂」〔註192〕。這一看法在清代天津並不適用。在天津，留養局分佈較廣，育嬰堂則較少。留養局的功能與養濟院不同。直隸總督方觀承稱「直隸各州縣設有留養局五百六十一處。每逢冬月收養本處貧民及過往病人，春融遣散，其有篤疾廢疾及年過七十者則常留在局。」〔註193〕可見，留養局以本地及過往貧病之人爲留養對象，一般只在冬季留養，個別病重、殘疾以及年過七十者可以常年留在留養局。天津縣有留養局六所，城局在西門外，有房五間；柴廠局有房八間；葛沽局有房五間；西沽局有房七間；縣西關、楊柳青各有局房六間。由知縣陳弘謨提倡並捐銀一千五十兩，於乾隆二十年商領營運，月息一分五釐，歲收息銀一百八十九兩，又每歲鹽商捐銀二百兩〔註194〕。寧河縣有兩所留養局，一在本城將軍廟，一在蘆臺東大寺。其經費乃乾隆十八年知縣屠祖賚與士商公捐銀一百兩，交由鹽商營運，每月取息二分，歲收利二十四兩。入冬後，發給典史銀錢十四兩、蘆臺巡檢銀錢十兩，命他們料理

〔註190〕　（清）沈家本　榮銓等修，徐宗亮　蔡啓盛纂：（光緒）《重修天津府志》卷七，第 151 頁。

〔註191〕　（清）關廷牧修，徐以觀纂：《寧河縣志》卷三《建置·養濟院》，第 15 頁。

〔註192〕　（日）夫馬進：《中國善會善堂史研究》，北京：商務印書館，2005 年，第 126 頁。

〔註193〕　（清）方觀承：《方恪敏公奏議》卷八《淀泊河灘淤地議令貧民及留養局分種》，臺北：文海出版社，1966 年，第 1184 頁。

〔註194〕　（清）沈家本　榮銓等修，徐宗亮　蔡啓盛纂：（光緒）《重修天津府志》卷七，第 153 頁。

留養局的事務，到了二月初一編造成冊，上報縣裏核轉〔註 195〕。從天津與寧河兩縣留養局的運營模式可以看出，清代天津留養局的運營模式大致如下：首先由官府提倡、募捐運營基金，然後將運營基金交予鹽商（或其他商人），並規定了基金生息比例，將利息與基礎金一併作爲運營資本，保證了留養局能有源源不斷的運營資本，確保留養局能夠長期運營。此外，雖然留養局交與鹽商運營，但官府亦派人參與經營料理事務。育嬰堂，俗稱娃娃堂，專門收養貧苦無依幼孩。據《津門雜記》載：「堂中乳媼、醫藥全備，運司經管，需項由運庫發給。」〔註 196〕天津育嬰堂始建於乾隆五十九年。天津災害甚多，無力養育子女的貧民往往將嬰兒遺棄。原高州府通判周自邠捐資收養嬰兒，並雇傭乳母哺乳。長年累月下來，現爲鹽商的周自邠無力承擔。於是眾鹽商願合力捐資，建立育嬰堂一處，共建一百零二間房屋，專門收養被遺棄的嬰兒。當時的巡鹽御史徵瑞上奏，因育嬰堂運營需要經費，建議根據收養嬰兒的多寡在眾鹽商的捐稅中酌情劃撥部分給予育嬰堂。乾隆允准了徵瑞的建議，並命經運使嵇承志詳定章程，創立條規，派委官商經營監察。凡是工食薪米、更換單棉衣、天棚煤炭諸費及月給醫士的薪資，都定例支銷。嘉慶九年二月，育嬰堂嬰兒與乳婦多至三百餘人，眾鹽商又申請依照京師育嬰堂、廣育堂章程，增設內外男女司事，約束齊整並酌立章程、條規，懸之堂壁，以期永久。又由運使委監堂官一員、總商數人，輪流分班，隨時查察。道光二十六年，商捐不濟，由運庫月發經費銀五百兩。同治十年，復月增銀一百兩。光緒三年，集善堂捐，購與堂毘連之陸姓住屋一所，計房十間，以備多收嬰孩。光緒十三年，復月增經費銀一百兩。〔註 197〕大體而言，育嬰堂原有民辦，後改爲官商合辦，鹽商出資、運營，政府督辦，道光之後，因爲經濟的不景氣，商人出資無法到位，政府的資金投入亦逐漸加大。育黎堂，據《津門雜記》所載，即爲養病堂，收養老年男婦及病廢殘疾等人〔註 198〕。天津育黎堂爲石天樞所創，後天津道臺朱士傑恐其日久廢墜，以公義請於大吏，並倡捐二千金，爲之置田立租〔註 199〕。餘餘會爲鄉紳自發創立。最初倡導建立

〔註 195〕（清）關廷牧修，徐以觀纂：《寧河縣志》卷三《建置・留養局》，第 15 頁。

〔註 196〕（清）張燾撰：《津門雜記》，天津：天津古籍出版社，1986 年，第 49 頁。

〔註 197〕（清）沈家本 榮銓等修，徐宗亮 蔡啓盛纂：（光緒）《重修天津府志》卷七，第 156 頁。

〔註 198〕（清）張燾撰：《津門雜記》，第 49 頁。

〔註 199〕（清）沈家本 榮銓等修，徐宗亮 蔡啓盛纂：（光緒）《重修天津府志》卷四十，第 162 頁。

者為一金姓之人，鄉紳周自邠、寇蘭皋等仿照實行。餕餕會的做法是：遇到
風雪天氣，將蜀秫蒸作餕餕，會中成員分別到西門外的各小店，只要遇到窮
人、乞丐，便沒人發兩枚餕餕，凡病人和產婦另外再給錢文〔註200〕。

　　養生送死，民之大事。明代有義冢可收埋無主屍體，清代依然延續。除
此外，清代喪葬相關的社會保障機構和措施大大發展，甚至各有分工。義冢
如，武清縣有二義冢，一在縣東二百步，計地十五畝，邑人張文運置；一在
縣城外西南隅，計地十畝，邑貢士李可槓置，有石碣〔註201〕。明代義冢僅為
無主屍體提供了埋葬場所，但屍體還需要有人收殮、掩埋，否則雖有義冢也
是徒勞。清代有些義冢便兼距上述職能。乾隆五十年，運使張棟、經歷錢蔭
楠並幕賓屬官捐資，在天津府城西門外置地一百二十畝，凡有貧不能葬及倒
斃無主者悉收埋之。並且建屋三間，配備掩埋之具，派人專司官吏。每日給
飯食燈火並雇夫工食、施捨席片、每歲修理、納糧等共銀一百六十八兩，由
商捐公費內給發〔註202〕。除了義冢外，清代天津還出現了多種專門負責處理
喪葬事務的慈善機構。這類機構有施棺局、掩骼社、撈取浮屍局、天澤會等
多種，各有分工。施棺局，顧名思義，為專門免費發放棺材的慈善機構。不
過，施棺局並非僅發放棺材，史稱「凡路斃與貧不能殮者，給棺一口、錢七
百五十文以為葬費。」不僅發放棺材，還贈送喪葬費。施棺局作為一個非盈
利性的慈善機構，是否能夠長期運營往往取決於經費是否充足。終清一世，
天津施棺局的興替亦與經費充足與縮減相伴隨。康熙間，邑人李廷秀、李同
仁、高鑒、孫起龍、李同和幾位的先人倡導建立了施棺局，數十年內捐資沒
有衰替。乾隆年間，李廷秀等復呈請運使盧見曾將每年撥庫銀二十四兩定為
定例。後來施棺局逐漸衰廢，鄉紳李錦又倡導眾人捐資，襄助者有百餘人，
施棺局因而又得以延續下去。後來，邑人從九品王德榮、議敘六品銜張肇岐
復請於運使，請求每年歲增銀二百四十兩。嘉慶六年，津郡大水，死於路旁
之人甚多，施棺局經費不夠開銷。邑人從九品陳萬勝、徐通復等勸捐、整理，
以鼓樓西板橋胡同火神廟為會所，出資者有崔嘉賓以及謝、王、楊、華、章

〔註200〕（清）沈家本　榮銓等修，徐宗亮　蔡啓盛纂：（光緒）《重修天津府志》卷七，
　　　　　第 153 頁。
〔註201〕（清）吳翀　曹涵：《武清縣志》卷四《古蹟》。
〔註202〕（清）沈家本　榮銓等修，徐宗亮　蔡啓盛纂：（光緒）《重修天津府志》卷七，
　　　　　第 159 頁。

諸姓〔註203〕。縱觀施棺局於清代之興廢，其主要經費來自鄉紳的捐資，每當施棺局面臨衰亡危險時，鄉紳們便會捐資支持，同時尋求運司給予部分支持。正因為有官民的通力合作，施棺局這一民辦非盈利性慈善機構才得以長期維繫。掩骼社與澤屍社，皆為專門掩埋屍體的民辦慈善機構。乾隆三十六年，孫美義首事、華龍藻請撥城西南官地二頃餘，設立了掩骼社。嘉慶六年大水，鄉民們結棚而居，死者累累。閻致德倡導捐資雇民夫掩埋，一時捐助者甚多。第二年徐高行亦仿照實行。道光七年，邑人李明遠復於城西立澤屍社。道光十九年，天津知府恒春捐京錢一千緡交鹽商王蓮品發當生息，以助義舉。道光二十四年，邑人閻盛德、甄沛霖、潘聚川、程悅耕約在社六十餘人，每日各捐錢四文襄助澤屍社的費用。〔註204〕撈埋浮屍局，專門打撈並掩埋浮屍的慈善機構。乾隆間知縣熊恩紱所設立，將商捐養贍老少餘項移用，以僧人了凡經管其事。派書辦準備棺木，令沿河居民遇屍即時打撈並上報，每撈得一具屍體，給棺一口、錢五百文為掩埋費。熊恩紱命詳記屍體的年貌，以便認領。後來漸廢。後有民人沈朝琮湊錢買舟撈屍，有阮姓之人捐備棺木。又城東掛甲寺，嘉慶間知縣任銜蕙批准無量庵僧人覺彬等呈請，於寺東北里許置地十畝為埋葬之所，復請於運使索諾木·剳木楚歲撥育嬰堂項內餘銀一百五十兩為經費。〔註205〕天津還有殯埋社，邑人甄起順、侯珍、張有與僧人法來建於城西慈惠寺。只要是貧寒之家、力不能營辦殯埋的，社中便準備好費用前往，代為料理〔註206〕。天津還並有天澤會，其置買靜海縣陳官屯官地十九頃二十七畝出租，所得租息作為掩埋屍體的費用，並由縣報府，稽查出入之數〔註207〕。天澤會本身則是一個涉及多方面的慈善機構。乾隆年間，方觀承任直隸總督，其憐憫天津鄉民，便督同天津道宋宗元、董承勳、富尼漢，天

〔註203〕（清）沈家本　榮銓等修，徐宗亮　蔡啓盛纂：(光緒)《重修天津府志》卷七，第157～158頁。

〔註204〕（清）沈家本　榮銓等修，徐宗亮　蔡啓盛纂：(光緒)《重修天津府志》卷七，第158頁。

〔註205〕（清）沈家本　榮銓等修，徐宗亮　蔡啓盛纂：(光緒)《重修天津府志》卷七，第158頁。

〔註206〕（清）沈家本　榮銓等修，徐宗亮　蔡啓盛纂：(光緒)《重修天津府志》卷七，第159頁。

〔註207〕（清）沈家本　榮銓等修，徐宗亮　蔡啓盛纂：(光緒)《重修天津府志》卷七，第158～159頁。

津知府熊繹祖、同知饒佺、知縣陳宏謨捐獻俸祿、倡勸士民樂施，共募捐得
銀錢二千二百餘兩，用以建屋、置牛車、買地、取土、雇人以及置辦一切器
具，用剩餘的款項置買田地及土房四十五間〔註 208〕。

　　總的來說，有清一代，天津有眾多俗稱為善堂、善會的慈善機構。有論
者曾引「順義慈善事業，私人行為則多有之。集合眾人之行為則從來未有。
非人難集，實款難集也。」為據，認為：「善會善堂只能誕生於都市。這些都
市不是一般的都市，而是位於全中國的經濟中心地──長江下游地區的各都
市和財富的另一主要聚集地──北京。」〔註 209〕此說是否能夠成立仍有待討
論，卻表明了中國古代設立善堂、善會之難度。清代天津能出現多種多樣的
善堂、善會，除了少數官員的支持外，更多的是鄉紳、富人合力出資、募資
創辦。一方面可以看出當地人士之急公好義，另一方面也表明天津雖然連年
鬧災卻仍有部分富庶之家。

　　除了上述慈善機構外，清代天津許多鄉紳富人亦積極在災荒時襄助災
民，為災民提供了便利、有效的社會救助。清代天津社會救助以具有多樣性
為特徵，其中最為主要的兩種為：私人賑濟，或發放米糧，或設廠煮粥賑濟；
私人出資修築水利工程。鄉民捐發米糧與災民，乃是中國古代最為常見的社
會救助方式。順治初，官方賑濟尚未大規模實施，鄉民朱天成捐粟賑濟三月，
全活者甚眾；劉得寧出粟賑濟，救活難民數百人，同時還葬埋無數無主屍骸。
雍正三年，莊家歉收，劉佐免佃戶地租和房價，又自發倉廩，散給佃戶月糧，
不費朝廷一顆一粒，所全活者大約有數百家〔註 210〕。施粥也是較為常見的社
會救助方式之一。康熙五十年，饑民載道，僑居天津的朝鮮人安尚義創建粥
廠，在南門外賑濟。其建廠煮粥賑濟長達十餘年，全活無數人〔註 211〕。另有
乾隆末，邑紳周自邠、朱光覿等設立粥廠。此粥廠規模甚大，數年間捐資襄
助之人有千百人，後更設有義倉儲存捐贈的米糧。剛設立之時，有僧人悟玉
亦以所蓄香資施於廠，襄助其事者邑人王錫朋、柴溶、王璋、閻致德、湖北
監生熊觀，而士民捐粟者有千百人。因此，有旨令地方官根據捐助的多寡分

〔註 208〕　（清）沈家本　榮銓等修，徐宗亮　蔡啓盛纂：（光緒）《重修天津府志》卷七，
　　　　　　第 158～159 頁。
〔註 209〕　（日）夫馬進：《中國善會善堂史研究》，第 163 頁。
〔註 210〕　（清）吳翀　曹涵：《武清縣志》卷八《人物》，頁十。
〔註 211〕　（清）沈家本　榮銓等修，徐宗亮　蔡啓盛纂：（光緒）《重修天津府志》卷四
　　　　　　十三，第 254 頁。

為三等，頒發區額以示褒獎。嘉慶六年，津邑大水，四鄉災民紛紛逃到城中。生員李嘉善與舉人徐通復、徐通久，監生徐高行捐米助賑。李自捐，徐勸捐，徐更築呂祖閣於東門外，內置義倉，儲存捐米以備急用。〔註212〕從該粥廠的發展，便可看到天津一帶鄉民之急公好義。興修水利向來亦是鄉紳十分樂意為之的善舉。天津「環城堤岸如渠，黃口老君堂教場單街等地沖決不時，夙稱險要」，查日乾「親督畚鍤增高蘊厚，卒用安」〔註213〕。嘉慶十四年減河水決，鄉民劉潤自備椿席，率鄉人指畫堵築，三日後堵合了決口〔註214〕。康熙三十七年，西沽決大道百餘丈，商人侯天順出資培加高厚。又，西沽渡舊用小舟，時有覆溺。侯天順請官府改立浮橋，首捐一橋船作為表率，並且晝夜親自督導，終於修建好了浮橋〔註215〕。除了上述幾種社會救助方式外，清代天津的社會救助還有以下多種方式：第一，施棺。嘉慶六年，歲饑，劉映魁代里人連葬四喪，施棺六次，並令窮人採薪，大有以工代賑的意味〔註216〕。第二，雇船救人。嘉慶六年大水，庠生李嘉善雇船分赴四鄉救人。救人者每救一人酬錢五百；被救的災民，每家給席兩張，竹竿三，使之可搭棚休息，並且每天給餅四枚，粥二碗〔註217〕。第三，贈送衣物、藥物等。侯天順除了出錢興修水利外，還曾命人施棉衣、施藥、施棺等〔註218〕。另有侯肇安於道光初年，設粥廠，施衣藥，全活無算〔註219〕。

　　綜上所述，明清天津地區發生農業災害時，相關荒政措施都較為完備，對農業生產的災後恢復和正常發展起到了很大的保障作用。而清代荒政則較明代更為完善，天津一地的特徵與清代乃中國古代荒政最高峰的論斷完全相符。農業生產的發展離不開有力的荒政支持，這在以農為本的傳統中國社會

〔註212〕　（清）沈家本　榮銓等修，徐宗亮　蔡啟盛纂：（光緒）《重修天津府志》卷七，第 153 頁。

〔註213〕　（清）周家楣等修，繆荃孫等纂：（光緒）《順天府志》卷一百，第 33 頁。

〔註214〕　（民國）白鳳文等修：《靜海縣志・午集人民部》，第 619～620 頁。

〔註215〕　（清）沈家本　榮銓等修，徐宗亮　蔡啟盛纂：（光緒）《重修天津府志》卷四十三，第 257 頁。

〔註216〕　（清）丁符九、談松林：（光緒）《寧河縣志》卷九《卓行》，第 343 頁。

〔註217〕　（清）沈家本　榮銓等修，徐宗亮　蔡啟盛纂：（光緒）《重修天津府志》卷四十三，第 266 頁。

〔註218〕　（清）沈家本　榮銓等修，徐宗亮　蔡啟盛纂：（光緒）《重修天津府志》卷四十三，第 257 頁。

〔註219〕　（清）沈家本　榮銓等修，徐宗亮　蔡啟盛纂：（光緒）《重修天津府志》卷四十三，第 263 頁。

尤其重要。明清兩代荒政呈現出了不同的特色，其共同點爲：蠲免、賑濟、折徵、撫恤等在兩代均爲荒政的主要實行手段，其中蠲免和賑濟爲最重要的兩種方式；兩朝荒政對農業和人民生活也都起到了相當積極的促進和保障作用；明清都建立了相應的倉儲來進行備荒救災，爲災前預備多所措置；社會保障措施在兩代也均有所建立，是對荒政的輔助和有益補充。但是由於時代的發展以及政局的不同，明清兩朝天津荒政也體現出各自的特色。主要表現爲：明代建立了專門救荒備荒的預備倉制，而清代預備倉政逐漸消失。預備倉至明末已經逐漸荒廢，在救荒中所起作用不大，清代預備倉的消失是與預備倉制逐漸衰落這一過程相適應的。另外，明代作爲荒政輔助措施的各項社會保障制度發展不夠完善，顯出初創之端倪，而到了清代，尤其是乾隆朝以後，各種社會保障制度如義倉、社倉、善堂善會等蜂擁而起，民間力量在荒政和社會保障中所起到的作用開始大大顯現。這一方面體現出天津當地經濟在清代較明代有很大發展，因之清代社會保障才有此民間基礎。另一方面也反映出荒政由明入清在制度上和輔助措施方面不斷完善這一歷史過程。第三，清代天津地區的荒政無論是從力度還是廣度而言，亦較明代爲深。具體表現爲在賑濟、蠲免方便力度極大，經常動用國儲對當地進行賑濟，擴展賑濟的方式如展賑等等，甚至常常進行恩蠲，大量蠲免天津地區的賦稅。這些都在表明，清代隨著國力的發展和社會的進步，天津荒政也得到了更好的發展。而荒政事業的發展，對天津農業有重要的保障作用，天津農業在清代得到了巨大的進步可以說是與荒政的發展息息相關。

結　語

　　農業發展自古受自然環境影響和限制較大，天津地區亦是如此。在明清
時期世界範圍內的寒冷小冰期氣候下，天津農業面臨著嚴峻的客觀形勢，寒
冷的氣候容易導致災害的多發和作物的減產，影響農業生產的正常進行。而
天津瀕臨渤海，斥鹵之地的廣泛存在也使得農業生產難以耕作，土地貧瘠、
鹽鹼化成為困擾當地農業的一個重要問題。大量河道以及地表水的存在，為
天津農業提供了一定的水源，但也帶來了無盡的水災。由於土地貧瘠、鹽鹼
化，天津地區大面積土地無人耕種。這就形成了在不利的自然環境下，明清
天津農業所僅具有的兩個優勢：一是有大面積的未開發土地，二是有大量的
水源。這兩個方面決定了天津的農業開發必須以水利營田為中心，不斷開墾
地利，改善耕作條件。明清兩代的水利營田事業也正是符合和適應這種要求
的。與此同時，由於靠近京師，大面積的土地也為明清兩代官田和圈地創造
了條件，體現出生態環境對於農業的影響不僅僅在農業生產上，甚至在耕作
制度、賦役制度等方面均有其存在和體現。因此，明清天津農業便是沿著生
態環境所影響下的現實，不斷進行農業開發、加強抗災應災能力並逐漸鞏固
和發展農業開發成果的過程。

　　明清水利營田的興修便是適應自然環境和客觀需要的重要舉措，經過明
代的開發，清代以後取得了重要的成績。水利營田是奠定天津農業開發基礎
之舉，官方、民間均在進行，是與新作物品種的引種以及農業科學技術在天
津的傳播相伴相隨的。袁黃為寶坻令時，所做《勸農書》記載大量車水工具、
糞田種田之法。猶且身體力行，在寶坻開發了大量水田，為當地農業發展做
出了巨大貢獻。徐光啓以私人身份三次在天津屯田，他不僅重視水稻生產，

而且還把南方的優種雜糧和經濟作物引進天津，如桑、甘薯、蔓菁、苧麻、芝麻、茗菐等。此外，還有觀賞花草如五色雞冠，各色老少年、罌粟、各色鳳仙、臘梅等，豐富了天津市的種植業〔註1〕。清代以後，各種新引進作物開始在天津普遍種植，如番薯、玉米等，在農業產量的提高、抗災救荒、改造水土環境等方面發揮重要作用。水利營田活動以及農業科學技術的發展、物種的引進爲天津農業發展提供了巨大的原動力，是明清天津農業生產發展的重要因素。水利營田雖然時興時廢，但其帶動作用不可小覷。明清天津水利營田活動，既是順應自然環境，利用人力改造自然的過程，但也不可避免地出現了一些負面作用。如武清、天津縣交界之七里海本爲受水之區，「按七里海，邑之受水處也。《明世宗實錄》計二百五十二里，與現在廣袤之數懸絕。蓋由沿海浦漵日就淤淺，附近居民往往報升爲業，已非復曩時之舊矣。夫邑有大澤，潦可爲容，旱可爲蓄，邑之利也。論者乃惜其棄爲污池，謂墾之歲可得粟百萬斛，論似可聽。但熟察情形，則有不然者。斯邑地本卑窪，雨水過多，全恃七里海爲容蓄。況青龍灣、筐兒港之水皆以此爲歸，倘有司不察，聽其認耕，或反以開荒增賦爲已最，規小利而廢大澤，一遇霖雨，輒氾濫成災，爲害孰甚此？《畿輔通志》所爲殷憂長慮也，留心地方者，當思大澤之利，毋俾壅塞，水患庶可息歟！」〔註2〕可見經過明清的農業開發，已經使得七里海逐漸淤廢，疏泄積水功能降低，事物之兩面性可見一斑。三角澱亦是如此：「三角澱，在縣南八十里，一名笥溝，一名葦澱，周圍二百餘里，即雍奴水也。蓋數千年東南藪澤之雄，而近今畿輔諸水所藉以停蓄遊衍者也，永定、子牙、中亭、玉帶、會同之流無不入焉。數年以來，永定河流遷徙無常，濁水灌入，日漸閼淤，將成沃野，小民可以種植，固目前之小利。然東南失此受水之一大陂澤，倘遭水溢，諸河之下流無所停蓄，不爲漫衍橫流，勢必直穿漕運，亦司民牧者之所殷憂也。」〔註3〕識者雖憂，但到乾隆時由於引永定河水入三角澱，「遂淤爲平壤。」〔註4〕然而瑕不掩瑜，天津地區農業科學技術的進步以及農業開發活動所帶來土地利用程度的深入，對天津當地經濟發展的促進作用仍佔據主要位置。

〔註1〕 天津師範學院地理系編：《天津農業地理》，第30頁。
〔註2〕 （清）關廷牧修，徐以觀纂：《寧河縣志》卷三《建置·河渠》，第20頁。
〔註3〕 （清）吳翀 曹涵：《武清縣志》卷三《河渠》。
〔註4〕 （清）蔡壽臻、錢錫宷纂修：（光緒）《武清縣志》卷一《河渠》，第55～56頁。

　　明代各種官田在天津地區的大量存在，是與天津荒地面積廣大這一現狀相適應的，也與天津地區密邇京師有相當之關係。大量官田的存在，影響了天津地區賦役制度的構成。官田不但所佔地畝在天津當地中居多數，而且官田賦稅也成為賦稅中的主體。突出反映了封建權力在資源分配方面所具有的優勢和決定性作用。同時也不能不說，官田由於賦稅初始折銀徵收較早，在賦役折銀趨勢中可能起到了一定的帶頭作用。明後期賦役折銀的實施，也與官田在包括天津在內的全國各地大量存在有關。明代天津各地徭役負擔之重，一方面反映了靠近京師、沖疲之地所受之苦，另一方面也是當地災害多發、自然條件較差之結果。官田的大量存在進一步加劇這種現象，使得佔有少部分土地的小民要承擔大量的徭役負擔，不利於農業生產的鞏固和發展。入清後的大量圈地是用一種野蠻取代了另一種桎梏，打破明代土地所有制，並注入新的血液。從而使得田制、賦役制度均在清代有所一變，面目大新。整體上，缺少了明代各種莊田之桎梏，清代天津農業呈現出穩步發展的態勢。這固然與多方面因素有關，然而明清田制之更換不能不說是一個重要原因。清初圈地雖然造成了極大的破壞和騷擾，但總的來說，經過長時間的發展，清代民地發展呈不斷上升態勢，相較於明代官田的大量兼併和壟斷而言，不得不說這是利於小民之好現象。正由於此，清代缺少了如明代大量寄生官田的階層，從而使得小民得地利，國家得稅利。農業經濟在此基礎上發展乃是順其自然、水到渠成。天津各地除還部分留有明代印記外，田制的轉換已經使得賦役制度大為一新。人丁稅固定化、攤丁入畝等賦役制度改革，也使得天津徭役之苦也不似明代般繁重。

　　明清天津的荒政大體上呈良好態勢在發展，明代已經建立了較為完備的救荒措施並在天津得到了施行。清代則進一步完善荒政體系，同時加大賑災、救災的力度，並完善社會保障體系。清代荒政得到了民間力量的諸多參與，成就斐然。為克服相對較差的自然環境、保證天津地區農業生產的順利進行提供了保障。綜上所述，明清天津農業體現了在自然環境因素起重要作用的情況下，人力發揮主觀作用，不斷開拓進取之過程。這一過程取得了很好的成果，不但從賦稅和地畝數量上，也表現在人口數量上，如薊州「舊志載順治元年共人丁一萬一千九百一十一丁半……自康熙六十年起至乾隆三十六年止，共新增人丁八千一百六十八丁。所謂丁者，指成年男子而言，加以老幼婦孺各如其數，當不能逾四萬。再加以逐年投充優免者之生殖，亦未必能逾

五萬。舊志截至道光十一年共男婦大小二十萬五千二百七十一口，自乾隆三十七年至道光十一年共六十年，人口之生殖率約為三十年增加一倍。以此例之，其後九十年人口應為一百六十四萬有奇。」〔註 5〕由此可概見農業發展減輕了災害對人口的影響，從物質上保證了天津人口的大量增長。

最後，農業生產的發展對天津區域經濟城市之形成起到了重要作用。城市之發展必須有大量糧食供應方能支撐足夠數量的人口，這在傳統社會尤其更是如此。自明代起已見端倪：「鴻臚寺右少卿李鐩應詔言十二事……一添州治。天津南至靜海縣百餘里，北至通州二百餘里，中間俱無有司衙門，事多廢弛，乞開設一州於天津城內……疏入，命所司看詳以聞。」〔註 6〕明時已有增設州城之舉，可見當時天津地方經濟發展應該已經具有相當之規模。至清代之後，天津地位進一步上升，終於在雍正年間有設州升府之舉，「（雍正九年四月）丙辰，吏部議覆署直隸總督唐執玉奏：天津直隸州係水陸通衢，五方雜處，事務繁多，辦理不易，請升州為府……從之。尋定天津新升府曰天津，梁城所改縣曰寧河。」〔註 7〕在這一過程中，天津地區農業經濟的發展，也是天津由明代軍事衛所向清代經濟城市轉型之重要因素。

〔註 5〕　（民國）仇錫廷等纂修：《薊縣志》卷三《鄉鎮・焚並村莊》，第 289 頁。
〔註 6〕　《明孝宗實錄》卷六三，弘治五年五月乙未條。
〔註 7〕　（清）沈家本　榮銓等修，徐宗亮　蔡啓盛纂：（光緒）《重修天津府志》卷一，第 20 頁。

參考文獻

一、基本史籍

1. 明實錄，上海古籍出版社影印臺灣中央研究院歷史語言研究所校印本，1983 年。
2. 《清實錄》，中華書局，1985 年。
3. （清）張廷玉等撰：《明史》，中華書局，1974 年。
4. （民國）趙爾巽等撰：《清史稿》，中華書局，1976 年。
5. （弘治）《明會典》，《文淵閣四庫全書》第 617～618 冊。
6. （萬曆）《大明會典》，《續修四庫全書》第 789～792 冊。
7. （光緒）《欽定大清會典則例》，《文淵閣四庫全書》第 620～625 冊。
8. （明）王圻：《續文獻通考》，《續修四庫全書》第 761～767 冊。
9. （明）張萱：《西園聞見錄》，《續修四庫全書》第 1168～1170 冊。
10. （明）陳子龍等：《明經世文編》，中華書局，1962 年。
11. （清）賀長齡 魏源：《清經世文編》，中華書局，1992 年。
12. （元）王禎：《農書》，中華書局，1956 年。
13. （明）丘濬：《大學衍義補》，《文淵閣四庫全書》第 712～713 冊。
14. （明）夏言：《夏桂洲先生文集》，《四庫全書存目叢書》集部第 74 冊。
15. （明）徐貞明：《潞水客談》，《續修四庫全書》第 851 冊。
16. （明）袁黃：《袁了凡文集》，線裝書局，2007 年。
17. （明）袁黃：《皇都水利書》，《四庫全書存目叢書》史部第 222 冊。
18. （明）張學顏：《萬曆會計錄》，《北京圖書館藏古籍珍本叢刊》第 52～53 冊，書目文獻出版社，1998 年。

19. （明）畢自嚴：《度支奏議》，《續修四庫全書》第 482～490 冊。

20. （明）畢自嚴：《石隱園藏稿》，《文淵閣四庫全書》第 1293 冊。

21. （明）畢自嚴：《餉撫疏草》，國家圖書館藏明天啓刻本。

22. （明）孫承澤：《天府廣記》，北京古籍出版社，1984 年。

23. （明）李邦華：《文水李忠肅先生集》，《四庫禁燬書叢刊》集部第 81 冊。

24. （明）汪應蛟：《汪子中詮》，《續修四庫全書》第 941 冊。

25. （明）汪應蛟：《海防奏疏・撫畿奏疏・計部奏疏》，《續修四庫全書》第 480 冊。

26. （明）左光斗：《左忠毅公集》，《續修四庫全書》第 1370 冊。

27. （明）董應舉：《崇相集》，《四庫禁燬書叢刊》集部 102 冊，北京出版社，1997 年。

28. （明）徐光啓：《徐光啓手跡》，中華書局，1962 年。

29. （明）徐光啓：《農政全書》，《文淵閣四庫全書》，第 731 冊。

30. （明）徐光啓撰 石聲漢校注：《農政全書校注》，上海古籍出版社，1979 年。

31. 中華書局上海編輯所編輯：《徐光啓手跡》，中華書局，1962 年。

32. 農業出版社編輯部編：《金薯傳習錄 種薯譜合刊》，農業出版社，1982 年。

33. （明）汪砢玉：《古今鹺略》，《北京圖書館古籍珍本叢刊》史部第 58 冊，書目文獻出版社，1998 年。

34. （明）朱廷立：《鹽政志》，《北京圖書館古籍珍本叢刊》史部第 58 冊，書目文獻出版社，1998 年。

35. （清）徐允希：《徐文定公年譜》，《北京圖書館藏珍本年譜叢刊》第 55 冊，1999 年。

36. （清）莽鵠立等修：（雍正）《長蘆鹽法志》，《中國史學叢書初編》第 43 冊，學生書局，1966 年。

37. （清）黃掌綸等纂：《長蘆鹽法志》，《續修四庫全書》第 840 冊。

38. （清）黃掌綸等纂 劉洪昇點校：《長蘆鹽法志》，科學出版社，2009 年。

39. 天津圖書館輯：《天津圖書館孤本秘籍叢書》，《中國公共圖書館古籍文獻珍本叢刊・叢部》，中華全國圖書館文獻縮微複製中心，1999 年。

40. （清）方觀承：《御製木棉圖》，國家圖書館藏清拓本。

41. （清）黃宗羲編著：《玉堂薈記》，文物出版社，1982 年。

42. （清）王惲：《秋澗集》，《文淵閣四庫全書》第 1200～1201 冊。

43. （清）那彥成：《那文毅公奏議》，《續修四庫全書》第 495～497 冊。

44. （清）厲鶚：《樊榭山房集》，乾隆四年刻本。

45. （清）李紱：《穆堂初稿》，乾隆九年刻本。

46. （清）李紱：《穆堂別稿》，乾隆十三年刻本。

47. （清）汪士鋐：《秋泉居士集》，《四庫未收書輯刊》第 8 輯第 19 冊。

48. （清）查禮：《銅鼓書堂遺稿》，《續修四庫全書》第 1431 冊。

49. （清）郭師泰：《津門古文所見錄》，道光十二年刊本。

50. （清）沈濤：《柴闢亭詩集》，道光二十二年刊本。

51. （清）梅成棟：《津門詩鈔》，清稿本。

52. （清）王守恂，金鉞：《津門文鈔》，民國九年天津金氏刊本。

53. （清）何秋濤：《津門客話》，民國十九年排印本。

54. （清）高凌雯：《天津詩人小集十二種》，民國二十五年天津金氏刊本。

55. （清）金鉞：《屏廬文稿》，民國三十一年天津金氏刊本。

56. （清）金安清：《水窗春囈》，中華書局，1984。

57. （清）王履泰：《畿輔安瀾志》，《續修四庫全書》第 848～849 冊。

58. （清）徐世昌：《大清畿輔先哲傳》，明文書局，1985。

59. （明）李賢等：《大明一統志》，東京大學東洋文化研究所藏明天順五年御製序刊本。

60. （明）李賢等：《明一統志》，《文淵閣四庫全書》第 472～473 冊。

61. （明）樊深撰：（嘉靖）《河間府志》，《天一閣藏明代方志選刊》第一冊，上海古籍出版社，1981 年。

62. （明）楊行中纂輯、劉宗永校點：（嘉靖）《通州志略》，中國書店，2007 年。

63. （明）沈應文 張元芳纂修：（萬曆）《順天府志》，《四庫全書存目叢書》第 208 冊。

64. （明）杜應芳修、陳士彥 張文德纂：（萬曆）《河間府志》，國家圖書館藏明萬曆 43 年刻本。

65. （明）劉邦謨、王好善輯：《寶坻政書》，《北京圖書館古籍珍本叢刊 史部・政書類》第 48 冊。

66. （明）袁黃：《寶坻勸農書》，《續修四庫全書》第 975 冊。

67. （明）趙鑒：《天津衛屯墾條款》，《北京圖書館古籍珍本叢刊 史部・政書類》第 47 冊。

68. （清）徐可先：（康熙）《河間府志》，國家圖書館藏清康熙間刻本。

69. （清）薛柱斗纂修：《新校天津衛志》，《中國方志叢書・華北地方》第一四一號，臺北：成文出版社，1968 年。

70. （清）張吉午纂修 閻崇年校注：（康熙）《順天府志》，中華書局，2009年。

71. （清）張朝琮 鄔棠：（康熙）《薊州志》，國家圖書館藏清康熙43年刻本。

72. （清）閻甲胤 馬方伸：（康熙）《靜海縣志》，《中國地方志集成·天津府縣志輯》第5冊，上海書店，2004年。

73. （清）李梅賓 吳廷華 汪沆：（乾隆）《天津府志》，國家圖書館藏清乾隆4年刻本。

74. （清）朱奎揚 張志奇 吳廷華：（乾隆）《天津縣志》，國家圖書館藏清乾隆4年刻本。

75. （清）關廷牧修，徐以觀纂：（乾隆）《寧河縣志》，上海圖書館藏乾隆四十四年刊本。

76. （清）吳翀 曹涵：《武清縣志》，國家圖書館藏清乾隆7年刻本。

77. （清）洪肇楙等纂修：《寶坻縣志》，《中國方志叢書·華北地方》第二〇二號，臺北：成文出版社，1969年。

78. （嘉慶）大清一統志，《續修四庫全書》第613冊。

79. （清）沈銳 章過：（道光）《薊州志》，國家圖書館藏清道光11年刻本。

80. （清）沈家本 榮銓等修，徐宗亮 蔡啓盛纂：（光緒）《重修天津府志》，《續修四庫全書》第690～691冊。

81. （清）周家楣等修，繆荃孫等纂：（光緒）《順天府志》，《續修四庫全書》第683～686冊

82. （清）蔡壽臻、錢錫寀纂修：（光緒）《武清縣志》，《北京師範大學圖書館藏稀見方志叢刊》第2冊，北京圖書館出版社，2007年。

83. （清）丁符九、談松林：（光緒）《寧河縣志》，《中國地方志集成·天津府縣志輯》第6冊，上海書店，2004年。

84. （清）吳惠元 蔣玉虹 俞樾：《同治續天津縣志》，國家圖書館藏清同治9年刻本。

85. （清）周登皞修：《寧河鄉土志》，《鄉土志抄稿本選編》，線裝書局，2002年。

86. （民國）仇錫廷等纂修：《薊縣志》，《中國方志叢書·華北地方》第一八〇號，臺北：成文出版社，1969年

87. （民國）白鳳文等修：《靜海縣志》，《中國方志叢書·華北地方第140號》，成文出版社，1968年。

88. 寧河縣地方史志編輯委員會編：《寧河縣志譯注》，唐山市印刷廠印刷，1987年。

89. 來新夏，郭鳳岐主編：《天津通志》（舊志點校卷），南開大學出版社，

1999 年。

90. （清）吳邦慶輯：《畿輔河道水利叢書》，農業出版社，1964 年。

91. （清）吳邦慶輯：《畿輔河道水利叢書》，清華大學藏清刻本。

92. 許通遹撰、梁運華整理：《呂氏春秋集釋》，中華書局，2009 年。

二、近人著述

1. 譚其驤主編：《中國歷史地圖集》，中華地圖學社，1975 年。

2. 天津地方志資料聯合目錄編輯組編：《天津地方志資料聯合目錄》（甲編），1980 年。

3. 鄭天挺主編：《明清史資料》，天津人民出版社，1981 年。

4. 天津師範學院地理系編：《天津農業地理》，天津科學技術出版社，1981 年。

5. 伍丹戈：《明代土地制度和賦役制度的發展》，福建人民出版社，1982 年。

6. 李洵：《明史食貨志校注》，中華書局，1982 年。

7. 秦佩珩：《明清社會經濟史論稿》，中州古籍出版社，1984 年。

8. 魏東波：《天津地方志考略》，吉林省地方志編纂委員會 吉林省圖書館學會，1985 年。

9. 席澤宗、吳德鐸主編：《徐光啟研究論文集》，學林出版社，1986 年。

10. 萬新平、濮文起編：《天津史話》，上海人民出版社，1986 年。

11. 來新夏：《天津近代史》，南開大學出版社，1987 年。

12. 天津社會科學院歷史研究所：《天津簡史》，天津人民出版社，1987 年。

13. 鄔廷玉：《中國歷代土地制度史綱》，吉林大學出版社，1987 年。

14. 郭蘊靜等：《天津古代城市發展史》，天津古籍出版社，1989 年。

15. 李小林、李晟文著：《明史研究備覽》，天津教育出版社，1989 年。

16. 蔣德勤主編：《天津土種志》，天津科學技術出版社，1990 年。

17. 薊縣志編修委員會編著：《薊縣志》，天津社會科學院出版社 南開大學出版社，1991 年。

18. 羅澍偉：《近代天津城市史》，中國社會科學院出版，1993 年。

19. 李文治、江太新：《清代漕運》，中華書局，1995 年。

20. 鮑彥邦：《明代漕運研究》，暨南大學出版社，1995 年。

21. 天津市河北區地方志辦公室：《天津河北簡史》，1995 年。

22. 彭雲鶴：《明清漕運史》，首都師範大學出版社，1995 年。

23. 南炳文：《明清史蠡測》，天津教育出版社，1996 年。

24. 何平：《清代賦稅政策研究》，中國社會科學出版社，1998 年。

25. 張樹明主編：《天津土地開發歷史圖說》，天津人民出版社，1998 年。

26. 秦佩珩：《秦佩珩學術文集》，中州古籍出版社，1999 年。

27. 天津市氣候服務中心編著：《天津城市氣候》，氣象出版社，1999 年。

28. 鄭守森等校注：《寶坻勸農書·渠陽水利·山居瑣言》，中國農業出版社，2000 年。

29. 崔士光主編：《濱海城市：天津農業圖鑒》，海洋出版社，2001 年。

30. 高艷林：《天津人口研究（1404～1949)》，天津人民出版社，2002 年。

31. 南炳文、湯綱著：《明史》，上海人民出版社，2003 年。

32. 張利民：《解讀天津六百年》，天津社會科學院出版社，2003 年。

33. 林延清：《明清史探究》，中國文史出版社，2005 年。

34. 南炳文：《明史新探》，中華書局，2007 年。

35. 天津市地方志編修委員會辦公室等編著：《天津區縣舊志點校 寶坻縣志 寧河縣志》，天津社會科學院出版社，2008 年。

36. 天津市地方志編修委員會辦公室等編著：《天津區縣舊志點校 武清縣志 靜海縣志》，天津社會科學院出版社，2008 年。

37. 梁方仲：《明代賦役制度》，中華書局，2008 年。

38. 曾雄生：《中國農學史》，福建人民出版社，2008 年。

39. 溫克剛主編：《中國氣象災害大典·天津卷》，氣象出版社，2008 年。

三、期刊論文

1. 何健民：《明代皇莊論》，《中國經濟》，1934 年第 3 期。

2. 鞠清遠：《皇莊起源論》，《中國經濟》，1934 年第 7 期。

3. 竺可楨：《中國近五千年來氣候變遷的初步研究》，《中國科學》，1973 年第 2 期。

4. 張丕遠、龔高法：《十六世紀以來中國氣候變化的若干特徵》，《地理學報》，1979 年第 3 期。

5. 鄭克晟、傅同欽：《天津的海光寺與「蘭田」》，《天津師院學報》，1980 年第 3 期。

6. 鄭克晟：《明代中官及中官莊田》，《社會科學戰線》，1981 年第 2 期。

7. 鄭克晟：《關於皇莊的幾個問題》，《文史》，1981 年第十輯。

8. 韓嘉穀：《海河水系的形成及其影響》，《天津史研究會年會論文選》，1982 年。

9. 鄭克晟：《明代公主莊田》，《史學集刊》，1982 年第 2 期。

10. 秦佩珩：《清代前期圈地問題闡釋》，《中州學刊》，1982 年第 3 期。

11. 王永厚：《袁黃及其〈寶坻勸農書〉》，《天津農業科學》，1982 年第 3 期。

12. 鄭克晟：《袁黃與明代的寶坻水田》，《天津社會科學》，1982 年第 5 期。

13. 牛亞貴：《關於明中葉徭役制度改革的幾個問題》，《內蒙古大學學報》（哲學社會科學版），1982 年第 3、4 期。

14. 陳東生：《試論明代皇莊》，《首都博物館叢刊》，1983 年第 2 輯。

15. 秦佩珩：《明代賦役制度考釋》，《鄭州大學學報》，1983 年第 3 期。

16. 陳可馨：《天津自然條件的農業評價》，《資源科學》，1984 年第 1 期。

17. 余也非：《明及清前期的官田地租形態》，《重慶師院學報》，1984 年第 1、2 期。

18. 張海瀛：《明代的莊田地主及其對土地買賣的影響》，《晉陽學刊》，1985 年第 4 期。

19. 郭松義：《清朝政府對明軍屯田的處置和屯地的民地化》，《社會科學輯刊》，1986 年第 4 期。

20. 李三謀：《明初莊田經濟的性質》，《晉陽學刊》，1988 年第 4 期。

21. 李三謀：《明代莊田的經濟性質及其租額問題》，《中國農史》，1989 年第 4 期。

22. 于宗久、張殿京：《天津低窪鹽鹼地立體農業的開發》，《天津農林科技》，1990 年第 1 期。

23. 汪家倫　張芳：《明清時期畿輔地區的水利營田》，《古今農業》，1990 年第 1 期。

24. 官美堞：《明代皇莊發展探源》，《社會科學研究》，1990 年第 3 期。

25. 王紹武：《公元 1380 年以來我國華北氣溫序列的重建》，《中國科學》（B 輯），1990 年第 5 期。

26. 陳家其：《明清時期氣候變化對太湖流域農業經濟的影響》，《中國農史》，1991 年第 3 期。

27. 陳建勤：《論明代的宦官莊田》，《揚州師院學報》，1991 年第 4 期。

28. 梁平德　吳鳳珍：《氣候變暖與天津糧食生產的關係》，《應用氣象學報》，1993 年第 1 期。

29. 張芳：《清代熱心水利的陳宏謀》，《中國科技史料》，1993 年第 3 期。

30. 王永厚：《明代京畿地區治水營田的一次實踐——徐貞明及其〈潞水客談〉》，《中國農史》，1993 年第 3 期。

31. 崔勇：《清中葉畿輔旗地買賣的特點》，《河北師範大學學報》，1994 年第 2 期。

32. 信乃詮、程延年：《氣候變化與我國作物產量》，《中國農學通報》，1995

年第 1 期。

33. 張芳：《明清時期海河流域的農田水利》，《中國歷史地理論叢》，1995
    年第 4 期。

34. 陳家其：《近二千年中國重大氣象災害氣候變化背景初步分析》，《自然
    災害學報》，1996 年第 2 期。

35. 周翔鶴、米紅：《明清時期中國的氣候和糧食生產》，《中國社會經濟史
    研究》，1998 年第 4 期。

36. 李鳴：《明代土地法制研究》，中國政法大學博士學位論文，1999 年。

37. 王業鍵、黃瑩珏：《清代中國氣候變遷、自然災害與糧價的初步考察》，
    《中國經濟史研究》，1999 年第 1 期。

38. 林延清：《論明代中期京畿地區莊田的膨脹和清理》，《歷史檔案》，2000
    年第 3 期。

39. 葛全勝等：《過去 2000 年中國東部冬半年溫度變化》，《第四紀研究》，
    2002 年第 2 期。

40. 趙玉田：《災荒、生態環境與明代北方社會經濟開發》，東北師範大學博
    士學位論文，2003 年。

41. 易志云：《明代以來天津港口城市的歷史回顧與新世紀發展戰略研究》，
    南開大學博士學位論文，2004 年。

42. 康麗躍：《清代社會保障政策研究》，蘇州大學碩士學位論文，2005 年。

43. 王培立：《近代天津城市型政區演變研究》，天津師範大學博士學位論
    文，2006 年。

44. 葛全勝等：《過去 2000a 中國東部冬半年溫度變幅與週期》，《氣候變化
    研究進展》，2006 年第 3 期。

45. 王勁松等：《小冰期氣候變化研究新進展》，《氣候變化研究進展》，2006
    年第 1 期。

46. 章宏偉：《有關袁了凡生平的幾個問題》，《明清論叢》，2006 年第 7 輯。

47. 張詳穩：《清代乾隆時期自然災害與荒政研究》，南京農業大學博士學位
    論文，2007 年。

48. 程利英：《明代北直隸財政研究——以萬曆時期爲中心》，廈門大學 2007
    年博士學位論文。

49. 展龍：《明清以來天津古代史研究回顧與展望》，《城市史研究》，2007
    年第 24 輯。

50. 何偉福：《〈明實錄〉所見天津及附近地區水利營田探析》，《貴州民族學
    院學報》（哲學社會科學版），2008 年第 4 期。

51. 梁維：《清代雍正時期直隸地區營田水利研究》，東北師範大學碩士學位

論文，2008 年。

52. 程利英：《明代北直隸的差役費用與辦公費用》，《理論與現代化》，2009年第 4 期。

53. 程利英：《論明代北直隸的地方財源——里甲銀、民壯銀、驛傳銀》，《西北師大學報》（社會科學版），2009 年第 6 期。

54. 程利英：《明代北直隸的財政支出——上貢物料》，《生產力研究》，2010年第 6 期。